幼児教育
知の探究 5

保育の中の発達の姿

佐藤公治

萌文書林

はしがき

　明治の近代国家建設を目指して学制を敷いた第一の教育改革，第二次世界大戦後の民主国家建設を目指した第二の教育改革は，教育によって国の未来を再建するという国家目的が明確にあったが，1980年以降，紆余曲折しながら模索している第三の教育改革は，今なお混沌とした状況にある。すでに四半世紀が経過しているが，過去の国家に依存してきた教育改革から，民意が改革を推進するだけの活力を有するようになるには，物質的・上昇的な価値から"人間の生"に基本をおいた問いへと価値の転換を図り，人々が志向する文化そのものの本質に光を当てていくことが必要であろう。

　しかし学校が社会から遊離し，子どもたちに合わなくなっていても民意が建設的に動いてこない。また行政が民意と対話し，民意を支えて施策化し，それを推進する機能が働かない。小学校の生活科や総合学習の導入，教育のプロセス・アプローチに対する第三者評価の導入等は，敗戦直後の民主化への教育が目指したものであったはずである。また，幼稚園・保育所・総合施設等の制度的見直しも，戦前からの就学前教育の課題がそのまま積み残されてきた結果といえよう。それは家族の時間やコミュニティの人々のつながり，豊かな地域文化の醸成，そこに生きる人間の本質の発展という方向より，少子化対策，経済の維持といった国の施策が先行するものとなっている。これは，半世紀の間に国家依存，体制依存の体質が招いた混沌であり，今まさに教育理念そのものの問い直しが求められている時が来ているといえよう。

　国による民主化から，民による民主化成熟への道のりには，人間が生き

ることの意味への問い，生きる価値のおきどころ，世代循環するトポスの文化の見直しが必要である。それは，幼稚園・保育所・小学校といった分断された施設区分から，コミュニティの中での就学前から学童期を経て生涯にわたって展開される学習を構成していく視点でもある。地域の子どもたちの生きる場としての総体を受け止め，地域社会の環境・文化と共生する教育への転換は，学校化された知の限界を越えて知の在所や知を構築する関係のありようを転換し，知そのものへの問いを新たにするだろう。

　生の根元にまでさかのぼろうとする本企画は，人間・学び・学校・社会という共同体のトポスに焦点を当てて，従来の就学前教育が子どもたちに当てた光を再考しつつ，あわせて抱えてきた課題も浮き彫りにして，これからの知を構築する視座を掘り起こしたいと思う。

　なお20巻にわたる本企画は，次の三つの特長をもっている。一つは，幼稚園や保育所，総合施設等の多様化に伴い，本来の就学前教育の理念も児童福祉の理念も曖昧になり，幼児教育界を混沌とさせている現状を踏まえ，3歳児から低学年までを見据えた就学前教育に光を当てて"人間の教育"の根元に迫る。二つに，従来の幼児教育に関連した書籍の感覚としては，難しいという批判を浴びることを覚悟の上で，専門性を高めることを願う幼児教育者養成大学やキャリアアップを図る現職者だけでなく，広く一般の人々にも読んでいただけるような知の在所を考える。三つに，現在の幼稚園教員養成カリキュラムの内容を基本においてはいるが，今後の教員養成で必要とされる内容を加えて全巻を構成している。

　本シリーズ刊行に当たっては，萌文書林の服部雅生社長の大英断をいただいた。社会体制転換をしたポーランドが5年制の大学で修士論文を書いて初めて教員の入り口に立ち，一人前の幼稚園教員として認められるには14

年の学習研鑽と実践を積んで国家試験を通るという厳しいものであることを思うと，まだ日本の就学前教育の先は長いという思いもする。しかし，このシリーズによって教科書内容の重複を避け，教師・保育士の専門性を高めるために一石を投じたいという，長年，幼児教育界の出版に携わってきた服部氏だからこその決断をいただいたことに深く感謝する。

　いつになってもこれで完成ということはない。多くの方々から忌憚のない意見を寄せていただき，次の時代への知の橋渡しができることを願っている。

2007年1月

　　　　　　　　　　　　　　シリーズ編者　青木久子・磯部裕子

本書まえがき
―本書で問いたいこと―

　高名な文化人類学者で2006年に亡くなったクリフォード・ギアーツの弟子のミッシェル・ロザルド（1984）は「自己と感情の文化人類学に向けて」という論文の中で次のように述べている。「文化は人類学者が説明していることよりもはるかにその内容は豊富である。というのは，本当の文化は日常生活で形式化されたものとして表現されるのではなく，それは現実の実践の中に存在するものであって，そこでは自分たちが誰であり，また仲間の振る舞いをどのように理解しているかを当たり前のように説明できるのである」(p.140)。ロザルドは私たちが現実の生活の中で行っていることはそれを外部の人間が観察し，記録しているものよりはるかに複雑で，豊かであることを改めて私たちに教えているが，これは何も文化人類学者だけの問題ではなく，私たち発達研究者にとってもいつも大きな課題であり，また同時に挑戦に値する課題でもある。いったい，私たちは子どもの実相をどこまで捉えてきただろうか。そして，これまでの発達研究ではこのような問いを自らの反省としてどこまで意識してきたのだろうか。さらに，発達研究にかぎったことではなく，心理学はどこまで現実の中で生きている人間の姿を正しく捉えてきたのだろうか。あるいはこのような反省をどこまでやってきたのだろうか。
　発達心理学の基本的な研究課題は，人間精神とその活動とは何だろうかという「問い」に「時間的変化」で説明をすることである。つまり，人間の精神はどこから生まれ，どこに向かっていこうとするのか，その生成の

過程を明らかにすることである。そこでは，同時に人間精神の本質にあるものは何だろうかという問題にも立ち向かっていかなければならない。人間とは何であるか，人間精神あるいは人間の営みの根源にあるものが何であるかを見極めていかなければ，人間の発達とは何であるかという問いに答えることができないからである。ここから人間はどこに向かって成長・発達していくべきなのかという「問い」に対する答えを準備していくことができる。

　心理学では人間が行う行為の中で何が望ましいものであるかという価値の問題を問うことが少なかった。このような心理学の伝統の中では，発達心理学においても人間の発達や成長として必須のものは何であるか，人間精神の根源としていつの時代にあっても身につけていくべきものが何であるかという問題を曖昧にしてきている。しかし，人間の成長と発達の方向としてどこを目指すべきなのかという根本的な問題を避けてしまっては保育・幼児教育の課題に発達心理学は十分に答えていくことはできない。

　もちろん，人間精神の根源と始原を探していくためには発達心理学という一つの学問分野に限定してはならず，人間精神とその活動にかかわる広い学問研究の中で問題を考え，そこでの人間探求の営みをつぶさに見ていく必要がある。本書では，人間発達にとって本質的な問題とは何であるかを発達心理学だけでなく，人間精神の根源についての考察を展開している他の学問分野の研究に言及しながら考えてみたい。

　本書では，幼児期を中心にして人間の発達を人間が外に向かって自分の考えや意志を表現として表す行為の視点から捉えていくことを試みる。これまで心理学では心の内部や心の振る舞いに注目して，人間が行為すること，表現することを十分に扱ってこなかった。私たちは自分の考えや意志

を形に表すことで，自分の考えていることを形作ることができる。同時にそれは他者へのメッセージとなり，互いを理解し合い，共同で活動していくきっかけになっていく。そして個人が外に向けて何かを形にしていこうとする営み，表現しようという行為は，共同の活動の中で新しいものを生みだしていく。これが創造的活動である。

具体的に本書で取りあげるのは，幼児の共同遊びであり，描画活動である。あるいは，共同で絵本の読み聞かせを楽しむという活動である。子どもたちがそこで表現行為として展開しているものも，言葉で物語をつくりあげることがあったり，遊具や様々な道具を使って遊びを構成していく活動であったり，描画として表現したりすることである。

このような試みを通して，もう一度，発達心理学は何を語ってきたか，あるいはどこまで人間の発達の現実の姿を描くことができたのかを問い直し，子どもの日常の現実に迫るためにはどのような視点をもつべきなのかを考えてみたい。そのことは日本の保育・幼児教育を豊かなものにしていくことに発達研究がどのような貢献ができるのか，その道を探ることでもあろう。

本書では，このような問題意識に立って，子どもの日常の姿，そして子どもの成長と発達についてもう一度考えてみたい。本書全体の内容を言い表すキーワードは，表現行為，パトスとロゴス，身体，想像，そして空間と時間の五つである。

第1部の発達をみる「視点」は，五つの章から成っている。

第1章では，心理学に限定しないで人間精神とその営みについて議論を展開している哲学者たちの声を聞きながら，人間の発達を考えていくための基本的な視座を確認する。第2章では，発達研究と保育・幼児教育にも

大きな影響を与えてきたピアジェの発達理論を批判的に検討する。第3章では，ピアジェと対比されることが多いヴィゴツキーの理論を取りあげ，とくに彼の遊び論の可能性について考える。第4章では，子どもも含めて人間の行為の源泉にある情念（パッション）とそれを形あるものに具体化していくことが人間の行為の中心であると述べた三木清の思想を取りあげる。子どもの遊びの根源にあるもの，あるいは共同で遊びを展開していくことの意味を確認する。第5章では，現象学者のメルロ゠ポンティの考えを取りあげ，表現行為としての子どもの遊びを考えていくための理論的視座を確認する。

　第2部の保育・幼児教育の「場」から発達を考える，の三つの章では，保育・幼児教育の場で子どもたちが示す表現行為の具体的な姿を捉え，それらの行為の意味を考察する。

　第1章では，子どもたちの遊びの生成過程と，それを支えているモノ，空間の役割について考える。第2章では，絵本の読み聞かせの場面における子どもの聞く活動を取りあげる。聞くことは想像世界における表現行為であり，またそれは応答する行為へとつながっていくものである。第3章では，保育や幼児教育の活動の一部として位置づけられている子どもの描画活動を考える。描画や造形活動から人には何かを表現していこうとする根源的な欲求があることを教えてくれる。

　なお，本書に出てくる子どもたちの名前は第2部第2章の一部を除いてすべて仮名である。

2008年8月

佐藤公治

目　次

第1部　発達をみる「視点」

第1章　人間発達の「姿」を捉える………………………………………2
§1　多様な関係の中で生きる人間と人間の営み…………………2
§2　人間発達を捉える二つの視点：
　　　　ピアジェとヴィゴツキーの発達理論……………6
　1．二つの発達理論………………………………………………6
　2．言葉の共同性と個別性………………………………………8
§3　人間精神に対する哲学者たちの営み…………………………11
　1．和辻哲郎の倫理学と間柄論…………………………………11
　2．三木清の人間学とパトス-ロゴス論…………………………13
§4　人間発達の根源を探る営み……………………………………15
　1．メルロ=ポンティの生成と根源の現象学……………………15
　2．交叉配列という現象…………………………………………19

第2章　自律性の発達：ピアジェの発達心理学………………………22
§1　ピアジェのマクロ発達理論……………………………………23
§2　発達：二つの自律性の獲得……………………………………26
　1．知的自律性と道徳的自律性…………………………………26
　2．ルール生成の条件……………………………………………28
§3　ピアジェの社会学的研究：社会的活動，対人的感情………31

第3章　ヴィゴツキーの発達理論と遊び論……………………………35
§1　ヴィゴツキーの理論とミクロ発達論…………………………35
　1．人間精神と起源，その発達について………………………35

2．人間精神を支える文化的道具と内化 …………………………… 37
　　　（1）道具に媒介された人間の行為：文化的道具と対象行為論 …… 39
　　　（2）ヴィゴツキーが明らかにしたかったこと：
　　　　　　人間の意識世界の解明 ………………………………… 41
　　　（3）具体性の心理学とドラマとしての人格 …………………… 44
　§2　ヴィゴツキーとヴィゴツキー派の遊び論 ………………………… 47
　　1．遊び：表現と共同的活動の「喜び」モノへの
　　　　　行為的かかわりから生まれる意味と情動の表出 ………… 48
　　2．ヴィゴツキー派の遊び論 ……………………………………… 51
　　　（1）子どもの遊び：
　　　　　　モノとの行為的かかわりと意味としての想像世界の生成 … 52
　　　（2）遊びの面白さの追求：ルールと役割の生成 ……………… 54
　　　（3）遊びを方向づけるストーリーと遊びの「役」 …………… 58

第4章　遊びの生成，パトスとロゴスの二つの働き ………………… 61
　§1　遊びを生成するものとしての表現行為：「構想力の論理」…… 61
　　1．「構想力の論理」とは ………………………………………… 61
　　2．パトスを支えるロゴス，ロゴスの根源にあるパトス ………… 65
　　3．物語と歴史を創りだす行為 …………………………………… 66
　　4．三木清の「人間学（アントロポロギー）」………………… 67
　§2　パトスとロゴス，その相互連関 …………………………………… 70
　　1．パトスとロゴスの統合 ………………………………………… 70
　　2．ロゴスによる対象化と共有化作用 …………………………… 73
　§3　表現行為のための技術と身体・習慣 ……………………………… 78
　　1．ものの形成にあずかる身体と技術 …………………………… 78
　　2．身体による習慣 ………………………………………………… 82

第5章　表現行為としての遊び：
　　　　メルロ゠ポンティの「生成の現象学」から ……………… 84
　§1　人間精神の根源と始原を探る ……………………………… 85
　§2　人間の意味生成と表現の根源にあるもの：
　　　　ゲシュタルト形成 ………………………………………… 88
　　1.　メルロ゠ポンティの「ゲシュタルト」概念 ……………… 88
　　2.　見ることとイメージすることの根源的活動 ……………… 91
　　3.　自然的態度としての象徴的行動 …………………………… 94
　　　（1）行為から生まれる象徴的行動 …………………………… 94
　　　（2）行為によるシンボル化，その実例 ……………………… 97
　§3　表現行為を支えるものとしての身体 ……………………… 104
　　1.　身体による行為的かかわり ………………………………… 105
　　　（1）身体を基礎にした人間の行為 …………………………… 105
　　　（2）意識でも自然でもある身体 ……………………………… 107
　　2.　遊びの共有化：間身体性 …………………………………… 109
　　3.　身体と言葉 …………………………………………………… 115

第2部　保育・幼児教育の「場」から発達を考える

第1章　遊び：モノ，行為，空間の相互連関性 ………………… 120
　§1　モノ─行為，そしてこれらの連関から生まれるストーリー … 121
　　1.　意味を表出する身体的行為とモノ ………………………… 121
　　2.　モノとの行為的かかわりから生まれる「意味」 ………… 126
　§2　遊びのストーリー化と習慣 ………………………………… 133
　　1.　モノ─行為の連関から生まれる遊びのストーリー ……… 134
　　2.　行為が生みだす習慣 ………………………………………… 138
　§3　意味空間と子どもの遊び …………………………………… 147
　　1.　空間の中の子どもの遊び …………………………………… 148

         2．子どもの空間づくりと遊びのストーリー ……………… 152
         3．空間を「仕切る」………………………………………… 160
         4．空間の多様性と子どもの活動：外遊びと室内のごっこ遊び… 165

第2章　聞くこと，応答すること：絵本読み聞かせの世界 …………… 168
   §1　絵本読み聞かせと子どもの応答 ………………………………… 169
      1．絵本がもっている役割 …………………………………… 169
      2．絵本の集団読み聞かせ …………………………………… 170
         (1) 絵本の読み聞かせの世界 ……………………………… 171
         (2) 絵本の集団読み聞かせにおける楽しさの共有過程 …… 172
      3．家庭における絵本の読み聞かせ ………………………… 186
         (1) 家庭における親子の絵本読みについて ……………… 186
         (2) 親子の絵本読みの実際 ………………………………… 188
   §2　絵本の読み聞かせがつくりだす世界：
         話し言葉によるやりとりがもっているもの ……………… 197
      1．話し言葉の世界とその力 ………………………………… 197
      2．「あどがたり」あるいは相槌という応答 ……………… 200
      3．絵本の世界：共振し合う関係が生まれる場 …………… 203
   §3　運動としての出来事と循環 ……………………………………… 207
      1．運動としての出来事 ……………………………………… 207
         (1) 運動から生まれるもの ………………………………… 207
         (2) 運動の反復から生まれる律動 ………………………… 209
      2．出来事の反復がつくりだすもの ………………………… 212
         (1) 「循環」から生まれるもの …………………………… 212
         (2) 「反復」の復権 ………………………………………… 215
   §4　絵本の世界における身ぶりと想像：
         人間の想像はどこから生まれるか ………………………… 219
      1．身体を仲立ちにした行為と運動から生まれる想像 …… 219

2. 運動イメージ，物的イメージそして心的イメージ ………… 220

第3章　描くこと，表現すること ……………………………… 224
　§1　絵画表現の根源にあるもの ……………………………… 225
　　1. 形あるものにする行為 …………………………………… 226
　　　(1) 絵を描くこと：眼と精神の間の往復運動 …………… 226
　　　(2) 絵画表現：生のリアルな姿を捉える ………………… 227
　　2. 表現の根源：洞窟画 ……………………………………… 230
　§2　子どもの体験の中から生まれる絵画表現 ……………… 234
　　1. 子どもの活動から生まれる絵画表現 …………………… 235
　　2. 出来事を表現する ………………………………………… 239
　　　(1) 内的イメージと知的リアリズム ……………………… 239
　　　(2) 時間と運動を表現する ………………………………… 245
　§3　表現する営みがもっている「意味」……………………… 249

おわりに ……………………………………………………………… 253

【文献】……………………………………………………………… 261
【索引】……………………………………………………………… 272

第1部

発達をみる「視点」

　第1部では，人間の発達と成長の様子をどのような視点から捉え，また論じていくべきかを考える。本書では自らの考えや意志を表現する表現行為が人間となっていくうえでの基本的な活動と考える。

　第1章では，人間精神とその営みについて考察を深めている哲学者たちの考えを整理し，人間の発達を考えるための「基本」としてあるものを確認する。

　第2章と第3章では，ピアジェとヴィゴツキーの発達理論を取りあげる。とくに第3章ではヴィゴツキーの遊び論の可能性について検討する。

　第4章では，人間の営みをパトスとロゴスの連関として捉えた三木清の思想が子どもの遊びを考えるときに一つの視点を与えてくれることを論じる。

　第5章では，現象学者のメルロ＝ポンティの思想を取りあげる。子どもの遊びとは身体を使ってモノと空間の中で展開される共同的な意味生成である。この視点をメルロ＝ポンティの思想で確認する。

第1章

人間発達の「姿」を捉える

　この章では，人間の発達をどのような視点から眺めていくことが必要であるか，また発達の「真の姿」を捉えていくためには何が必要であるかを考える。そこでは，当然のことながらこれまでの発達心理学は「何を語ってきたのか」，あるいは「何を語ってこなかったか」ということも論じなければならない。これまでの発達心理学の研究を批判的に論じていくことが必要であり，その時には心理学に限定するのではなく，人間精神に広くかかわる分野の中で人間の成長や発達がどのように論じられてきたのかをみていく必要がある。

§1　多様な関係の中で生きる人間と人間の営み

　難解といわれているヘーゲルの多くの著書をわかりやすい日本語訳で提供してくれている長谷川宏が谷川俊太郎の60本の詩に応答する形で書いたエッセイがある。全体のテーマは「生・老・死」を論じたものである。『魂のみなもとへ―詩と哲学のデュオ―』と題された著書である。2001年に近代出版から出され，最近文庫化されたものである（同名，朝日文庫，2007）。

以下は，この中に収められた「世界とわたし」の項の谷川の詩と長谷川の文章である。

　　わたしと世界
　　世界とわたし
　　わたしが世界に包まれる
　　世界がわたしに包まれる
　　また，世界とわたしがむきあう

　谷川の詩に続けて，長谷川は次のように言う。「西洋哲学の父，ルネ・デカルトが打ち立てた近代的自我は，この世界を自らの足で立とうとする。しかし，わたしの足下には世界があり，わたしの前や後ろにも世界がある。この世界をわがものとして一人で立っていくことを宣言した近代的自我も，その存在はそれほど確固たるものではないらしい。少なくとも，わたしはわたしだけで世界をつくれない。わたしとはちがう世界があって，それとの関係のなかでわたしはある」(pp.14-15)。
　また，このエッセイ集の終わりに近い部分には，谷川俊太郎がパウル・クレーの1923年の作品「黄色い鳥のいる風景」と題された絵画作品に触発されて書いた詩がある。

　　とりがいるから
　　そらがある
　　そらがあるから
　　ふうせんがある
　　ふうせんがあるから
　　こどもがはしってる
　　こどもがはしってるから
　　わらいがある
　　わらいがあるから

かなしみがある
いのりがある
ひざまずくじめんがある
じめんがあるから
みずがながれていて
きのうときょうがある
きいろいとりがいるから
すべてのいろとかたちとうごき
せかいがある

「黄色い鳥のいる風景」
パウル・クレー　1923年
水彩／紙・厚紙　35.5×44cm
個人蔵（ドイツ）

　この谷川の詩に呼応して，長谷川は以下のように言う。「自由とは，わたしの内部にある，わたしだけのものではない。わたしの外へと自然に出ていき，外のものと手を結び，外の世界と通いあうのが，自由だ。わたしの自由がものに生命を吹きこみ，ものとものとを結びつけ，ものとわたしを結びつける。そのつながりのなかでわたしは自由だ」(文庫版，p.191)。
　谷川の詩と長谷川が述べていることを，本書でも共有し，また本書で論を展開していくための出発点にしてみたいと思う。
　私たちは長い間，人間の精神やその発達を個人が主体的にその能力を獲得していくことだと考えてきた。あるいはその裏返しとして，教育や環境によって人間の成長や能力を形成することができるといった主体性を無視した議論があった。たしかに，私たちは様々な環境に囲まれながら生きている。そしてこの環境という物理的な環境から文化的環境にいたるまで実に様々なものに直接支えられ，毎日の生活を営み，これらの経験を通して成長していることも事実である。しかし，私たちはこの環境とどのような関係のもち方をしているのだろうか。環境に囲まれながらも私たちはけっして環境からの影

響を従属的に受け止め，環境に枠づけされているだけではない。私たちは自分たちが生きている現実としての環境を無視して，自分一人の力だけで生活していくことなどけっしてできないのであるが，私たちは同時に自分の意思をもって生きている。だから私たちにとって意味のある環境というのは，私たちが何かをしたいという目標や動機によって行動を起こすときにこの行動を支え，また私たちが行ったことに価値づけをしてくれるようなものがそこに存在しているときである。そうなると，個人と環境というのはそれぞれが別々に存在したり，二つのどちらかが一方向的に影響を与えるといったものではなくなる。

　私たちはときどき，人の振る舞いを行動や活動という言葉で表現することがある。このような言葉は，当事者の行動の背景にある意図や意思を考慮に入れないで，ただ外部から観察可能な対象として客観的に分析するために用意された用語である。これに対して，行為という言葉がある。この場合は環境とかかわろうとする人の振る舞いにその人の目的や動機がある。つまり行為には何らかの意味があるという，そしてこのような振る舞いの中で新しい意味が生まれてくる。このように考えなければならない。この場合の環境というのはけっして物理的空間だけを想定してはいない。人間にとっての環境はいつも社会的意味をそこに内包している。そういう意味では物理的空間というのはその中に身を置いている人間にとっていつも意味空間としてのみ存在している。あるいは人と人とのつながりによってつくられる人間関係も人間にとっての環境である。

§2 人間発達を捉える二つの視点：
ピアジェとヴィゴツキーの発達理論

1. 二つの発達理論

　ピアジェとヴィゴツキーはともに今日の発達研究になお大きな影響を与えている研究者である。二人は同じ時代に生き，ともに人間が発達し，成長していくことを社会・文化的環境とのかかわりの中で考えようとした。二人の間には共通点もあるが，彼らが取った発達観や発達理論は大きく異なっている。

　ピアジェは人間の発達の目標は人間社会への適応であり，その適応手段を獲得していくことが発達の内容であると考えた。人間も生物である以上は環境への適応として生物的適応のレベルもあるが，生物界でも最高水準の適応性を獲得した人間がもった適応様式というのは認識能力であり，知性である。ピアジェはこのように考えた。ユクスキュル（1934）が言うように，生物にはその生物の生存にとって意味のある種特有の環境（彼の言う「環世界」）があり，鳥や蟻にとっての「環世界」と，人間が生存していくための「環世界」は全く違ったものである。だから人間が認識能力という適応様式を獲得するようになったのも，それは人間にとって意味のある「環世界」を前提にしているのであり，認識能力という適応様式も人間にとってだけ意味をもったものなのである。ユクスキュルの言う「環世界（Umwelt）」とは，それぞれの生物種が環境の中の諸物に意味を与えて構築した世界のことであり，客観的な「環境（Umgebung, environment）」のことではない。そもそも生物にはそれぞれの種に特有な「環世界」しか存在しないのであって，客観的な「環境」などというものは存在しようがない。

　ピアジェが発達の過程として描いたのも実はこの人間の「環世界」に適応していくために必要な能力を実際の「環世界」の中で環境と相互作用しなが

ら経験を通して身につけていく学習の過程であった。しかし，この獲得の過程といっても一人で意味を構築していくわけではなく，社会・文化の中に蓄積されたものが学習すべき内容や目標となっているのである。そしてピアジェの場合は，この社会・文化的なものを発達の目標として考え，しかもこの目標となっているものを固定的，普遍的に考えて，人類であればどのような文化的背景にある人たちでも普遍的にこの共通の目標に向かって同じ発達のコースをたどっていくと考えた。そこでは普遍的な発達のコースや発達段階が存在することが前提になっている。具体的には，発達が目指すゴールというのは，知性の部分では論理能力の獲得であり，社会性の発達では，共同性と社会規範を自主的に形成し，遵守する能力である。

　ヴィゴツキーも人間の発達は社会・文化の中で実現されていくと考えた。しかし，ピアジェの場合は社会・文化的諸変数は発達が向かっていくべき目標や到達点として位置づけられるだけで，文化や発達が人間の発達にどのように作用しているのか，社会・文化的変数と個人との間の関係は具体的に扱われていない。これに対してヴィゴツキーは，社会・文化の変数が人間発達にどのように作用しているか，この両者の間の緊張関係を問題にする。そしてヴィゴツキーの場合は，ピアジェのように社会や文化的内容を固定したものとは考えない。文化内容も歴史的に変化していくと考えるからである。そしてこの社会や文化の歴史的変動の原動力になっているのは社会の中で共同しながら生きて活動している人たちであると考える。前の節の谷川俊太郎の詩とそれに呼応する形で書かれた長谷川宏の文章とはここで共鳴する。

　ピアジェの場合は，その発達の思想はあまりにも個人の力で発達を成し遂げていくことを強調してしまった。彼は自律性（autonomy）の獲得こそが発達であると考え，それを強調した。つまり，知的なことでも社会的なことでも「ことの是非」を決めるときに自分自身の判断基準によって決めることができる人間になること，他人の言動や見せかけのものに惑わされないで済むような能力をもつようになることが発達として完成された人間の姿だとした。そしてこの発達を実現していくのはあくまでも個人の力だと考えた。

他方，ヴィゴツキーはもう少し教育の力に頼ろうとする。もちろん，ヴィゴツキーも教育によって人間を型枠にはめて一方的に子どもを大人が望むような形にしていくことができるといった発想を取っているわけではない。大人の教育という働きかけと子ども自身の発達していく力とは緊張関係にあると考えた。子どもは社会・文化的なもの，あるいは大人や仲間から出された援助やヒントを自分なりに納得して自分のものにしていく。ただ機械的に与えられたものを受け止めるだけでは自分のものにしていくことはできない。ヴィゴツキーが「内化」という概念を使って言おうとしたことはそういうことである。ヴィゴツキーは人間の一人ひとりがもっている意志や意識の世界，それは人格という言葉で表現されるものでもあるが，それらを大事にする。同時にこれらは個人の内部にだけ留まっていては，いつまでたってもその内容は不確定なままである。自分の意識や思想を言葉でもってまず表現することが自分の意識内容をはっきりさせ，またそれを形作っていくことになる。そして，外部に向かって自己の意識や意志を表現することで個々人の意識や意味世界は他者にも理解可能なものとなり，共有可能なものとなる。個々人の意識世界が社会的なものになっていく。ヴィゴツキーはここに人間精神の本質があると考えた。人間は社会的な関係の中で活動することでしか人間になれない。同時にこの社会的関係の中にいる，つまり共同的な関係の中に身を置くことができるからこそ安心して個人の独自性や個性をもったものとして存在していくことが可能になる。

2. 言葉の共同性と個別性

　前の節で登場した長谷川宏が言葉の問題について重要な指摘をしている著書がある。『ことばへの道』と題された著書で，ずいぶん前の1978年に書かれたものだが，1997年に新装版として再版されている。それはヴィゴツキーの思想とも共鳴する部分が多い。ここでは，長谷川が言葉の共同性と個別性について述べている部分を中心にして彼の主張に少し耳を傾けてみよう。

彼は言葉の共同性と個別性について次のように言う。「語義は，ある程度の誤差はまぬかれないにせよ，いわばひとつの平均値として一般的にその内容をさだめることができる。辞書作成の可能なゆえんだ。が，個人のおもいや言語主体をめぐる具体的な状況をうつしだす意味のふくみについては，そうはいかない。一般的抽象性と背馳するような個別具体性を本質として，それはなりたっているからである。ことばは個別性，具体性をそのまま映し出すものではないが，表現主体の側には，個別性，具体性をどうにかして相手につたえて共有のものにしたいという欲求がやみがたく存在する。それは，ひとをことばへとかりたてる根源的な欲求だといってもよい。人間は，共同規範的な語義の一般性に解消できない個別の生をそれぞれいとなんでいるからこそ，一個の主体としてみずから言語表現におもむくともいえるし，ことばという共同の場を観念的に保有しているからこそ，自己の生にふくまれる個別性を個別性として対象化しうるということができる。その共同性一般性と個別性のはざまに意味のふくみが胚胎する」(pp.265-266)。

　あるいは別のところではこう言う。こちらの方がより大きな問題を論じている。「体験は個人の意識にまといつくものとして存在している。同一の事件に客観的にはほぼ同じような位置でふたりの人間がかかわったとしても，ひとりはそれを興味深い事件としてうけとり，もうひとりはまったく愚劣な事件とうけとるといったように，体験の内容が個人よっておおきくくいちがうことはめずらしくない。…わたしの体験は，どこまでもわたしの体験であり，他人の体験になりかわることはできない。各人の体験はかけがえのない個人性を核としてなりたっている。…他方，記号は，そういう個人的な体験を大なり小なり共同性の場にもちきたらす媒材にはかならない。表現主体がどのような意図をもって記号に関わるにせよ，記号に関わるかぎりで意識は共同の場にひきだされる。体験がどんなに個人的で独自なものでも，それを記号で表現する段になれば，個人性や独自性はいったん共同性の網の目をくぐらねばならず，表現における個別性や独自性はあくまでも共同性を基盤としたうえで発現するほかはない。それが記号表現における必然というもの

だ。体験は純粋に個人的な領域にも成立しうるけれども，記号表現はなんらかのかたちで他者の意識を介在させることによってしか成立せず，他者の意識をひきこむことで，その領域は必然的に共同性にそめられることになる。表現と体験の関係の機微をうかがうには，表現主体の意識の内部にもぐりこんで，体験がどのようにして表現され，どのようにして沈黙されるかを観察しなければならない。…表現が体験の表現であり，表現主体が同時に体験主体でもある以上，共同の場におもむこうとする表現行為は体験のほうに反作用をおよぼす。表現と体験の対立，齟齬，矛盾は，表現主体の意識における対立，齟齬，矛盾となる。こうして，表現と沈黙の関係は表現意識に課せられた矛盾の弁証法となる。表現が沈黙をはらみ，沈黙が表現をはらむという事態はこうして生まれる。この関係のなかで，表現は沈黙の表現であると同時に沈黙の遺棄であり，沈黙は表現への志向であると同時に表現への拒否である。〈ことば－人間－ことば〉の過程は，〈ことば－人間－沈黙〉の過程と背中あわせに存在する」（pp.219-222）。

　長い引用が続いたが，長谷川がここで問題にしているのは言葉であり，言葉による個々人の思想の表現である。この思想というものはヴィゴツキーのいう意識や人格と地続きのものである。ヴィゴツキーもこの共同のはざまの中で生きる個別性をもった人間を描きだすことを研究の最終の目的にしていた。幼児の世界を考えたとき，言葉だけでなく身体を使って共同性と個別性の二つの世界を生きている。それは遊びの世界である。遊びの世界を通して共同性と個別性を生きる子どもの実像に迫ることができる。

　ヴィゴツキーが彼の死の直前に書いたものに『思考と言語』(1934)の最終章「思想と言葉」がある。この最終章の終わり近くでこんなことを書いている。思想と言葉の関係は複雑であることを言った後に続く文章である。思想そのものは，他の思想によってできるものではなくて，「われわれの意志や欲求，興味や衝動，情動や感情を含む動機に関係した意識領域から生まれる。思想の背後には情動的・意志的傾向がある。これのみが，思考の分析における最後のなぜに解答を与えることができる。発言の背後にはその人の意

志がある。願望がある。内面的な意味を解かなければならない」（邦訳p.427）。これらはまさにその人の人格という言葉で表現されるべきものかもしれないが，ヴィゴツキーは明らかに思想（意識）を言語や，意志，情動という様々な心的システムの諸関連の中に位置づけ，それを解こうとした。これは彼の最後の口述筆記であり，いわば遺言状であったのかもしれない。そして本書の第1部第3章でみるが，ヴィゴツキーが遊び論で展開していることは人格をもった子どもたちが自分の意志をもって共同の遊びに参加し，遊びの楽しさを体験している子どもの意識世界を描きだそうとする試みであった。遊びという具体的な場面を分析することを通して彼が言いたかったことは，意志や情動や感情をもった人間をトータルに捉えて本当の人間のあるべき姿を描きだしたかったのではないだろうか。だから彼の遊び論は短い生涯を閉じる直前に彼がたどりつこうとして提出したいくつかの概念や研究課題と密接に結びついている。ヴィゴツキーの遊び論はこのように彼の思想の根本にあったものが何であるかを考えるうえでも，そして彼の発達思想を理解するためにも重要である。

§3　人間精神に対する哲学者たちの営み

1．和辻哲郎の倫理学と間柄論

　この節では，人間と人間精神についての深い洞察を行った日本の思想家の中で，和辻哲郎と三木清について取りあげる。三木の思想については後の第1部第4章で詳しくふれる。

　西欧的な発想だけに依存しないで，日本独自の哲学を構築することを目指した希有の哲学者・倫理学者に和辻哲郎がいる。彼は人間の営みは行為として扱わなければならないと言う。彼の代表作である『倫理学』（1937-49）で

は，以下のことが強調されている。人間はいつも関係の中，相互の働きかけ合いの中で生きている。この関係の中ではそこにかかわりをもつ者同士で働きかけが生まれる。つまり，互いが相互規定的な関係になっている。そしてこのような関係の中で起きている出来事が歴史をつくっていく。つまり，「いわく因縁」がそこから生まれる。行為はこのような時間的経過の中でつくられた人間関係の歴史を背負いながら，同時に新しい人間関係をつくっていくものとして動いている。だから，和辻は動作・行動と行為とは全くその意味を異にすると言う。他人との連関をもたないようなものは行為ではなく，それは動作である。たとえば，食事を考えると，食事の仕方に行為としての意味を与えているのは人間関係であり，その中でつくられたものには文化的意味がある。単にモノとの関係，モノに対峙した行動を記述するのは動作を記述しているだけである。心理学で言う行動というのもこの動作に近い。このような動作の記述では私たちの食事という日常の行為を正しく捉えることはできない。このようなことを和辻が言う背景には，西欧の近代的な人間理解の仕方として，個別的な主体を私たちを取り巻いている現実の社会的な場から遊離させて，主体が自由に振る舞うことを強調してきたことへの批判がある。そうではなくて，私たちの日常の現実においては，人との結びつきや関係を無視して私たちの存在や行為を考えることはできないのであり，この他者との関係は時間的に継続する安定した関係の構造をも生みだすことになる。われわれは和辻の言う「間柄」に支えられ，また規定されて生き，行為している。

　和辻の主張の重要性を認めながらも，和辻の場合は「間柄」という関係をともすると人と人の間の関係を固定的，宿命的なものとして捉えてしまう危険性を含んでいる。和辻の場合は人間の存在，つまり人間関係のありようを規定しているものとしての「空間」が重視されている。もちろん，和辻はこの「空間」には，それらを形作っていく時間と歴史が当然含まれることになり，空間と時間とはことの裏と表の関係にすぎず，けっして時間を軽視したものではないと言う。それでも和辻の発想にはハイデガーが人間存在を時間

という視点から論じたことに対する反論として「空間」を重視する発想を取ったことは間違いない。

2．三木清の人間学とパトス－ロゴス論

　和辻と同様に，ハイデガーに触発されながらもパスカルの独自の解釈を行い，さらにはマルクス哲学の摂取をも試みながら和辻とはやや異なった方向で独自の思想を展開していった哲学者に三木清がいる。三木の場合は，和辻とは異なって歴史と文化を生成していく者としての人間の主体性を重視する。もちろん，彼の場合も人間存在は社会やその歴史というものに規定されていることを認めるが，人間はけっして社会や歴史というものに一方的に枠をはめられていく存在ではないことを強調する。三木の代表作である『構想力の論理』（1967）では，行為，とくに何かを表現し，意味を生成していく活動，つまり表現行為によって形が生まれ，つくられていくことがわれわれの現実社会と歴史を生成していく基本にあると言う。彼は今という現実を生きている人たちのかかわりを基本にして人間のありようを考え続けた。いわば「生の哲学」として人間というものを捉えようとした。これが彼の言う「人間学（アントロポロギー）」である。人間が何かを生みだし，形となっていく表現的行為の根源には個人の情念や感情的な部分であるパッション，三木の言うパトスがなければならない。三木はこのパトスを「基礎経験」とも言っているが，言語化されないものを含めて個人の体験や感情的な部分を多分に含んだものである。三木は『哲学的人間学』（1968）の中で，パトスには受動性の方向と能動性の方向の二つがあり，前者は状態性を表すものとしている。気分や情感，あるいはわれわれが通常「悲哀」とか「哀愁」と言っているもので，まさに英語でいう「ペーソス（pathos）」のことである。これに対して後者の能動性の方向であるパトスは「衝動」，つまり外へ向かって表現し，制作する行為へと人を駆りたてるものである。三木は主体の意識から発した能動的な活動こそがパトスの中心をなすものであり，これがわれわ

れ人間の根源にあると言う。このように，三木がパトスには受動性の方向と能動性の方向の二つが含まれていると考えたのは，外に向かって表現したり，形をつくりだしていこうとする「衝動」はその人間の情動や感情というものと深くかかわっていると考えたからである。

　このパトスの受動と能動の二つは身体によって統合されている。あるいは身体にはこの二つのパトスの方向があるといった方がよいだろう。実際，三木はパトスを論じる中で身体についてもいくつか言及をしている。彼は身体を能動的な衝動を実行するためのものであると同時に，身体はまさに身体で感じるという受動の部分も担っていると言う。彼は次のように言う。「身体は道具や器官として考えられ，脚は歩むための道具であり，耳は聴くための器官だとされている。だが，身体は単に道具と見ることはできない。脚は道具であるにしても，これを道具として歩むのは身体であり，私が歩むのである。聴くのは耳ではなく，むしろ身体が聴くのである（身を入れて聴く，と人は言う）。身体が聴きうる状態にないならば，耳も聴きえないだろう。私が歩むとき，私は身体を歩むものに限定したのであり，私が聴くとき，私は身体を聴くものに実現したのである」（『哲学的人間学』，p.154）。この文章に示されているように三木は，身体が人間にあるパトスの活動を実現するものであると位置づける。

　身体はいつも外へと向かっている。受動の方向も能動の方向も外から向かってきたものに呼応して出てくる反応であり，外部へと向かっていく活動だからである。そのことから三木は身体というのは社会的身体でもあるとする。「身体というのはもとより単に個人的な身体のみではない。我々は身体を媒介として我々の存在の根柢である社会に帰入する。社会も身体をもっている。我々の身体は母なる大地の分身であり，表現である」（同上，p.153）。

　「衝動」を人間の根源に位置づけるという考えはスピノザという思想家にもみられる。三木はパトスを論じる中では特別スピノザについては言及していないが，三木自身もヨーロッパに渡って当時の先端の思想にふれながら同時に日本独自の思想を打ち立てることを目指した人間であることを考えると

ヨーロッパの思想界でも独自な立場を取り，その後の人たちに大きな影響を与えたスピノザとの間に何らかの親和性があっても不思議ではない。スピノザ（1677）は，彼の主著『エチカ』の中で，「衝動」がわれわれの人間の本質にあるもので，これが行動を生みだしており，われわれが欲望として感じているものもこの「衝動」であると言う。つまり，自分の衝動を意識として感じたときにそれは欲望となる。あるいはスピノザが「コナトゥス (conatus)」という言葉で表現しているものがある。人間は今，自分が生きていること，そして生きていこうとする自己保存の努力に向かって活動しようとする。これが人間の本性をなしているものである。だから，「コナトゥス」を簡単に言ってしまうと，今，生きているということ，これからも生きていこうとする活動や生命のことである。この「コナトゥス」という「生きよう」とする「努力」が精神的なものと関係づけられると「意志」になり，精神と身体の両方に関係づけられたときにはそれが「衝動」となると言う（『エチカ』第3部・感情の起源および本性について，定理9，邦訳，p.179）。パトス，そしてこの具体的な形として表れてくる「衝動」は人間の根源的な営みそのものであり，それは精神と身体の両方に深くかかわっている。

§4 人間発達の根源を探る営み

1．メルロ＝ポンティの生成と根源の現象学

　子どもは今という時間の中で生活することを基本としている。生活の中でその瞬間，瞬間に起きていることに目を向け，この瞬間という時を豊かなものにしていくことが彼の生活の中での充実感につながっている。本来の大人の生活も同じであるはずなのだが，現実の大人の時間の過ごし方は先の時間のために現在という時を犠牲にした「前のめり」の生活を余儀なくされてい

る。

　子どもの生活，そして彼らの遊びの世界はまさに人間の根源にあるものを具体的な形で示している。子どもの遊びを考えていくときに，私たちがときどき間違った発想を取ってしまうのは，単に子どもの世界を描くことやそれらを彼らの教育のためのものと位置づけてしまうことである。このような実利的な意味や目標ではなく，われわれ大人も含めて人間が人間としてあるべき姿の本質，あるいはそれらを実現するためには何が必要なのか，どのような営みをわれわれが日常生活の中で展開していくべきか，その根源に戻って考えていくことを可能にするのが子どもの世界である。

　現象学者のメルロ゠ポンティは人間精神の根源にあるものは何か，人間精神の本質とは何かを考えつづけた研究者であった。彼はこれらを人間精神の生成の起源に立ち戻って考えようとした。彼も三木清と同様に，人間精神の根源にあるのは行為であり，この行為による経験を通して世界を理解していく枠組みがつくられていくとした。メルロ゠ポンティはこの知識の枠組みを「ゲシュタルト（全体図式）」と言い，人間は人間という生物種に特有の環世界を理解していくための人間的秩序を形成していくと述べる。これが人間精神の根源としてあるものだと考えた。メルロ゠ポンティの思想の中では身体が行為を担うものとして位置づけられている。

　三木清は1945年にこの世を去っているので，1942年に出版されたメルロ゠ポンティの『行動の構造』やその3年後に出された『知覚の現象学』を読むことはできず，当然のことに三木のものにはメルロ゠ポンティについての言及はない。しかし，二人には共鳴する部分が多い。あるいは両者はそれぞれの研究の足りない部分を補完し合う関係になっているともいえる。たとえば，三木は『哲学的人間学』の中で彼独自のパトス論を展開する中で身体について言及している。しかし，『哲学的人間学』は未完成のまま終わったこともあって，身体論は十分に深まった議論になってはいない。その点，メルロ゠ポンティの身体論は内容的には充実したものになっている。三木とメルロ゠ポンティの身体論の違いとして，荒川幾男（1968）は『三木清』の中で

次のように述べている。「三木の身体論はメルロ＝ポンティと比べて不徹底であったが，それは三木の場合の身体論は哲学書との「対話」を通して出した考えであるのに対して，メルロ＝ポンティは心理学や精神医学，生理学などと直接対話することで論じていたこととの違いである」(p.51)。他方，メルロ＝ポンティには人間精神の根源と生成についての深い洞察はあるが，これらを三木が試みたような歴史や制度の問題の中に位置づけていこうという部分は弱い。

　メルロ＝ポンティ（1960）は『シーニュ2』の中の論文「人間と逆行性」で，この20世紀は真の身体を発見した世紀であったとしておおよそ次のようなことを述べている。つまり，われわれはようやく「身体」と「精神」の間の「境界線」を消すようになった。人間の生は精神的でもあり身体的でもある。われわれはどのような場合であっても身体に依存しており，身体による表現行為が人と人の関係を生みだしていく基礎になっている。この時代になって生の身の肉体すなわち心に活かされた身体という観念を復活し，深めるようになった。

　このようにメルロ＝ポンティが短く述べていることには身体論に関する重要なメッセージが込められている。一つは，人間精神の根源には身体に基づいた活動と習慣があるということで，このことを説得的に示す例としてメルロ＝ポンティがしばしば言及する「幻影肢」の現象がある。事故等で四肢の一部を切断しなければならなくなった人が，すでに失ったはずの手足に痛みやかゆみをしばしば感じる。そしてこれらの感覚を覚える部分に手を伸ばして肉体として存在しないことに改めて気づく。この場合，痛みやかゆみを感じているのは肉体ではなく，ましてや意識でもない。なぜならばこれらを感じる肉体も，感覚を感じ，意識として成立していく神経も切断されているからである。それでは何がこのような「幻影肢」を起こすのだろうか。切断前に自分の四肢という身体で感じた経験と習慣がこの「幻影肢」を生みだしている。実は感覚や意識はわれわれがこの生身の身体を使って，そしてこの身体を通して成立していることを気づかせてくれる。身体はあまりにも自分に

近すぎてふだんは気づくことが少ない。そしてここで問題にしている身体はけっして物質的な身体，つまり肉体ではなく，われわれ自身が外の世界や他人とかかわっていく活動や，感覚，情動にかかわる身体のことである。身体は確かに客観的な対象として目に見えるし，感じることができる。われわれは自分の意志で身体を操ることができる。その意味では身体は客体である。他方，われわれは身体を使って行為し，また身体を通して世界を感じ，世界を認識している。われわれは身体を使って意識や心をつくりだしているといってもよい。だから身体は主体でもある。身体は客体でもあり主体でもあるということがメルロ＝ポンティが身体に人間精神の根源を求めた理由である。私という主体の延長としての身体が活動し，物＝道具を使って何かをつくりだし，表現しようとしたとき，そこに意味が生まれてくる。身体には知覚の構造や行動の構造が内包されているし，さらにいえば，身体そのものが知覚の構造や行動の構造になっている。

　もう一つのメッセージは，身体が人と人の間の関係に深くかかわっているという後半の部分の言葉である。他者を理解し合い，また人と人を結んでいくものとしてわれわれが用いているものに言葉がある。それではこの人間の言葉による表現の根源にあるものは何だろうか。それは身体であり，身ぶりであり，身体から出る声だとメルロ＝ポンティは言う。彼の主著である『知覚の現象学』(1945) では次のように言う。「わたしが他者を理解するのはわたしの身体によってである。…身振りとその意味に共通なもの，たとえば情緒の表現とその情緒に共通なものはすぐに理解できる。ほほ笑み，和らいだ顔，軽やかな身のこなし，これらは現実の動作のリズムを含むものであり，世界における存在のありかたを含む－これはその主体の喜びそのものを示すものである。」(『知覚の現象学・1』邦訳，pp.31-33)。だから「わたしは叫び声のように短く，一体となった行為のうちに，言葉の意味を把握する」(同上，p.32)。身ぶりは感覚的な世界に依拠しているから人と人が互いを理解し，また関係をつくる根源になっている。メルロ＝ポンティの言う身体は，同時に人と人との間にある身体，間身体である。だから身体は肉体的な身体

という意味と区別して身体性とも表現されている。この間身体性や間身体的一致が相互了解の根拠になっている。

　メルロ゠ポンティは時には人間精神の起源と生成の過程を幼児の発達から解いていこうともした。このようなメルロ゠ポンティの「問い」の立て方が示しているように，われわれにとっては子どもの生活と現実を通して人間精神の本質を明らかにしていくことができるのである。子どもの日常の相互行為の基本は遊びの世界から描きだすことである。そしてメルロ゠ポンティの言う生きた生としての身体や間身体性の展開の仕方，その根源的な姿を見いだすことができるのも子どもたちの遊びの世界からである。

2．交叉配列という現象

　私たちは自分の感覚や感情を外にあるモノや他者と共有していると感じることがある。その時，自己と他者，内部と外部との間の境目は容易に超えられる。そしてこの私という主観的な世界は実は外部ないしは客観的世界と「反転」してくる。メルロ゠ポンティはこのことを「交叉配列（キアスムchiasme）」という言葉で表現した。彼は次の例を使って説明する。自分の手をもう一方の手と組んでみたとき，握った方の右手に受ける感覚は左手から握り返されたという感覚があるが，実はそれと同じ感覚は左手にもいえることで，もはやどちらが握っている方なのか，握り返されている方の手なのかは区別できなくなる。ここでは相互の反転が起きている。身体では主観と客観とがまさに「交叉」し合っており，主観と客観の間の反転が起きている。私たちの精神や認識は身体があることで主観だけの世界から逃れることができている。あるいは私たちが外部にあるものに触発されて感動したり，影響を受けるのもこの「交叉配列」によっていることが多い。一つの具体例をあげてみよう。§3でふれた和辻哲郎が少年のときに体験し，後々まで彼の記憶の中に留まることになった一つの体験である。彼が7歳のときに母親に連れられて観た「歌舞伎芝居」の内容に強く惹かれ，彼の中にその影響が

永く残ることになった。彼が晩年になって書いた『歌舞伎と繰り浄瑠璃』(1963) は，この少年時代に観た演技とその作品に対する感動とその記憶が彼が生涯をかけて追い求めた「間柄」の概念に代表される彼の人間学の体系と結びついていることを物語っている。すでに前の節でも述べたように和辻は，人としてこの世にあること，人が存在するためには人と人との関係が成立していることが絶対条件であり，彼の「間柄」の概念や「倫理学」はまさに人間を間柄的存在として捉えたものである。倫理の「倫」とは本来，「なかま」や人間存在における一定の「行為的連関」の仕方を意味しており，「理」はこの人間の道としての秩序を強めて言い表すためにつけ加えられたものである。だから倫理とは人間の共同的存在を可能にするところの秩序ないしは道のことであり（吉沢伝三郎，1994，p.239），和辻の言う倫理学とはまさにこの共同的，間柄的存在としての人間のありかたを問うた学問ということになる。

　行為的連関によって人と人の間の関係（「間柄」）が成立していく過程には，他者への感情移入，あるいはメルロ＝ポンティの「交叉配列」，主体と客体，自己と他者の相互反転が起きている。坂部恵（2000）は和辻の人間学を解釈している中で，和辻が少年時代に観た歌舞伎を演じた役者とその作品世界に魅了されたのはまさにこの交叉反転なのであり，そもそも和辻の言う間柄にはこのような自己と他者の間で互いの関係を逆転させていくような相互性や相互嵌入が前提にあることを指摘している。そして和辻は能や能面についての考察や，多くの読者を得た『古寺巡礼』(1919) の中でみせた仏像に対する美的憧憬からは，相互性や相互嵌入はなにも人と人との間だけに限定されるものではないことを見事に示した。和辻（1963）は『歌舞伎と繰り浄瑠璃』の中で，歌舞伎は人形浄瑠璃の変形であり，人形と人形によって表現される世界が始まりの形であったという歴史的経緯を指摘する。そして，「繰り浄瑠璃」の中に登場してくる人形浄瑠璃という人形と，そこで表現されている世界と自分とが交叉配列をするからこそ，私たちはそこに芸術性を見いだすのであり，この芝居の中にこそ一層強い現実としての存在を感じること

になるのだと言う。

　このような「交叉配列」の体験は小説の場合もあるだろうが，とりわけ具体的な身体表現の形で展開される人形劇をはじめとする多くの演劇の演者やそのストーリーに対しては，より一層相互嵌入が起きていると言ってよいだろう。さらにここから拡張して言えることは，子どもたちの遊びの世界においても，彼らが使う人形やおもちゃなどの遊び道具に対して相互嵌入を起こし，そこに強い現実性を見いだしていると言うことができるだろう。子どもがなぜ，遊びの中で人形を使うのかという実に素朴な問いもそこには人間精神の根源にかかわる問題が内包されていることがわかるし，また子どもの遊びを単なる遊びの問題として論じてはならないのである。

第2章

自律性の発達：ピアジェの発達心理学

　ピアジェの発達理論は，発達研究の分野のみならず広く日本の保育・幼児教育界にも一定の影響を与えてきた。この章では，ピアジェの人間発達の理論と社会性の発達について一部幼児教育とも関連づけながら取りあげる。ピアジェにとって，人間の発達というのはこの社会によりよく適応していくための適応様式を獲得していくことである。ピアジェは人間に求められる発達を一言で言えばそれは「自律性（autonomy）」の獲得であると言う。つまり，社会の中で独り立ちして生きていくことができるような能力を獲得することである。それは，具体的には論理的能力の獲得であり，それが知性の発達の目標である。他方，ピアジェは知性の発達だけでなく，社会的能力を身につけることも重要な発達の課題として位置づける。つまり，他人とうまく折り合いをつけていくことや，協力して事に当たることができるのも大事なことだと考える。社会的ルールを自分たちでつくり，それを遵守することも民主主義社会の構成員として求められることである。社会性や道徳的自律性の発達といわれるものである。しかし，ピアジェが論じている子どもの発達というのは，基本的には論理的操作能力や社会的ルールの理解といった表象のレベルでの発達である。

§1　ピアジェのマクロ発達理論

　ピアジェの発達理論のキーワードは相互作用論と構成的構造主義である。ピアジェが人間の発達の目標として基本的に据えたのは人間の環境世界に適応していくための適応手段を獲得していくことである。環境への適応の仕方には生物的な適応のレベルから精神的な適応のレベルまでいくつかの段階がある。人間の場合も生物的条件の制約を受け，これらからけっして自由ではないが，人間の場合は自然的条件に拘束されるだけの受動的な存在ではなく，環境に働きかけ，環境を変えていくための道具と技術を文化として蓄積するようになった。そして人間は現在的な状況と時間に縛られない表象能力を獲得し，さらには協同の作業と文化的蓄積を可能にする言語というものを獲得していった。ピアジェが人間の適応方法として問題にしたのはこのような表象能力を前提にして，人間はより合理的な適応の仕方である論理的な思考をどのように身につけていくかということであった。これはまさに知能と言われているものだが，彼はこの知能なるものの具体的な内容と構造を明らかにすることと，その獲得の過程を理論化しようとした。

　ピアジェが知能＝認識能力の獲得として考えたのは発達する主体が能動的に環境とかかわりながらそこで得られた経験をもとにして，これらを一種の知的プログラムとして自らつくりだしていくということであった。したがって環境と能動的にかかわっていく，環境と相互作用することが発達の原動力であり，これが彼の理論の特徴の一つである相互作用論の考えである。そして，環境の中で経験したことを表象し，さらには安定した知識の構造体へとつくりあげていく。この知識構造が人間の適応的な行動を実現していく，いわば知能と言われるものの実体である。人間の場合はこの知識構造を自分の力でいくどか改変をしながらより適応力の高いものを獲得していく。この数度にわたる知識構造＝知的プログラミングをヴァージョン・アップしていく

ことが発達の質的変化であり,これによって人間の発達をいくつかの段階に分けることができるようになると考えた。先のキーワードの「構成的構造主義」は,知識は一定のまとまった構造を自分でつくりあげていく＝構成していくという人間の知的発達の過程を表現したものである。そしてこの知識構造が個々の知的活動を規定するものになっていることから一つの発達段階にある子どもの知的機能は実はこの構造の反映だということになる。ここで前提となっている考え方は,環境との相互作用の中で得られた経験を知識の形に書き換えることができるのは,この種の能力が人間にはあらかじめ備わっているというカントの言う「知識のア・プリオリ性」の考え方である。

　ピアジェの一連の研究の中でも幼児期までの「感覚運動期」とそれに続く「前概念期」を扱った部分は,子どもが環境との身体的なかかわりを通して自己の感覚と運動的なモードで世界を理解していく過程が具体的に記述されている。その点では,身体や感覚を用いて外の世界とかかわっている姿が描かれている。たとえば試行錯誤的な行為は繰り返しの反復によって習慣的な活動のパターンへと変わっていくことや,次の段階では意味の原初的な形態である活動のモードを用いて類似の出来事を抽象化し,一つの図式(ピアジェはシェマとよんだ)として理解していく様子が詳細に分析されている。この図式は心的イメージの原形ともなるし,具体的な子どもの行為を方向づけたり,統制するものとなっていく。

　メルロ＝ポンティは『行動の構造』(1942)の中で,人間は外の世界を見たり,理解するときには人間として特有の秩序の立て方に基づいて行うことを指摘し,そのことを「ゲシュタルト(一つのまとまりをもった形:全体図式)」と称している。この「ゲシュタルト」として世界を把握するのは人間の原初的,根源的な形態把握の仕方ということになるが,ピアジェがこの時期の子どもたちから見いだしたものも「ゲシュタルト」としての人間的秩序である。まさに知的構造の最初の原初的形態であるが,ここで大事なことは,このような知識の原初的な形態が子どもの感覚と運動という環境に向かって展開された行為によって得られていくということである。

ところが、ピアジェの研究ではこの後の段階を扱った部分になると、きわめて抽象度の高い論理の世界の中で人間の知的活動を扱うように変わっていく。たとえば、論理的な思考が可能になる操作的思考の段階、あるいはその前の前操作の段階をとっても、前者の場合には主観的なものの見方や考え方に支配されないで客観的な思考を支えるための論理的な知識構造の獲得によって発達変化を説明している。このような論理操作ができない「前操作期」の子どもの場合も見た目の主観的な判断が優勢になってしまう、あるいは自己の経験に縛られてしまった自己中心的な思考として扱われており、あくまでも論理的な知識構造をいまだもっていない段階の状態であるとして説明されている。

 このようにピアジェの人間の知的活動は、発達初期の子どもに対する説明を除いて、抽象的な知識構造で説明されている。しかも彼が発達の説明モデルとして採用しているのは子どもの実際の活動ではなく、あくまでもその背後にあると彼が想定した知識構造である。そしてこの知能＝知識構造が実在するという実在論（substance）の立場を取っている。ここからは人間の知的活動を現実の行為として展開するという発想が取られることはない。明らかに主知主義の世界で説明を完結させようとする。

 他方で、知識や能力がそれ自体として内的世界の中に存在するという実在論とは違った様態論（attribution）に基づく考え方がある。この立場では能力はその人の実際の活動と切り離された形では存在しないと考える。ある能力はその人の内在に時間的に安定して存在してはいないのである。たとえば、アリストテレスが提示した「ドゥナミス（能力）」の発想がそうである。ハイデガー（1933）もこの概念に注目する。アリストテレスは人の能力を次のようなものと考えた。100メートルランナーとしてどんなに速く走れる人でもその能力は走ること、運動することによってはじめて示されるのであって、その人の能力として具体的な活動から切り離された形で存在しているのではない。同じように、優れた建築家の能力もその人の頭や腕にしまわれているのではなく、活動や行為として展開されている中で現れてくると考え

た。これをアリストテレスは「運動に即したデュナミス（能力）」といった（ハイデガー，1933）。これはまさに能力について，それを所有することではなく，遂行することを重視した考え方であり，同時に行為や運動の動的過程を重視したものである。このような考え方とは対立する能力観が実在論である。行為や運動ではなく，体系だった知識の形成や世界像＝表象をもつことが重要であるという考え方が心理学では支配的で，その源流はカントの近代合理主義哲学である。ピアジェは明らかにカントの認識論に基づいており，彼も基本的にはこのカントの合理主義的認識論をベースに人間精神を考えていた。はたしてこのような発想で生身の生きた人間の活動の姿を捉えることができるだろうかという疑問をピアジェの理論にも当然のことながら抱かざるをえない。

§2　発達：二つの自律性の獲得

1．知的自律性と道徳的自律性

　ピアジェが考えた人間の理想的な完成形を一言で表現するならば「自律性（autonomy）」を身につけた人間ということである。その前提には人間についての一つの価値観がある。つまり，この社会の中でまさに独り立ちして生きていくことができる人間であり，他人に支配され，服従することに甘んじる他律性（heteronomy）とは対極にある人間的な生き方を目指したものである。いわば近代主義社会の中で求められる理想的な人間像そのものである。
　ここで彼は二つの自律性の側面を考える。一つは知的自律性で，もう一つは社会的自律性とでもいうべき自律的な道徳性の獲得である。前者が前の節でみてきた論理的な思考能力を獲得した人間がもつもので，論理的に物事を考え，理性的になっていくことを目指したものである。だからピアジェの立

場から幼児教育を考えたときには，子どもの知的自律性をいかに育てていくかということが教育の目標に据えられることになる。たとえばピアジェの理論に依拠しながら幼児教育論を展開したカミイの研究ではまさに知的自律性を伸ばしていくための幼児教育のありかたが具体的に論じられている（カミイ＆デブリーズ，1977；カミイ＆デクラーク，1984）。彼女らにとっては独自に開発された集団の遊びやカード遊び，そして子どもたちの活動を組織化するためのカリキュラムの構成論理も最終的には子どもの論理的思考を育てることに主眼が置かれている（カミイ＆デブリーズ，1980）。このカミイたちの自律性を育てることを目指した幼児教育論の問題については後でもう一度検討する。

　ピアジェが人間発達の目標に据えたもう一つの自律性は道徳的自律性であり，実は先の知的自律性とは相互に結びきをもったものである。ここであえてピアジェが理性に加えて社会性や道徳性の発達を位置づけるのは，人間が社会の中で生きていくためには知的に賢くなることと同時に，他人とうまく折り合いをつけ，他人と合意（negotiation）を取りつけていく交渉能力，協力（cooperation）して事にあたることができるような能力を身につけることが必要であると考えるからである（カミイ＆デブリーズ，1980）。いわば社会の中で他人とうまく関係をもち，自己の幸福を互いに実現する社会性の能力が近代主義社会で生きる人間にとって不可欠のことだと考える。その実現は結局は個人の道徳的自律性の獲得に責任を求めているという意味では，先の知的自律性とも共通する。結局は自己責任の世界で物事を考えるのがピアジェの発達観なのである。これはピアジェが考えた発達の方向を個人から社会へと向かう図式で考えたことと関係する。これに対して，この後でみる遊びの中の幼児の会話についてヴィゴツキーが鋭い批判を行ったことに端的に表れているように，ヴィゴツキーはピアジェとは逆の方向，つまり子どもは幼児期からすでに社会的関係の中に入っており，人間はむしろ社会の中で発達を実現していくと考えた。そしてこの社会的関係の中で身につけたことを自己のものにしていく，つまり社会から個人へ向かうという図式で発達を捉え

た。

2. ルール生成の条件

　それでは，ピアジェは社会性の発達や道徳的自律性をどのようにして獲得していくと考えたのだろうか。実はピアジェが発達研究として始めに取り組んだのは，ジュネーブ大学のジャン＝ジャック・ルソー研究所に附設されていた幼稚園の子どもたちの遊びにおける会話の分析であった。彼の最初の著書である『児童の言語と思考』(1923) は，幼児は共同の遊びをするときに他者との間に十分なコミュニケーションを取ることができない，つまり彼らの発話や思考は自分の視点からしか展開できず，社会性に大きな制約をもっているという幼児期の発達上の特徴を述べたものである。彼が「自己中心的言語」あるいは「自己中心的思考」という言葉で表現したもので，この後，彼が知的発達においても学童期前後までの「直観的思考期」の子どもの特徴である主観的なものの見方，考え方を表わす「知的自己中心性」へと引き継がれていくことになる。先に述べたように，ピアジェの場合は『児童の言語と思考』の中で提示した幼児の自己中心的なものの考え方と言葉に代表されるように，人間の発達の基本的な方向は「個人から社会へ」と向かっていくと考えた。あるいは自己という主観の世界から自分を外から眺めることができるようになる客観性を身につけていくことだと考えた。だから幼児期の自己中心性は自己の世界だけで考え，他者との意見交換ができないのだということになる。ある意味では社会の中で他者との間で効果的な交渉ができないから自律性が獲得していないことになる。それは知的自律性のレベルで論理的に物事を考えることができない，つまり客観的な論理の世界で考えることができないのと同じである。

　彼の社会的な自律性の獲得に関するもう一つの研究である道徳的自律性についてみていこう。『児童道徳判断の発達』(1932) でまとめられた研究では，幼児，小学校の学童の道徳意識や共同的遊びの中で必要になる社会的ル

ールがどのように形成されていくのかという問題が扱われている。ここでは彼の言う自律と他律の問題が直接扱われている。

　ピアジェは『児童道徳判断の発達』(1932) の中で，子どもたちが社会的ルールに対して取る態度として大きく「拘束の道徳」と「協同の道徳」の二つをあげ，道徳的自律性を獲得した時期の児童 (11-12歳ころ) は「協同の道徳」に基づいて社会的活動ができるようになるという。「拘束の道徳」の段階では，子どもたちは社会的ルールを絶対視し，容易に変更してはならないものと捉える。この場合のルールは自分たちの社会的活動のためにあるのではなく，自分たちのあずかり知らないところでつくられ，それに従うようにまさに「拘束」される形で与えられる。つまり，義務と他律の道徳になっている。これに対してもう少し後の年齢の子どもたちがもつようになる「協同の道徳」では，ルールは自分たちの生活とは離れて存在するものではなく，活動に参加している者や社会の成員の合意に基づいて成立したものであると考える。だから仲間の間で同意してつくられた規則である以上はそれを変更することも合意によって可能であるし，自分たちがつくったものである以上は外部からの拘束によるのではなく自分たちが自ら内発的に守らなければならない。これが他律から自律への移行である。

　このような社会的ルールに対する姿勢の変化をピアジェは子どもたちが遊びのルールにどのような態度を取り，またルールの改変等を行っているのかを実際に子どもたちの遊びを観察したり，子どもたちに直接話を聞くといった調査から明らかにしている。たとえば，ピアジェの出身地であるジュネーブやヌーシャテルなどのフランス語圏のスイスでは昔から「マーブルゲーム」(決められた石を決まった投陣に投げて石取りを競うゲーム) が男の子の遊びとしてあるが，この遊びのルールは時代によってもまた地域によっても大きく異なっている。そもそもこのゲーム自体もいくつかの違った名称でよばれている。この遊びのルールについて「協同の道徳」の段階になった子どもたちは，ルールはいくつか違ったものがあることを理解し，また実際に遊びを面白くするためにはルールを変えてもよいと考えるようになる。しかし，そ

の前の段階の子どもたちは遊びの面白さよりもルールを守ることを優先してしまう。

　ピアジェがここで問題にしているものには新しい遊びとそのルールを協同でつくりあげていくという主体の意味構成の活動が含まれている。これは第1部第4章で詳しくみることになる三木清の言う「構想力」とも一部つながることだが，ピアジェの場合は彼が思想的にも強く影響を受けたカントの「構想力」の発想にきわめて近い。カントの場合は，世界と表象し，認識していくことの力という意味で構想力を論じており，三木のそれとはかなり異なっている。ピアジェが行った「マーブルゲーム」のルール生成に関する研究は，いわば「遊び」のための条件の一つであるルールの自発的生成を遊びの実例を通して論じており，興味深いものである。しかし，このような子どもたちの遊びの実例も，『児童道徳判断の発達』の研究全体の中では，後の章に出てくる道徳性の善悪判断とその根拠になる道徳性の発達と一緒に考察されて，「他律か自律の道徳か」，あるいはそれの発達的変化の問題として扱われてしまっている。ピアジェにとっては説明原理はあくまでも道徳的自律性であって，子どもの遊びのルールの生成やその修正を具体的な子どもたちの相互行為からみていくという発想もこの文脈の中に入れられてしまっている。あるいはピアジェは「他律から自律へ」という発達変化の基本的枠組みを無条件の前提として使ってしまっている。たとえば先の子どもたちの「マーブルゲーム」のルールについても，自律的な「協同の道徳」の段階の前では遊びのルールを守ることだけに固執していると説明しているが，実際の遊びの中でははたしてそうなのだろうか？　たとえば，子どもたちは「オニごっこ」をするときに，「オニは何人にしたらよいか」という基本的なルールも状況に応じて変えている。たとえば，「子」の数に比べて「オニ」役が少ない場合にはいつまでもオニは「子」を捕まえることができないままになってしまう。このような時には子どもたちは「オニ」の数を適当に増やして遊びを面白くする工夫をする。このようなルールの改変は幼稚園の年長児でもみられる。子どもたちはルールは遊びを面白いものにするためのものとして

あることを知っている。

ピアジェの研究では子どもたちの遊びの中の活動の背後にある彼らの情感や遊びを生みだしてくる相互行為の実際には目が向けられず，あくまでも社会的ルールという社会的表象とその扱い方に焦点が向けられている。ピアジェは一貫して人間を内的，知性の観点から眺めているからである。だから他者との相互行為を考えても他者の存在はあくまでも自己の認識や変化や知的葛藤を起こすための情報源としか考えない。もう一度道徳性の発達を例にすると，道徳判断についてのある種の基準をもっていた子どもが，自分とは違った考え方をしている友人と相互作用することで別の見方もあることに気づき，いわゆる社会認知的な葛藤が生まれる。そのことが自己の認知，ここでは道徳的判断基準を変えていく動機となっていくというのである。対人的相互作用は自己の認識構造の変化の原動力となっている認知的葛藤を個人の内部にもたらす場や機会としてのみ位置づけられている。

§3 ピアジェの社会学的研究： 社会的活動，対人的感情

ここまでの節で，ピアジェは発達の問題を知的発達にだけ限定するのではなく，社会性の発達についても一定の位置づけを与えていたことを確認してきた。実際，ピアジェは1960年まで断続的に社会性の問題や社会的相互作用について論じている。たとえば，彼の初期の研究を含めて1960年までのものが『社会学研究 "Sociological studies"』として論文集の形で1965年にまとめられている（英語版は1995年）。この論文集からも彼の社会性とその発達についての基本的な考え方を知ることができる。この論文集の中に収められているもので，対人感情と対人的価値が相互作用の中でどのように形成されてくるかを論じた論文がある（第2章「相互作用における価値についての理

論的考察」)。対人感情は他者との具体的な相互行為の中で展開されるものであり、その意味では彼が考えている社会的相互作用とはどのようなものであったかを知ることができる。この論文では彼は対人関係を意味レベルで捉えており、まさに「意味の社会的構成」の場という表象レベルでの相互的かかわりの問題として論じてしまうというピアジェの主知主義に立った発達観を確認することにもなる。

　ここでは話を単純にするために二人の間の相互作用について考えてみよう。人間は自分の行為についてその結果から自分なりの価値評価をもつ。たとえば図1-2-1の左の縦軸は個人αで、この人の価値評価の程度がa－a′－b′で示される。この自分の行為（rα）が相互作用では他人にどのように受け止められたかは一義的には決まらず、その満足の程度は相手の受け止め方による。これがもう一人の個人α'の満足（satisfaction）の量（sα'）である。ここでピアジェが指摘していることで大事なことは個人αの行為はもう一人の個人α'に対して「よくしてくれた」という感謝や、時には逆に「よくぞこんなつらい思いをさせたな」といった否定的な感情をもたらすということである。つまり対人的な相互作用はあくまでも人－人の関係であって人－物とは全く違った情報が交わされるということなのである。そして、今度は逆の

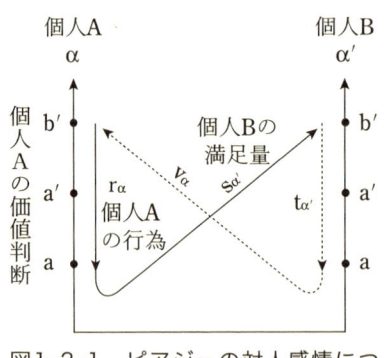

図1-2-1　ピアジェの対人感情についての図式（1）

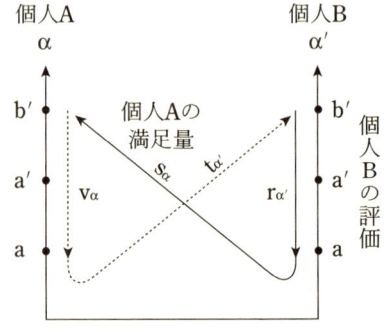

図1-2-2　ピアジェの対人感情についての図式（2）

方法の相互影響が出され，これが続くというわけである（図1-2-2）。このように相互作用をピアジェが考えたのは，人と人との関係は物的なものでなく，お互いが感情とその経験を記憶として蓄積されたものを介在させて関係を展開しているということを言いたいからである。つまり相互行為にはそこにかかわる人たちがもつ態度や感情，そしてそれらの経験の記憶が常に介在し，同時に相互行為によってこれらのものが強固化され，また新たなものがつくり直されていくことになる。これらが比較的時間的に安定したり，公共性を帯びてくると道徳的態度になってくる。

つまり，ピアジェにとっては知性の世界においてもまた，対人関係や対人感情の社会的活動の世界においてもこれらを「表象作用」として扱い，それらの表象を人間が扱ううえでの論理性や社会的規則の整合性として問題を定式化している。だから彼の知性の発達と対人関係，対人感情，そして道徳性といった社会性の発達は一つに統合されるし，共通の発達段階によって発達変化を表現できると考えた。そのために，社会的な活動それ自体が問題にされることはない。ましてや行為や身体というものが登場してくることはない。

たとえば，ピアジェ理論を忠実に幼児教育に適用したカミイとデブリーズ（1977）が集団遊びの代表的なものの一つである「隠れん坊」遊びは社会的な協同性を発達させると同時に，子どもの脱中心化（遊び仲間の相手がどのように考え，どう見ているか，自分が隠れる者だったとしたら自分の視点とオニの視点とを協調すること）と空間的推理（どこが隠れることができる場所かを考える）を促すと述べているが，ここにピアジェの考え方が典型的に表れている。このような解釈とは別のものを考えてみよう。

「オーごっこ」はいつまでもオーが見つけてくれなければゲームとして成立しない。つまり見つかることを前提にしたゲームであり，その意味では「見つからないようにしよう」という気持ちと「いつ見つかるだろうか」ということの二つの感情の間から発するスリルが面白さの原点にあることだ。あるいはオニと隠れる者とはたえず役割交代が起きる。ワロン（1932）はこ

の「隠れん坊」や「オニごっこ」などの「交代遊び」の中で子どもは「見つけ―見つけられる」「追いかけ―追いかけられる」という働きかけ―働きかけられるというまさに自己と他者の二重性を自己の中に感じ，経験すると述べている。「ある状況の一方の側から反対の側にかわるがわる移ってみて，対立した情緒を体験しようとする活動にふけっている。このかわりばんこによる活動は，自分を瞬間毎に捉えている状況から自分自身を引き離すことを学び，原初的な，感情の相反性を学び，パートナーとのかかわりを，パートナーの活動の相互性を学ぶ」（邦訳，p.238）。自分の内部に自分とかかわる他者の存在，つまり自己の中に住まう他者という意味では他者そのものではなく「他者性」と称されるべきものがつくられてくる。これはしだいに第二の自我，社会的自我として自己の中に存在していくことになるが，このような他者との関係のもち方はけっしてピアジェやカミィたちが言うような他者の視点取得や空間認識といった知的活動だけからは生まれてこない。むしろ，それ以前の身体をベースにした自己と他者の存在関係が基本であり，この他者と身体的にかかわることで自己とは違う他者として他者を見ることや自己を他者の目から見るという経験が生まれてくる。このことは共存関係の基礎にあるものだが，幼児はこのことを身体レベルでまさに身体として実感している。ピアジェの場合は他者の視点を取り入れるようなこと，つまり脱中心化は幼児期では不可能だと言っている。それは彼らはこの種の活動を表象の世界に押し込めて考えてしまっているからであり，そのために現実の幼児が行っていることや世界とはどこかずれた発達を扱ってしまっている。

第3章

ヴィゴツキーの発達理論と遊び論

　ヴィゴツキーは人間の成長・発達を個人の力や経験だけで実現できるとは考えなかった。その意味でピアジェとは違った発達観をもっていた。ヴィゴツキーの理論を理解するためのキーワードは，人間精神の社会発生的アプローチであり，行為論と人格論である。ここでは，ヴィゴツキーの発達理論の根幹にある考え方を概観していくことと，ヴィゴツキー派の遊びの理論について取りあげる。ヴィゴツキー派の遊び論では，ヴィゴツキーが幼児を中心にした遊びについて述べていることと，彼の考えの影響を受けたレオンチェフの遊び論，そしてエリコニンの遊びの研究についてみていく。

§1　ヴィゴツキーの理論とミクロ発達論

1．人間精神と起源，その発達について

　ヴィゴツキーは，人間は社会・文化や社会・歴史的な文脈の中に置かれ，社会関係の影響を受けることで人間になっていくと考えた。彼は，心理学では「常識」となっている発達は個人から社会へと向かうという説明原理を逆

転させる。つまり，ヴィゴツキーは人間の精神やその発達は，社会的活動にその起源があり，人々の間で行われている関係の中で人間の発達は生じていると考えた。このようなヴィゴツキーの考え方はピアジェとの間で交わされた幼児期の子どもの会話をめぐる有名な論争でもよく表れている。前の章でも取りあげたが，ピアジェが発達研究として最初に取り組んだのは幼児の遊びの中で使われる会話であった。ピアジェの『児童の言語と思考』(1923)では，幼児期の子どもは他の子どもとコミュニケーションが取れず，集団の遊びの場面では子どもたちは一人ひとり自分の言葉を別々に発してしまっていると言った。この現象を彼は「集団的独話」と言い，この時期の子どもたちは他者とのかかわりを十分に取れないという自己中心性にその原因を求めた。このような自己中心性という幼児期の特徴が会話の形態として表れるのが「自己中心的言語」であった。このようなピアジェの説明に対してヴィゴツキーは彼の主著である『思考と言語』(1934)で次のように反論した。ピアジェが見た「自己中心的言語」は，子どもの言葉がコミュニケーション（外言）として使われていたものが自分の思考の手段（内言）として使うように変わっていく移行の段階でみられる現象である。遊びの中で子どもたちがばらばらに自分の言葉を発しているのは自分が遊びの中で自分の考えや思いを巡らすために使っているものが言葉となったものである。子どもはけっして仲間とコミュニケーションが取れないわけではない。幼児期の場合は表出言語として自分の思考過程を声に出しているのである。この後の時期になると思考のための言葉は完全に内的な言葉になって外に言葉として表出されなくなる。

　ヴィゴツキーはコミュニケーションとして他者と会話するために使われる言葉と，自己の思考のための言葉とは区別すべきであると考えた。前者のコミュニケーションとしての言葉の機能は幼児の段階でも十分にできると言う。そして後者のような自分の思考のための言葉は遊びや生活の中でいろいろと自分で考えていくことが必要な場面になると増えることを観察から明らかにしている。そうなると，「自己中心的言語」は，子どもたちが自分で目

の前の問題を解いていったり，自分の思考を進めるための道具としての言葉だということになる。ピアジェが言うような幼児は仲間とコミュニケーションを取っていない，社会性が欠如しているということではなくなる。事実，ピアジェは『児童の言語と思考』の改訂版では，ヴィゴツキーの批判を受け入れ，幼児が仲間とコミュニケーションが取れないという記述を訂正している。もっとも，ピアジェは幼児期の発達の特徴として「自己中心性」という概念をけっして捨てることはなかった。

2. 人間精神を支える文化的道具と内化

　ヴィゴツキーは人間の精神とその発達は社会的活動の中にその起源があり，この中で発達していくと考えた。この人と人の間の社会的関係の中で人間の精神的活動が行われることを「精神間機能」と言い，ここで獲得したものがさらに個人のものへ変化していく。このような，個人の精神的活動を「精神内機能」とよんだ。だからヴィゴツキーは人間の精神活動やその発達の始まりは社会関係の中に求めなければならないが，同時に社会・文化的なものがそのまま人間の精神やその発達をつくりだしていくとは考えなかった。精神間で起きていることを自分の中に取り込んで自分のものにしていく精神内機能へ移行していくことが必要である。それは個人で自分のものにしていく「内化」の過程の中で行われると考えた。これが「精神間機能から精神内機能への移行」と称されているものである。移行していく中で精神間のものは変形されて個人のものとなっていく。先の人と人との間をつなぐコミュニケーションとしての働きをしていた言葉は今度は自分の思考を支え，思考内容をつくりだしていく言葉へと変形していく。ヴィゴツキー（1930-31）は次のように言う。「言葉の機能のような高次の精神機能は，はじめは人々のあいだに分けられ，分散されているが，後に人格そのものの機能となる」（『精神発達の理論』邦訳, p.213）。

　言葉以外にも社会・文化的なものとして蓄積されている様々な道具も自分

の活動のための道具とするためにはそれらを使いこなし，自分のものにしていかなければならない。ここでも精神間から精神内への移行がある。このようにヴィゴツキーが人間精神について考えたことには二つのポイントが含まれている。一つは人間の精神を支えるものとして文化的道具が果たしているという指摘であり，もう一つは人間の発達はこれらの文化的道具を内化させていくということである。「道具」と「内化」は人間の活動として「表裏」一体の関係になっている。たとえば，子どもの遊びのためには遊具がなければならない。この遊具によって子どもたちが遊びたいことを具体的な形で表すことができ，そのことが遊び仲間の間で遊びの内容の共有化を可能にしてくれる。これらの遊具は大人の社会・文化の中に存在するものをミニチュア化したものや道具としての機能を類似化させたものが多い。その意味では子どもの遊びの活動も大人の社会・文化的な文脈の中に一部分はめ込まれている。もちろん，子どもたちは大人のような生産的な活動のためにこれらの遊び道具を使わないし，そもそも子どもたちは大人のようにできないことを遊びという虚構の世界で実現し，彼らの願望を満たすことを目的にしている。その意味では，大人の世界の道具と子どもの遊びの世界で使われるものとはその性質を異にしているが，活動を具体化し，活動を媒介するという道具がもっている機能は同じである。そして，子どもたちは時にはこの遊具を自分なりに新しい意味をもったものとして意味づけし直して使っている。たとえば，第1部第5章のところでみるように，縄跳びのひもは電話のコードになったり，魚釣りの遊びでは釣り糸になったりする。あるいは積み木は自動車や家や人間の代わりになったり，いろいろなものを表す手段となる。もちろん，ままごと遊びの道具の中には家庭の中にある鍋やフライパンをミニチュア化しただけで，道具の機能的意味も使われ方も固定化されてしまっているものがあり，そこでは比較的変形の自由度は低くなっている。

　だが，いずれにしてもこの種の遊具が仲立ちになって子どもたちは自分の遊びの世界をつくりあげていく。子どもたちは自分の遊びの世界を支えている遊具が本来もっていた意味を変形していく。これは内化の活動そのもので

ある。自分の活動の目的のために道具が存在し，それらを自分たちの意味世界に取り込んでいく。ヴィゴツキーが人間精神の基本は文化的道具に支えられながら，それらを自分のものにしていくことにあるといったことが，子どもの遊びの世界でもそのまま当てはまる。以下，もう少し詳しくヴィゴツキーの行為論と内化の考えをみていこう。

(1) 道具に媒介された人間の行為：文化的道具と対象行為論

ヴィゴツキーの理論の最も大きな特徴は，人間の営みを社会・文化的な文脈と結びつけて捉えた点であったが，彼はただ環境の重要性だけを言っているのではない。心理学でも人間の様々な活動に対して環境が影響を与えていることは指摘されてきた。イギリス経験論哲学の影響を受けた心理学では人間の成長・発達の形成をもっぱら外部からの環境作用に求める考え方に示されるように，環境は主体に外部から作用してくるものと捉えられてきた（経験説）。あるいはイギリス経験論哲学では，経験を知識の形成の主要因として位置づけてきた。このように発達における経験説でも，経験を知識の問題として論じる場合でも，イギリス経験論に共通しているのは，主体が直接環境の中で経験していくことを論じていない点である。だが，現実の生活の中では，経験は主体が環境とかかわる行為的交渉として立ち現れている。だから経験するということは，主体である自己がモノや出来事と出会うことなのである。経験論において経験を知識として扱っているのは行為をすることで生まれた結果の部分を扱っているだけであって，そこでは「行為的なもの」が省かれてしまっている。

ヴィゴツキーはこのような一部の心理学や哲学で取られてきた考え方から「解放」されなければならないと言う。そして彼は人間の精神の営みとして行為を位置づける。人間の行為を正しく位置づけることで，人間を環境に一方的に支配されるだけでなく，外部の世界とたえず接触しながら共に依存し合うものとして人間と環境世界とを一つのセットとしてみること，さらには人間は環境世界と積極的にかかわりながら自分たちの世界を創造していく存

在として捉えることができるようになる。ヴィゴツキーが人間の研究として基本に据えなければならない研究方法として位置づけているのが「分析の単位（ユニット）」である。ヴィゴツキーは人間の心をバラバラに分解して知覚だとか言語だとか，思考を相互に関係なく研究してしまうと人間の本当の姿を見いだすことができなくなると警告する。けっして分解してしまってはならないもの同士はきちんと一つの組み合わせの単位，「ユニット」として扱うべきだと言うのがヴィゴツキーの主張である。その意味では行為は人間と環境との関係を正しく位置づけていくための「分析の単位」である。そして，この行為という発想を取ったときにもう一つ正しく位置づけなければならないのが行為を支え，行為によって外の世界に向かって表現し，何ごとかをつくりだすために使われる道具である。ヴィゴツキーは，人間の技能や能力も含めて，人間が行う営みは文化的道具という媒介手段を使用して可能になり，人間をこの媒介手段と切り離して考えることはできないと考えた。より正確に表現すると，人間は「媒介-手段-を用いて-行為する-行為者（agent-acting-with-mediational-means）」（Wertsch, 1998）である。

　フランシス・ベーコンが正しく指摘していたように人間は道具を持たずに素手だけでモノに立ち向かってもたいした効力は発揮できない。もちろん，この道具には単にノミやカンナの類のことだけではなく言語や知的創造物も含まれる。先にみた，子どもの遊びと遊具との関係でも子どもが遊びのために使う様々なものも子どもたちが表現し，活動するうえでの媒介手段となる「文化的道具」である。

　次に，この媒介手段である「文化的道具」は人間の行為の目的によってその性格や意味づけも変わってくることを考えてみたい。道具は使う者がそれらを自分の活動にどのように位置づけるかによってその性質を変えてくる。目の前にあるハンマーやドライバーも使う人の目的によって役立つ道具になる場合もあるし，役立たないものになる場合もある。あるいは，たくさん道具が詰まった道具箱から自分の仕事に役立ちそうなものを選んで使うというのが私たちの日常生活の中での道具の使い方である。だから誰にとってもい

つも同じような働きをするような道具といったものはない。つまり、媒介手段としての道具の意味は道具そのものに付随して固定化された形で存在しているわけではない。ここからわかることは、人間の行為は何かに向かって、何かを実現する目的をもっており、この目的や動機に照らし合わせて媒介手段である道具を選択し、用いているということである。人間は何かに向かって行為をする、つまり具体的な対象を目指して行為をするという意味で「対象行為論」といわれるが、このように言うときには、行為にはその行為を行う人の意識や動機が背後に存在していることが前提になっている。

人間は「媒介手段としての道具」をあるがままの形のものとして受動的に使用するだけではない。時には自分たちの目的を実現するために道具そのものを作りだす。だから人間は「道具を作る動物（tool-making animal）」であるともいわれる。この道具を作りだすことができる「手」と技術を人間がもつようになったことの意味は大きい。

子どもも遊びの中で必ず動機と目的をもちながら、遊びを実現するために使える遊具を探し、見定めていく。だから時には本来のものとは違った使い方で遊ぶときもある。もちろん、どのような使い方をするかは、子どもの動機・目的に加えて遊具やおもちゃの性質の規制も受ける。遊びの使い方が比較的限定されやすいままごと遊びの遊具など構造度の高いものと、積み木といった使い方が必ずしもモノの特性に規定されない構造度の低いものとでは使われ方の自由度やバラエティの多様さでは違いがある。

(2) ヴィゴツキーが明らかにしたかったこと
・人間の意識世界の解明

ヴィゴツキーが人間の精神的発達は「精神間から精神内への移行」の中で生まれると考えたことは前に述べたとおりである。人間は様々な社会的諸関係の中に置かれており、それが人間の特質である。だから一人ひとりの人間の心理的世界もこの社会的諸関係の中で起きていることにその起源がある。具体的な例として、ヴィゴツキーがあげているのは、子どもが指さしの働き

を理解していく過程である。子どもが自分の欲しいモノをつかもうとして手を伸ばしたが，遠くにあって手が届かない。それを見ていた母親が「欲しいのはこれなの？」と声をかけながら手を出したり，指さしをして確かめる。母親のこのような反応を通して，自分が手を伸ばすという動作をすることは相手に自分の欲しいことを知らせるメッセージになっていること，さらに母親がやったような「指さし」の行為が指示身ぶりとしての働きになっていることを知り，自分でも使えるようになる。このように指示機能という言葉のもっている原初的な形態と機能は大人と子どもとの社会的関係の中から生まれてくる。そして，この事例でもう一つ大事なことは，大人が示した指示動作の意味を自分が理解し，自分でも使うようにならなければいけないという点である。つまり，自分のものにしていくということである。これがヴィゴツキーが言った「内化」の意味であった。

　以上の例からもわかるように，発達や学習はけっして一人でできるものでもないし，かといって大人や社会的環境の働きかけに一方的に支配されているのではなく，自分のものとしていく過程が必要である。ヴィゴツキーが提示した重要な概念に「最近接発達領域」(zone of proximal development: ZPD)があり，ここでは大人や仲間と相互行為をする中で他人からのヒントや助け船をもらいながら，あるいはお互いが刺激を与える中で人間は一人ではできなかったことを協同の力によって獲得していくことが強調されている。「最近接発達領域」という相互行為の活動の中で生まれたものは最終的にはそれぞれの発達主体の中に移行され，内化されていくと考えるならば，この「最近接発達領域」では，子どもに必要なことを一方的に「伝達（transmission）」することではなく，子どもの中で他者との相互行為を通して新しいものが「形成（transformation）」されていることだと考えなければならない。

　このように，ヴィゴツキーは人間を社会的関係の中で論じながらも同時に，社会・文化という外的なものに一方的に支配されることのない個人の意識世界を位置づけた。この二つを論じることによってはじめて人間精神の本質と現実の姿を正しく捉えることができると考えた。両者はけっして切り離

すことはできないものとして存在している。次にヴィゴツキーの意識論を概観しておきたい。

　人間の意識については，心理学の「常識」として，意識それ自体が存在したり，その素材があるという考え方を取ってきた。意識が実在（substance）するという立場である。この立場では，研究の対象はこの意識やそれを構成している部品（パーツ）を分析することで人間の内的意識世界を明らかにできると考える。これに対して，意識はそういうものではなく，外部の対象に対してわれわれが取る具体的な実践行為として展開されるものであり，この具体的な行為として意識が存在していると考える立場がある。これが様態論（attribution）である。この考え方では，意識の研究の対象は具体的な人間の行為に向けられることになる。

　ヴィゴツキーは意識としての人間の実践的行為を具体化するために人間の言葉と思考に注目した。この時の言葉は話し言葉であり，個人の考えや意思を表現し，伝えるための言葉，「パロール＝話し言葉」であった。そしてこのパロールとしての言葉を公共化するためのものとしての規約に基づく記号，ラングとしての言語や概念の獲得・発達を同時に問題にした。このようにみると，ヴィゴツキーはパロールを生みだす個人の意識を位置づけ，これと個人の行為を支え，社会的に共有可能にしていくものとしての社会・文化的なものを一つのセットとして捉えようとしたと言えるだろう。やはり個人と社会・文化との間の弁証法的関係である。ヴィゴツキーは発達のベクトルとして社会から個人へと向かう方向を描き，その行き着く先は個人の人格，意識世界であった。もちろん，この個人というのはその中に社会・文化的諸変数が重層的に組み込まれているものである。ヴィゴツキーが亡くなる直前に書いた『思考と言語』の最終章「思想と言葉」で，彼は次のように述べている。「思考と言葉は，人間の意識の本性を理解する鍵である。…言葉は，意識の小宇宙である。意味づけられた言葉は，人間の意識の小宇宙である」（邦訳，p.433）と。意識は様々なものが織りなす「小宇宙」である。

(3) 具体性の心理学とドラマとしての人格

ヴィゴツキーは，人間の意識世界を扱うためには現実の生活の中でわれわれが抱える内的葛藤のレベルまでおりてそれを解かなければならないと言った。彼は研究の後半では，現実の生活の中で人が様々な矛盾を抱えながら生きている，その人格のリアルな姿をドラマとして描きだすことが心理学の課題であると考えるようになる。現実の生活の中で起きている一つひとつの出来事と人の意識の微視的な生成過程を追うことが人間心理の解明の課題であると位置づけた。

ヴィゴツキー（1930-31）は，『文化的―歴史的精神発達の理論』の最終章「総括 研究の今後の道程―子どもの人格と世界観の発達―」の中で，われわれの発達は文化の中でそれが行われているという意味ではあくまでも文化的な発達としてみていかなければならないと言う。同時に，彼は，これらの文化的諸変数は人間の中に入って統合されていくものとしてみることが必要であり，それは「人格」という形になって存在していると言う。ここで彼が言っている「人格」は，通常の心理学の中で使われている個人を単位にした性格特性のようなものではなく，「人格＝文化的発達」のことであり，自然を超えた文化的・歴史的な内容をもったものである。その意味で「『人格』は歴史的概念である」（邦訳，p.176）ということになる。ここで彼があえて「人格」という概念を用いているのは，人間は文化的，歴史的な中で人間となっていくが，これらの外部諸変数によって単純に支配されているのではなく，われわれはこれらを統合する意識をもち，主体的に生きている。そういう人間の「人格」である。したがってこの人格には，生活の中で生きている具体的な人間のありようも含まれている。これを彼は「ドラマ」と言った。

ヴィゴツキーが1929年に書いた論文に「人間の具体性心理学（Concrete human psychology）」がある。これは彼の存命中には発表されないままになっていたものであるが，この論文では，人間を様々な社会的諸関係の中に生きている人間，時にはいくつかの矛盾を抱えながら具体的な生活の中で生きている人間の姿を描こうとした。現実の生活の中で起きている一つひとつの出

来事の中で人はどのように振る舞い，また意識をしているのかその微視的な生成について思いいたることが人間心理の解明の課題であり，また心理学が取り組むべき対象だと考えた。彼はこの具体的な生活の中で展開される人間の営みと意識世界を「ドラマ」とよび，様々な出来事とそれらの相互に関連し合う中で生じてくる「こと」と，その「ありよう」をその発生の地点にまで戻って捉えようとした。だから，社会の中で生きる人間としての「矛盾」や「葛藤」，「衝突」も描かなければならないと考えた。このように，ヴィゴツキーは具体的な人と人の間の関係の中で人格は形成される。諸機能の結合と相互関係が人格（人間）をつくると言う。彼は人々の間の諸関係が人格に移されて，自己意識となり人格となっていくと考えた。

　ドラマとしての人格をヴィゴツキーがどう描こうとしたのか，先の「人間の具体性心理学」の論文の中で次のような具体例を使って説明している。罪を犯してしまった自分の妻を裁かなければならなくなった裁判官は，裁判官という社会的役割として正しい判決を下さなければならない立場と，自分の妻という個人的な関係との間で生まれる矛盾と葛藤に悩むことになる。この種の葛藤は社会的な関係の中で生きる人間の具体的な生の姿としてしばしば起きることであるが，ヴィゴツキーがこの例で主張したかったことは，人間は個人として様々な生活を営みながらも同時に，社会的な性格をもった人間として様々な社会的な諸関係の網の目の中で生きており，時には個人としてもっている願望とは矛盾するような社会的な役割も取らなければならない。そういう人間の「姿」であった。ヴィゴツキーは，具体的な社会的な内容，つまり私たちの生活に密着した内容，私たちの生活の中で直接，人と人がかかわっていくことでつくられる具体的な人の行為と実践を研究の基本単位にしていこうと考えたのである。

　ヴィゴツキーの死後に見つかったもう一つの論文に1930年ごろに書かれたと思われる『心的システムについて（On psychological systems）』がある。ここでは，人間の精神あるいは心的世界（つまり，意識）は，様々な機能が相互に関係し合ってつくられるシステムとして捉えることができると述べ

いる。この様々な活動の関係の中で人間の精神的な営みは展開し，またその発達も実現していくと考えた。このようなヴィゴツキーの「心的システム論」ともよぶべき考えは，彼が死の直前に書いた『思考と言語』の最終章「思想と言葉」の中にも具体的にみることができる。彼は，思考することと，言葉との間の関係も固定したものではなく，柔軟な関係の中でそれらは発達すると捉えるべきであると言う。あるいは，意識はどこから生まれるか，思考はどこから生まれるかということについても，他のシステム間との相互連関の中で生まれてくると考えた。心理諸機能の間の連関，思考と行為，思考と言語，思考と（感情）情動の間の関係，そしてこれらの相互連関から個々の諸機能がいかに発達してくるのかを明らかにすること，これがヴィゴツキーにとっての心理学研究の主要なテーマであった。彼は次のように言う。「思想そのものは，他の思想によってできるものではなくて，われわれの意志や欲求，興味や衝動，情動や感情を含む動機に関係した意識領域から生まれる。思想の背後には情動的・意志的傾向がある。これのみが，思考の分析における最後のなぜに解答を与えることができる。発言の背後にはその人の意志がある。願望がある。内面的な意味を解かなければならない」（邦訳，p.427）。これらはまさにその人の人格という言葉で表現されるべきものと言うこともできるかもしれないが，ヴィゴツキーは思想（意識）を言語や，意志，情動という様々な心的システムの諸関連の中に位置づけ，それを解こうとした。この最終章を口述筆記で書きあげた後，この世を去った。だから，この論文は彼が研究として取り組むべき内容を具体的に表明したものでもあり，同時に彼が生きていれば取り組んだであろう研究内容を予測させるものである。彼は人間の意識はシステム間の関係として論じなければならないと考えた。具体的な生活の場では時には矛盾したことが起きたりする。そういうことの方が多いのだ。これをきちんと捉えなければならない。言語研究だけやってもどうにもならないし，概念発達だけやってもらちがあかない。接触によって変動をしてしまうのだから。人間の発達や人間精神はそういう様々な関係の中で，それらとの出会いと接触の中で起きている。ヴィゴツキ

ーはこのようなことを言いたかったのだろう。

このヴィゴツキーの主張は，人間の精神やその発達を研究していく中で私たちが継承し，発展させていかなければならないものである。現実のリアルな単位は何であり，それらの関係の中で何が生まれているのかという問題。たとえば，子どもの発達を考えていくときにもそのリアルな分析の単位は何であり，子どもの発達をどのような社会的関係の中に位置づけて考えていかなければならないのか，それが問われるべき「問い」である。

§2 ヴィゴツキーとヴィゴツキー派の遊び論

前の節では，ヴィゴツキーの発達思想の大きな特徴は行為論であり，人間の人格は活動の階層であることを確認してきた。A．A．レオンチェフ (1990) は『ヴィゴツキーの生涯』の中で，ヴィゴツキーの発達の考えの中心には実践的活動，つまり「現実の実践的な獲得過程」に根差すという行為の概念があるという。そして，レオンチェフによれば，ヴィゴツキーがこの「現実の実践的な獲得」の内的な機構を明らかにするために具体的に取り組もうとしたのが子どもの遊びの研究である。ヴィゴツキー自身は子どもの遊びについて十分実証的な研究を行うことなく世を去ったが，彼が提起した遊び論はその後もヴィゴツキー派の遊び論となって後の人たちによって受け継がれている。

ヴィゴツキーが遊び論として提出しているものは，彼が1933年にゲルツェン記念レニングラード教育大学で行った遊びについての講義であり，のちに，この講義の速記録が『子どもの心理発達における遊びとその役割』という題名で1966年に発表されている。この論文からは彼の子どもの遊びについての基本的な考え方を知ることができ，さらにヴィゴツキーの行為という視点から発達を考えていくという彼の基本的な考えを確認することができ

る。その意味ではコンパクトながらきわめて重要な論文である。

　ヴィゴツキーとヴィゴツキー派の遊び研究について述べる前に、ヴィゴツキーが子どもの遊びからどのような発達を導きだそうとしたのか、とくに彼が人間の精神的な営みを具体的な行為として考えるべきだと主張していたことが遊びの研究ではどのような形となって表れているかを確認しておこう。

1. 遊び：表現と共同的活動の「喜び」
モノへの行為的かかわりから生まれる意味と情動の表出

　ヴィゴツキー（1933-34）は『意識の問題（The problem of consciousness）』と題された未完成論文で、人間は状況に拘束されないでこの世界を人間的な意味として捉え、また表現する知性をもったこと、そしてそれが人間を現実という状況から解放して物事を自由に考えることを可能にしたという。たとえば、猿は目の前の果物を欲しがり、今の欲望に目を奪われてしまうが、人間は道具という未来に備えることができるものを欲しがる。このように人間には物理的刺激を意味的なものへ変換していくという他の動物とは決定的に異なったものをはじめからもっている。人間は意味の世界で生きており、この意味的世界をつくりだしているのが人間の意識である。

　ヴィゴツキーは人間の発達を考えるときにもこの人間の特性を無視して論じることはできないと考える。これを彼は「自然的発達」（ヴィゴツキー、1930-31『文化的―歴史的精神発達の理論』）と表現しているが、もちろん、この「自然的発達」と社会・文化の中の「文化的発達」とは重なり、相互影響しながら発達しているのであって、両者を区別することや、そのうちのどちらが発達的に先行しているかなどと論じることはできない。大事なことは、ヴィゴツキーが指摘している人間の特性、つまり意味世界の中で生き、道具を生成していくことを目指すその始まりは子どもの遊びの中に見いだすことができるということである。ここに発達研究として子どもの遊びに注目する意味がある。

ヴィゴツキーがこの論文の中でも紹介し、また彼自身も参考にしている一人の比較心理学者の研究についてふれておかなければならない。オランダの比較心理学者のボイテンデイクである。彼は、代表作の一つである『人間と動物』(1958) の中で、人間は動物とは違って自分のまわりで起きている現象を意味的に捉え、また事物を人間的な意味としてまとまりのあるもの、つまり形象（ゲシュタルト）として認識することができる能力をもっていることを強調する。そして人間は習慣やすでに獲得したものに拘泥することなく世界とも積極的にかかわりながらこれらを新しいものへと変えていくことができ、このことで自己を解放していく。ボイテンデイクの考えはヨーロッパの思想界でも一定の影響を与えており、メルロ=ポンティとはお互いに論文の中で考えを参考にし合っているし、ヴィゴツキー自身も先にみたように、人間に与えられた独自の知性的特徴についてボイテンデイクを参考にして述べている。そしてボイテンデイク自身も独自の遊び論を展開していることを指摘しておかなければならない。詳しい内容は第2部第2章で述べるが、彼の遊び論は、現象学的な視点で子どもの遊びの活動を論じており、彼は子どもの遊びには行きつ、戻りつする動きや、あちこち自由に動き回るといった自在な往復運動が含まれていること、そして、この自由な生の発露こそが遊びの本質であると言う。さらに彼は、子どもの中から醸しだされてくる何かを形にする、表現することの喜びが遊びの本質であるとも述べている（丸山徳次、1994）。

　ヴィゴツキーの遊び論からみえてくる彼の発達についての考え方の第一は、モノへの行為的かかわりから意味が生成されてくるということである。それを子どもたちは遊びという世界の中で強制ではなく自由意志で行っている。子どもは遊具を使って遊びの世界を広げていく。はじめは遊具の物理的特徴に縛られて自分たちの自由なイメージをそこからつくりだすことはできない。しかし少し年齢が上がってくると、子どもたちはモノの物理的特徴に縛られることなく、それらに自分たちなりの意味づけをして利用するようになる。小さなブロックを人形にすることも棒きれを馬に見立てて遊ぶことが

できるようになる。そこでは視覚的形態に支配された世界から意味的世界へ，あるいはモノから分離された思考の世界へと向かう発達の根源的な姿がある。このような意味的世界へと広がっていくのもその基礎にはモノへの行為的かかわりと，その繰り返しの活動を意味化していくことがあるからである。モノ（対象）に向けられた活動，つまりモノの操作や行為ははじめはモノと一体化した形でモノそれ自体がもっているモノ的意味に縛られながらそれを表現していく。たとえば，車のおもちゃはそのまま車を意味しており，子どももそれを「ブーブー」と車の音を発しながら遊ぶ。しかし，しだいに形が似たものは実物とは違っていても車として，あるいは積み木を人間を意味するものとして使うようになる。つまり，子どもがモノの物理的形態に支配されないで意味的世界の中で彼ら独自の表象を立ちあげて遊ぶようになる過程の背景にはモノと直接かかわっている経験の積み重ねがある。行為の結果が意味を生みだしていくのであり，同時にこの行為から生まれてくるものを意味化することができる人間の知性というものの存在が不可欠である。人間を自由な存在として他の動物とは区別することを可能にしたその根源は子どもの遊びの中に見いだすことができる。

　ヴィゴツキーの遊び論を通して見えてくる彼の人間観ないし発達論の第二は，自分の意志で自由に行動することその喜びが人間の根源的な活動だということである。前の節ではヴィゴツキーは次第に日常生活の中で生きている人間の姿から人間精神の現実を明らかにしたいと考えるようになったと述べた。つまり人間の具体性のレベルという下からの立ちあげこそが人間精神や人間の意識の解明のためには必要であるし，人間精神の本質を明らかにするためには動物との対比や子どもの発達の姿をつぶさに見ていくことが不可欠なことだと考えた。「人間の具体性心理学」では，現実の生活の中で様々な矛盾や葛藤を抱えながらも生きている人間の実態とその意識世界を描いていきたいと考えた。それは部分的にしか完成できなかったが，彼が人間のモデルとして採用したのはスピノザの考えであり，「コナトゥス」の概念である。この「コナトゥス」の概念は「自己保存の努力」とも解釈されているが，ス

ピノザはこの「コナトゥス」を目指して日々の行為を続けることが人間の徳であり（1677），また人間が完成へと向かうことでもあるという。要するに，自分の人生を自分の力で生きていくこと，これが自由なのである。そしてヴィゴツキーもこのスピノザの思想を受けて，人は様々な矛盾や葛藤をもちながらも自分の生を生きていく営みの中でしか喜びを見いだすことができないという。人間の意識の本質はここにあると考えた。人間は自己の主体としての意志をもって生き，それを表現し，実現することを目指しながら他者ともかかわりをもっていく，これが人間の生きていくことの本質であり，これがスピノザのいう「喜び」であり，ヴィゴツキーの言う意識や情動である。ヴィゴツキーはこの人間の生きていることの本質を捉えることなしに心理学は人間を明らかにしたことにはならないと考えた。

　子どもの遊びを論じている論文の中でも同様の主張が展開されている。「遊びは，随意性と自由の王国である」（邦訳，p.25）という言葉はまさに「コナトゥス」として人間の生きる目的に向かって活動している子どもの姿そのものである。子どもたちが共同遊びを実現するために，ルールをつくり，それに従った遊びを展開するのも面白い遊びをしたい，遊びの中で喜びを味わいたいからである。

2. ヴィゴツキー派の遊び論

　ここでは，ヴィゴツキーと彼の考えを継承しながら論を展開していったヴィゴツキー派の遊び研究についてみていく。ヴィゴツキー派の遊び論も多岐にわたるため，ここでは主要なものに限定されることになる。これらの研究の具体的な内容は神谷（1989）による翻訳（『ごっこ遊びの世界—虚構場面の創造と乳幼児の発達』）と天野幸子ら（2002）の訳によるエリコニン編の『遊びの心理学』（1978）で確認することができるので，詳細はこれらにゆずることにする。なお，ここではもっぱら神谷訳を使用する。また神谷のヴィゴツキーの遊び論についてのいくつかの論考（2000, 2001, 2005）からも多くの

示唆を受けた。

(1) 子どもの遊び：
###　　　　　　モノとの行為的かかわりと意味としての想像世界の生成

　幼児期の子どもの遊びは虚構（フィクション）と想像の世界で展開されていると説明されることが多い。たしかにこの時期の子どもたちの中心的な遊びであるごっこ遊びを可能にしているのは，目の前にあるモノの現実性に縛られないで空想の世界としてイメージをつくりだし，頭の中でこれらを表象していくことができる能力（「見立ての能力」）であり，今の自分たちにはできないことを想像の世界でやってみたいという願望が子どもたちのごっこ遊びをつくりだしている。しかし，それではなぜ，子どもたちはごっこ遊びをするのかを説明するときに，彼らに表象の能力や想像の力があるためだと言ってしまうと，それは知的水準だけで説明してしまうことになる。それでは彼らの遊びの原動力になっている動機や目的が考慮に入れられていないことになる。ヴィゴツキーはこのような説明では，彼らの象徴的表現や表象能力といった知的機能によってだけ説明をする「主知主義の危険性」に陥ってしまうと言う。あるいは，現実にはできないことを想像の世界でその願望を満たしていこうとするのがごっこ遊びであるという説明の仕方は，個人的な願望や欲望を強調したものになってしまっている。子どもたちはなぜ，お医者さんやお母さん役で遊びたいのか，その動機や目的にあるものは何なのかを説明しなければならない。ヴィゴツキーは今の満たされない願望を遊びの世界で満たすという個人レベルのものではなく，大人という人間とその社会的行為への注目，そしてそのような社会的意味をもった人たちを目標としてまずは模倣してみようというのが彼らの主要な動機であると説明する。子どもの遊びは彼ら自身が身を置いている現実の社会を基盤にして展開されていることだというのがヴィゴツキー派に共通する遊び論である。
　ヴィゴツキーは幼児の遊びを主知主義の危険に陥らないで説明するためには，遊びはモノとの行為的かかわりの中で起きていることを基本に据えるべ

きだと言う。「意識のあらゆる機能と同じく，想像は始めは行為のなかで発生する」(『ごっこ遊びの世界』邦訳，p.6) と。現実から離れた想像の世界で自由に遊ぶことができるのが子どもの遊びの特権なのだが，始めから想像があるのではなく，子どもはまず現実にあるモノとの直接的，具体的なかかわりが出発になる。ヴィゴツキーが言うように，遊びを想像や象徴的記号として捉えてしまうと，遊びを抽象的な紙の上での代数学と同じような記号操作のようなものとして捉えてしまうことになり，それは遊びの現実からはほど遠いものになってしまう。現実の子どもの遊びはかなりの部分，遊具や彼らのまわりにあるモノに依存して展開している。ヴィゴツキーが用いている例を使うならば，棒きれを馬の代わりにして遊ぶことはできても，郵便ハガキは馬としては使えないのである。たしかにカルタもマッチ棒も象徴的表現では馬にすることはできる。だが，子どもはまずは実際に行為として展開できるようなより現実に近いモノが必要なのである。だから遊びは記号や象徴的な表現ではなく，モノによる行為なのである。ここに遊びの世界で果たしているモノの役割の重要性がある。前の節でもみたように，人間は意味の世界で生きている。だから幼児も遊びの中でモノとの具体的なかかわりを通してモノ自体，そしてモノを使って遊んでいる行為そのものに意味を見いだし，またそれを言葉で表現するようになる。棒は馬で，「お馬さんごっこ」として表現されるようになる。このような記号表現も実際のモノへの行為的かかわりがあって可能になるのであって，始めから記号表現があるのではない。

　子どもは次第にモノという物理的な特性に縛られないでモノから意味が分離されるようになる。これが遊びを空想や想像としてみなしてきたことなのだが，象徴的な表現として遊びを展開している場合であってもその記号で示されているモノを現実的に扱う現実的な行為からはけっして切り離されているわけではない。子どもの遊びはけっして抽象的な記号操作ではなく，あくまでも現実的な行為として展開されている。そこで使われるモノが視覚的に似ていなくてもよく，視覚的世界の制約を受けることが少ない中で遊びとして行為が展開するようになっていく。その意味では遊びの発達はモノに基づ

いた表現行為からモノの記号化に基づいた表現行為へと向かうことだといってよいが，それでも遊びは対象に向かってなされる行為であるという基本には変わりはない。ヴィゴツキーの説明を確認しておこう。「棒を馬のごとく扱う現実的行為は，意味の操作への過渡的段階である。つまり，子どもはまずモノを扱うかのように意味を扱い，しかるのちに，意味を意識し思考する」(邦訳, p.23)。虚構（フィクション）と空想の世界は現実からの連続である。この基本的なことが揺らいでしまうと空想世界と現実世界とを混同してしまうという暴走が起きてしまう。

青少年の犯罪事件の背景の一因としてしばしばマスコミでも話題になるバーチャル（仮想現実）ゲームの弊害も，記号や象徴表現の基礎には現実世界があることを忘れて記号という世界を宙に浮かせてしまっていることに因っている。子どものリアリティ感覚をつくっていくためにも遊びの世界を本来的な姿で豊かにしていくことが一層求められているといえるだろう。

(2) 遊びの面白さの追求：ルールと役割の生成

子どもを遊びへと向かわせる最大の動機と目的は，遊ぶことそのものに「喜び」を感じるという情動である。幼児もしだいに共同遊びに遊びの面白さを感じるようになり，ルールのある遊びや役割遊びが遊びの中心になっていく。もちろん，ルールや役割はあくまでも共同遊びを成立させていくための手段であって，けっしてルールや役割そのものを遵守することに喜びを感じているのではない。この動機の順序を逆転させてしまうと子どもの遊びの本来の姿を見失ってしまう。日本の保育・幼児教育研究や実践ではルール遊びを通して民主主義的な社会生活の基礎やその準備としていくといった発想がときどきみられる。たしかに，共同遊びやルールを自分たちでつくりだし，ルールを遵守することの必要性を体験していくことはけっして否定されることではなく，社会性の発達を抽象的に論じていくことよりはるかに有効であることは間違いない。しかし，これらが遊びの結果として身につくことと，このような民主主義的態度を遊びで育てようという発想とは似て非なる

ものである。子どもの遊びを教育の手段にしてしまうとその遊び論は子どものものではなく大人の発想に堕してしまう。実はこれと同じような発想は前の章でみたピアジェ派の幼児教育論でもみることができる。ピアジェ理論に忠実な幼児教育を展開しているカミイとデブリーズの集団遊びの考え方は集団によるゲームは幼児期に特有の主観的なものの見方や考え方を取ってしまうという知的自己性からの脱却を目指すものとして位置づけられていた。子どもの遊びが知的発達のためのものになってしまっている。

ヴィゴツキーは，子どもの遊びには一つのパラドックスがあると言う。子どもは自分たちが最もやりたいこと，それを満足することをしたがるが，同時にルールに従って遊ぶときには個人の欲求を抑えることが必要になる場合もある。子どもが個人の欲求や願望を抑えることができるのは，ルールに基づいて共同遊びをすることの方が個人的な願望を満たすことよりもはるかに大きな満足があると考えるようになるからである。「なぜ，子どもは，いま直接的にやりたいことをしないのか。なぜならどのような構造の遊びにおいてもルールの遵守は，直接的な衝動よりも大きな，遊びによる楽しみを約束するからである」(邦訳，p.24)。ルールに基づいた共同遊びにこそ子どもたちは遊びの満足を求めるからであり，その満足のためにルールをつくり，それに従おうとする。

ヴィゴツキー派のA. N. レオンチェフ (1944) が，フラトキナの観察資料を用いて述べている遊びの例に，「汽車ごっこ」がある (レオンチェフ，邦訳，pp.63-65，およびエリコニン，pp.36-39)。子どもたちは駅長，機関士，ビュッフェの売り子，お客といった役を「汽車ごっこ」のルールに従って行動することが求められる。そこでは，お客以外の役をする子どもたちは乗客のために用意した本物のビスケットを食べたいという願望は抑えられ，「汽車ごっこ」のルールに合った振る舞いをする。食欲を満たすよりも共同遊びの楽しさが勝っているときには，楽しい方を選ぶのである。再びヴィゴツキーの言葉で確認しておく。「子どもは遊びのなかで，いましたいことに逆らって行為するのである。…子どもの自己制御の最大の力は遊びのなかで発生す

る。…遊びの中で，直接的願望を拒絶するという意味において，子どもの意志は最大に達する」(邦訳，p.25)。「こうして，遊びの本質的な指標は，感情になったルールである。『感情になった理念，情熱に転化した概念』*というスピノザの理想の原形は，遊びのなかにある。遊びは，随意性と自由の王国である。ルールの遂行は，満足の源泉である。…感情はもっとも強力な感情によって打ち負かされる」(同上，p.25)。ヴィゴツキーはスピノザに習って，感情や情動は自分の意志としてやりたいことが優先し，感情の統制はこれを抑制することによって起きるのではなく，自分の意志としてもっと強い願望，感情がある場合はそれに優先権が与えられるという形で動かされる。ここからわかるようにヴィゴツキーは人間の主体的な意志が最も尊重されなければならないものであり，それが最も純粋な形で表れているのが遊びであると考えた。

　もう一つルールのある遊びの発達に関してエリコニンの研究を取りあげてみる。彼は，ヴィゴツキーの考えを受け継いでヴィゴツキー派の遊び研究で中心的な役割を果たした研究者である。エリコニン (1947) は「隠れん坊」の遊びでみられた年少と年長の子どもの違いについて興味ある結果を述べている。年少児 (3歳児) や一部4歳児の子どもたちは，オニ役が「何処にいるの？」と声をかけると，「ここだよ」と声を出して立ち上がってしまい，「隠れん坊」の遊びのルールに従った行動が取れない。彼らは一時は隠れるが，静かにして見つからないようにすることができない。自分がいることを知らせようと外を覗いたり，動いたり笑ったりして，自分がいることがわかるような行動を取ってしまう。これに対して，年長の子どもは (5歳児)「隠

＊　引用者注：スピノザ『神，人間及び人間の幸福に関する短論文』(1656) で，スピノザは次のようなことを言っている。「人間が意志をもって行動するのはあくまでも人間の意志がそうさせるのであって，それは観念的なものではない。そして認識が精神におけるあらゆる感情を生み出す原因とすることができる」。このようにスピノザは，認識や知性，あるいは意志が感情，欲望，愛へとなっていくと考える。ヴィゴツキーの言う「感情になった理念，情熱に転化した概念」もこのことを指している。

れん坊」特有の「見つからないでおく」というスリルと，その遊びのためのルールとして何を守るべきかを十分に理解している。それでは，年少児はルールに従った遊びができないと言ってよいのだろうか。エリコニンはこの「隠れん坊」とルールの構造が全く同じだが，少し形を変え，また役割を具体化させた状況をつくってみた。そうすると，年少児でもルールに基づいた活動ができるようになるという。「ねことねずみ」と題した遊びでは，ねずみ役の子どもが隠れて，ねこ役の子どもが見つけるという遊びだが，ねことねずみ役がかぶる帽子や，しっぽ，ねこが使う食器の皿など場面を具体化するための道具（「標識」）や，ねこはおなかがすいていてねずみを見つけたいと思っているし，ねずみはねこに見つかったり，引っ掻かれないようにしなければならないことを教える。このように少し遊びを変えてやると，年少児でも半数近くが「見つからないようにする」ことを理解するし，先の「隠れん坊」では半数程度しか隠れつづけることができなかった4歳児も「ねことねずみ」では全員がルールに合った行動をしたのである。

　この二つの遊びの比較からわかることは，ルールはそこでどのような行動をしなければならないか，それらを具体的な役割の形として理解したり，行為として展開することが必要なのであり，その意味では遊びの場面では，ルールはけっして抽象的な形で存在していないということである。さらに，このような行為の制御のためには遊びの場面を具体的な形で理解していくことが必要である。年長児の場合はこのような場面構成を自分たちでつくりあげていくことができる。年少児の場合にはこの種の行為を客観化するような場面を提供してあげると，正しい遊びができるようになる。エリコニンらの遊び研究では，しばしば遊びの自然観察に加えて，遊びの場面を実験的に改変して，遊びの成立とその条件を明らかにする手法が取られている。次にみる遊びのストーリーの役割について論じた研究でも類似の実験法が用いられている。

(3) 遊びを方向づけるストーリーと遊びの「役」

　ストーリーは遊びを意味的に形成することを促す働きをもっている。遊びを一つのストーリーとして構造化していくことの重要性を具体的に検討しているのは先のエリコニンたちである。彼らの研究の一例として，「お医者さんごっこ」で種痘を打つ場面で見られた子どもたちの興味深い反応がある。医者役の子どもが患者役の子どもに種痘の注射を打とうとしているときに，実験者が腕を消毒するために本物のアルコールを持ってくるからと言う。そして実験者は「アルコールを持ってくるまで，まず注射をしておいて。後でアルコールでふけばよいから」と意図的に実際の順番とは逆のことを言う。子どもたちはこれを聞いて，「このような順番ではダメ」と拒否をし，遊びの行為の正しい順序に強いこだわりを示した。このエピソードからわかることは，子どもたちは，現実の社会で生じている出来事とその順番を正確に理解しており，それだけ自分たちのまわりにある社会や大人の振る舞いに関心をもっているということの証である。

　中沢和子（1979）も『イメージの誕生』の中で，一つの興味深い例をあげている。1歳児の子どもであっても台所の母親の行動をまねしながら子どもが果物ナイフを持ってモノを切ろうとするとき，子どもは刃の方を握らないで必ず柄の部分を持つという。刃の方を持ってみて痛かったら柄の握りの部分を持ち直すというような試行錯誤はまったくない。これと同じことは子どもがおもちゃのナイフを使って遊ぶときにしばしば見られることである。この中沢が指摘したことを廣松（1986）は行動のコードないしはルールの「随順性」という言葉で表現しており，彼が広い意味で用いている役割行為の原初がここにあると言う。廣松は先の幼児がナイフを持つ動作や，ルールや規則に基づいた（「随順した」）子どもの「ごっこ遊び」はそこで求められるルールや規則を具体的な役割行為として子どもたちなりに脚色し直し，新しい意味世界を具体的な相互行為によって表現していると言う。子どもたちは大人の行動をそのまままねるわけではないが，ごっこ遊びのための参考資料，まねるための「お手本」として使っているのである。子どもたちはまさに廣

松が言うような「共互的役割演技」としてごっこ遊びを行っており，彼らは社会的行為として一定の順次性があること，そこから意味のある行為として構造化されてくることを体験的に知っている。だから彼らは順番にこだわる。

　メルロ＝ポンティ（1942）は『行動の構造』で，人間は人間的な環境世界で生きており，人間的な秩序にのっとった形でこの世界を捉え，表現することが人間精神の根源にあることだと言った。犬や蜂は彼ら独自の環境世界の中で生きており，それと人間の世界は異なる。メルロ＝ポンティはこの人間的秩序としていくつかの水準をあげているが，知覚の世界では一つのまとまった形，構造のあるものとして捉えることであり，彼はそれを「ゲシュタルト」と言った。社会的出来事についても時間的順序性を見いだすことは「ゲシュタルト（全体図式）」でもある。このような人間的秩序を求めようとするのは人間の根源にあることだといってよい。中沢が「イメージ」という言葉で表現したものも，いわゆる想像世界や空想といったものを意味するような「イメージ」ではなく，子どもたちが意味世界を行為によって具体的な出来事として表現したものと言った方がよいだろう。そして，この表現したい世界がより複雑な順序性と役割として演ずることが複雑になると，ストーリーとして構造化されることになる。彼らがストーリーとして遊びをつくることのゆえんである。ごっこ遊びやストーリーのある遊びに子どもが向かうのは彼らが「大人のように行為したいと望んでいる」（邦訳，p.380）からだとユリコニン（1978）は言う。しかし，このような「誰かのように行為したい」（同上，p.380）と子どもが思っていることも，目の前にいる具体的な大人のやっていることそのものではなく，一般化された大人の振る舞いなのである。要するに，子どもは人間社会にみられるような出来事の順序性やストーリーへの強い志向性があり，そのために大人のように行為をしたいと思うのである。

　たしかに，ごっこ遊びの基本的な「ひな形」は大人社会にある。子どもたちは現実の大人社会の出来事を彼らなりの意味世界としてつくり直す。ごっ

こ遊びは大人社会からの「引き写し」だからこそ「本物」と同じであるはずがないともいえる。子どもたちが表現する大人の社会や大人の行為についても一般化されたものである。たとえば，病院ごっこをしている子どもたちに向かって「これ何病院？」と保育者が聞くと，子どもたちは自分が通ったことのある「天使病院」と答える。一見すると子どもたちは現実の社会そのものを遊びで再現しているかのように思い込んでしまう。保育者は病院の名前を聞いたのではなく，内科なのか外科なのかを確認したかったのであるが，子どもにしてみればそのような大人の区別はどうでもよいことであり，また，病院の名前をたずねられたと思ったから，あえて自分たちがわずかに知っている病院名を出して答えただけのことなのである。だから，彼らの遊びの中では何科とか，どこの病院などといった具体的に限定されたものは出てこないのであって，一般的な病院として位置づけているだけである。

　子どもたちがごっこ遊びとしてその役割に従ったり，ストーリーとして遊びを構造化していくことで，自分の行為を客観化することができる。このことを詳しく述べているのがエリコニンである。エリコニン（1947）は次のように述べている。子どもは遊びの役を受けもつことで，その役にあった行為をどのように展開したらよいかを意識化させることになると。演じることで子どもは自分の行為が見えてくる。それは遊びの中では子どもは自分自身であると同時に他人でもあるからで，そこから自分を客観化することが可能になるからである。「役は，子どもの知的視線のまえに行為を置き，子どもが行為を意識するのを助けるのである」（邦訳，p.155）。表現するということは，相手に対して具体的な形となったものを提示することであり，意味をお互いに確定し合っていくことである。同時に，この表現行為は自分の表現したいことや自分の意識世界を具体化していくように作用する。ごっこ遊びの役割行為やストーリーについては遊具などのモノとのかかわりや遊び空間とも密接なかかわりをもっている。とくに遊びのストーリーは彼らの遊びの空間配置や意味空間をつくりあげていく活動と切り離して論じることはできない。このことは第2部第1章で詳しくみていくことにする。

第4章

遊びの生成,
　　　パトスとロゴスの二つの働き

　前の二つの章ではピアジェとヴィゴツキーの理論を幼児・児童の社会的活動や遊びと関連づけてみてきた。とくに，第3章では，ヴィゴツキーとヴィゴツキー派の遊び論をその背景にある考え方を含めてみてきた。子どもの遊びは新しいものをつくりだしていく創造的活動であること，そして遊びは同時に現実の社会を子どもたちなりに表現し直していく想像的世界でもあった。この章では，引き続き子どもたちの遊びの世界がもっている創造的活動とそれらの意味を三木清の「構想力の論理」を始めとする彼の思想を手がかりとしながら考察していく。

§1　遊びを生成するものとしての
　　　　表現行為:「構想力の論理」

1.「構想力の論理」とは

　子どもは遊びの中でまわりにあるモノを別のものに見立てたり，新しい意味づけを与える。たとえば，粘土でパンやクッキーを作ってパン屋さんごっこの材料にする。あるいは少し大きめの鏡をパソコンのCRTディスプレー

にしたり，積み木が入っている大きな箱のふたをお医者さんごっこのときのレントゲンのフィルムを映す機械にしたりしてしまう。いくぶんとも形が似ているモノを使いながらも子どもたちは現実のモノの意味に制約されることなく，新しい意味をもったモノとして登場させてしまう。新しい意味をもったものとしてモノを扱い，そしてこの新しく生みだされたものを仲間と共有しながら共同の遊びを展開していく。これはまさにモノを媒介にして新しい形をつくりだしていく制作（ポイエーシス）的行為であり，創造的な行為そのものである。

このような子どもの遊びの中で生じている新しい意味の生成を考えるための例として，ラグビーがフットボールからの変形として生まれた有名な逸話を取りあげてみよう。ラグビーは1820年代の英国・ラグビー市のパブリック・スクールから一つのスポーツとして生まれた。この高校でフットボールの試合中に一人の生徒がボールを拾って走りだすという珍プレーをやってしまった。しかしこのルール違反のプレーがきっかけになり，新しいスポーツのラグビーが生まれたというわけである。ここには偶然の出来事が新しいものを生みだしていく創造の具体例が示されている。新しいものが生まれるときには既成の概念を否定することをしばしば伴うが，この種の出来事を単にルール違反として片付けてしまうか，それとも新しい発想を重視して創造的なものをつくりだすきっかけにするのかどちらなのかは私たちが既成のものに対してどのような姿勢を取るか，その態度のもち方に大きく依存している。過去のもの，歴史と文化は現在と未来の由来になっている。ラグビーやフットボールというスポーツにもその原型となっている歴史がある。中世の時代に広く行われた集団ゲームで「スール」と言われているものがそうである。これは豚の膀胱に草やふすまを詰め込んだものを奪い合い，相手チームの街の広場などに運び込むことを競うゲームであるが，このようなゲームが民衆の間で受け継がれてきた。これがフットボールのもとになっているものである。そしてラグビーはこのフットボールに新しい変形を加えて生まれたものである。ラグビーが生まれ，発展していった経緯などについてはブティ

エ（2007）に詳しい。

　このラグビー誕生の事例にみるように，私たちは必要なときには過去のしがらみから解放されることで新しい形をつくっていくことがある。またこのような変革を必要としているときがある。三木清はこのような過去にある文化を継承しながらもそれに拘泥することなく新しい創造的な活動を起こしていく根源にあるものを「構想力」とよんだ。彼の言う「構想力」とは，一言でいえば，新しい形を制作（ポイエーシス）していくための想像力であり，具体的な形としてつくりあげていく表現行為である。そしてこの構想力には新しいものをつくりだしていくことを支える共同体がもっている力や変革への価値の共有も含んでいる。三木清の「構想力」の考え方は彼の代表作である『構想力の論理』（1967）の中で詳しく展開されているが，この考え方は三木の思想全体とも密接につながっており，彼の他の多くの著作と併わせてみていく必要がある。この章では，とくに彼の構想力の概念の中心をなしている表現行為の考え方を幼児の遊びの生成と関連づけながら論じていくことにする。

　三木清は若いころにハイデガーのもとで学びながらも単にハイデガー哲学の枠におさまるだけでなく，パスカルについての独自の解釈や，帰国後はマルクス実践哲学を基礎にした論を展開するなど，西欧の思想を土台にしながらも幅広い見地から独自の思想をつくりあげた希有の思想家である。とくに彼が晩年に提出した『構想力の論理』，そして比較的初期の段階で書かれた『歴史哲学』（1967），そして未完に終わった『哲学的人間学』（1968）の中では，行為論の視点から人間はたえず新しい歴史と文化を創造する制作（ポイエーシス）的活動を行っているという論を展開している。現実の社会とその歴史というのは，新しい文化的創造を目指して絶え間なく展開されている人間相互の行為的かかわりによってつくりあげられている。そして彼は，この行為の最も根源にあるのは，身体性による相互行為であり，身体的なものと結びついた実践であると考えた。この身体をもとにした相互行為は言語や論理にだけ依拠しないロゴス以前のものである。

もちろん，三木の場合も私たちの行為を支え，方向づけていくものとして安定した論理の世界や文化・歴史的な蓄積である「存在としての歴史」を否定はしない。しかし，彼はこの「存在としての歴史」を生産していくのは，とりもなおさずこの身体的，感性的なものに根差した行為であると言う。このような人間の社会と文化を生産していくものとして位置づけた行為を彼は時には「基礎経験」とよんでいる。この場合の「基礎」というのは，人間の根源にあるもの，言語によって表現される以前のもの，現実的な生活意識を成立させている根源的な営みという意味である。そして言葉という記号で表現してしまうことができないもの，つまりパトスがロゴスを指導し，また生産していく。その意味ではパトスはロゴスの支配から自由になっている。もちろん，このロゴスが支配的な制度や規範，慣習は一つの「形」をなしており，この安定的な「形」が具体的な行為を支えていることも事実で，その意味では，個人的活動と社会，あるいはロゴスとパトスとは相互に規定し合っている。

　三木が『構想力の論理』の中で述べているように，「構想力」という用語はもともとはバウムガルテンに由来しているが，バウムガルテンの場合はこれをもっぱら芸術的活動やその制作の意味に限定して用いていた。さらにカントはバウムガルテンの考え方を受け継ぎながら「構想力」をいままでなかったような「新しい像をつくりだす力」という意味をもったものとして定義し，それまでの想像力とは違った新しい意味を込めて使った（滝浦, 1972）。しかし，カントの場合は新しいものをつくるといってもあくまでも表象という認識の問題として議論している。

　これに対して，三木はこのような限定ではなく，構想力に行為の論理，つまり広い意味での制作（ポイエーシス），表現的行為としての意味をもったものとして用いている。三木が言う「構想力の論理」は，感情や感性的な部分を多く含んだパトスと知性的な部分のロゴスとの二つによって新しいものを生みだしていく制作のありよう，つまり論理のことであり，それは人間の本質としてある表現行為と表現世界一般についての論理のことである。

中村雄二郎（1984）は「パトス（pathos）」をギリシャ語の原義に沿いながら，この「パトス」という用語を自分の術語として使いこなし，一般に通用させたのは三木であったと言う。パトスは日本語ではペーソス，人生の悲哀，哀愁といった意味になってしまっているが，ギリシャ語のロゴス（理性）との対比で，情熱や激情といった意味，さらには互いに働きかけ合うという受動と能動としてパトスを用いたのが三木であった。だから三木のパトスの考え方は，パトスの受動的な側面と能動的な側面の二面性を含めている。パトスの受動性については本章の最後の節でもう一度取りあげることにして，ここではパトスを能動的側面からみていくことにする。

2. パトスを支えるロゴス，ロゴスの根源にあるパトス

　人間が何かを新しいものを生みだすためには，何かを表現したい，何かを行為として表したいという欲求がなければならない。このことを子どもの遊びに即して言えば，子どもたちはまず遊びの世界で自由にモノを使って自分の表現したいものをつくりたい，あるいは演じたいという願望がある。このことが始まりとなって，他者と共同で社会的空間，意味空間を相互行為によって創りだしていく。これは自分たちの意味世界を創造していく行為そのもの，彼らの自由な活動を楽しむ，パッションである。だが，情感や感性が中心のパトスが具体的な形となっていくためには，ロゴスと結びつかなければならない。自分が遊びたいことをまわりにあるままごと遊びの遊具を使って料理を作りだし，積み木で家を造り，時には適当な遊具がないときには自分たちで紙に絵を描いて遊び道具をつくりあげる。共同遊びのときには遊具の使い方，それらの遊具に対する新しい意味づけ，そして遊びのストーリーを言葉で他者に伝え合うことも必要になる。これらが子どもたちのパッションを具体的な形にしていくロゴスの役割である。だからパトスから出発したものはロゴスによって具体化され，共有化可能なものになっていく。遊びの世界ではパトスとロゴスの二つが結合して，新しいものを形にしていく「構想

力」とその「論理」が具体的な形で展開されている。

　先にラグビーが偶然から新しいスポーツとして誕生したことを述べた。もちろん，この偶然の出来事も新しいスポーツとしてつくりあげていくためには個人を超えた集団的な創造的活動になっていくことが必要である。個人から出発したことを集団として，相互行為のメンバーがどう受け止め，発展させていくかということが大事なのである。偶然の出来事を積極的に受け止め，新しいものとしていくためには構想力が共同体や社会の中になければならない。

3. 物語と歴史を創りだす行為

　三木は『構想力の論理』の序文で，行為はモノをつくることであり，制作の意味として理解しなければならないこと，そして構想力の論理はこのような制作の論理であると述べている。あるいは，『哲学入門』(1940) の中では，「我々の行為はすべて形成作用の意味をもっている。形成するとは物を作ることであり，物を作るとは物に形を与えること，その形を変えて新しい形のものにすることである」(p.7) とも言う。だから行為は主体によって展開されるものであるが，内的な過程や内的意識の単なる表現としてみるのではなく，あくまでも外部へと出された表現である。そして外部に表現されたものは他者も共有可能な客観的な出来事となっていく。だから行為は「内的にして外的なもの，主体的にして客体的なものである」（『哲学的人間学』, p.167）。行為は外に向かって表現的行為として一つの形をなすから，表現である。この表現されたものは「客観的なイデー的意味を含んでいる」（同上, p.167）ことで，社会的な意味をもったものになる。

　そしてこの行為によって制作された形は歴史的な意味をもっており，そういう意味では行為も構想力も歴史的存在である。彼は次のように言う。「行為するとはものに働き掛けてものの形を変じ (transform) て新しい形をつくることである。形は作られるものとして歴史的なものであり，歴史的に変じ

てゆくものである。このように形は単に客観的なものではなく，客観的なものと主観的なものとの統一であり，イデーと実在との，存在と生成との，時間と空間との統一である。構想力の論理は歴史的な形の論理である」(『構想力の論理』, p.7)。

　行為は新しいものを生成する，新しい歴史を生みだしていく。彼がいつも行為は本質的に社会的であると述べていたこともこのような意味からである。『構想力の論理』のもう少し後の部分では，彼は次のように述べている。「我々が物そのものに，その物質性における物に突き当たるのは身体によってである。我々は物として物に突き当たる。いまその主体性における身体をパトスと名付けるならば，物の論理は単純にロゴス的な論理ではなくて同時にパトス的なものに関わらねばならぬであろう」(同上，p.14)。構想力は常に知的要素と感情的要素とを含み，その内的な統一である。

　三木は，個人と社会，主観と客観とを弁証法的に統一する理論を模索した。そして彼は単に主観と客観とが相関的であるというだけでは不十分であり，両者をどのようなものとして考えるかが重要であると言う (『哲学入門』, p.9)。そして，人間と環境との関係を行為の関係として捉えること，主観と客観を意識や知識の問題として論を立てることを超えなければならないと言う (同上，p.9)。そして行為論を基礎にしながら個人と社会，主観と客観との間を一つの体系として捉えようとしたのが彼の言う「人間学（アントロポロギー）」の構想である。

4．三木清の「人間学（アントロポロギー）」

　三木の「人間学」は彼のいくつかの著書でみることができるが，「人間学」について比較的まとまった形で書かれているのは三木清全集第3巻の中の『唯物史観と現代の意識』(1966) と「人間学」を歴史的観点から論じた『歴史哲学』(三木清全集 第6巻) である。とくに前者の『唯物史観と現代の意識』の中の「人間学のマルクス的形態」と「マルクス主義と唯物論」の二つ

の章では，マルクス哲学と関連づけながら彼の「人間学」の考えが展開されている。三木は，私たちの日常の営みが制度や歴史，あるいはイデオロギーの地盤となっていると考える。そして同時に，制度や歴史は今度は私たちの日常の営みを方向づける。日常的なものと歴史的なものとは円環的な関係になっているのである。そしてこの両者をつないでいるものが彼の言う人間学＝アントロポロギーである。三木の「アントロポロギー」は通常，「人類学」と訳されているものに相当するものだが，彼はそれに独自の意味合いを込めて用いている。

　私たちが日常の中で体験していることを三木は「基礎経験」とよんだことは前に述べた。もう少し「基礎経験」のことを詳しくみていく必要がある。「基礎経験」はロゴスに捉われない原始的な事実としての経験で，私たちの意識形態の根柢に存在するものである。「基礎経験はロゴスに指導されることなく，かえって自らロゴスを指導し，要求し，生産する経験である。それは言葉の支配から独立であるという意味でひとつの全く自由なる，根源的なる経験である」（「人間学のマルクス的形態」『三木清全集』第3巻 所収，1966，p.5)。「基礎経験」はいわば人間の生の実質的部分であり，言葉によっては表現されない根源的な経験である。

　そしてこの基礎経験を言語や記号的形態によって直接表現したものがアントロポロギーで，基礎経験がパトスであるならばこのアントロポロギーは「第一次のロゴス」である。だからこのアントロポロギーは「基礎経験」を直接表出しているという点では人間の現実的な生活意識が反映されているものである。そしてこのアントロポロギーを媒介にして「第二次のロゴス」であるイデオロギーがつくられてくる。アントロポロギーは基礎経験から直接生まれたものでありながらそれ自身はロゴスである。このように，第一次のロゴスであるアントロポロギーは，イデオロギーと類似のロゴス的なものであるから「基礎経験」とイデオロギーとを媒介することができる。そして，このアントロポロギーは高次のロゴスであるイデオロギーや制度を規定している。このことは，イデオロギーの変革は本来は低次のアントロポロギーの

```
┌─────────────────────────────────────┐
│      「イデオロギー」(第二次のロゴス)    │
│              ⇕                      │
│      「人間学(アントロポロギー)」       │
│    (第一次のロゴス,基礎経験の記号表現)  │
│              ⇕                      │
│           「基礎経験」                │
│   (生成の根源にある事実としての経験,パトス)│
└─────────────────────────────────────┘
```

図1-4-1　三木の「人間学（アントロポロギー）」：パトスとロゴスの統合

変革，つまりは私たちの日常の経験やそれをロゴス化する営みを通して起こることを意味している。その意味ではアントロポロギーはあらゆる歴史・文化の基礎になっているものである。

　このように三木は人間の実践的，感性的な活動を歴史の生成と変革の中心に位置づけ，これらがロゴスとなっていくことが必要であると考えた。その働きを担っているのがアントロポロギーであり，これが三木の言う人間存在の根源的な姿を描いた「人間学（アントロポロギー）」である。三木の捉えた人間は「中間者としての人間」であると言われる（宮川，1958）。これは人間は主観的なものと客観的なもの，パトス的なものとロゴス的なものとの間の中間的な存在であるという意味からである。

　ロゴスが支配的な制度や規範，慣習は一つの「形」をなしており，この安定的な「形」が具体的な行為を支えてもいる。その意味で，ロゴスとパトスは弁証法的に捉えなければならないというのが三木の主張である。

§2 パトスとロゴス，その相互連関

　三木清が「人間学」で目指したことは，パトスとロゴスの二つを弁証法的に統合することで人間の本質を捉えることであった。三木は人間の本質，さらにはこの社会を成り立たせていくものは個人から発せられるパトスであると言った。個人の自律性を尊重し，新しいものを創造していく個人あるいは集団の可能性をもったパトス的なものが必要であると説く（『哲学的人間学』，p.361）。同時に三木はパトスだけでは非合理的，主観的なものに陥ってしまうので，この情念や感性を形あるものにし，社会的なものへと形成していくためにはロゴスの力がそこに加わらなければならないと言う。「スピノザが情念論を国家論の基礎としたように，社会は単にイデー的な物ではなく，かえってパトス的結合として考えられねばならぬ。しかしまた社会を単に自然的なもの，パトス的なものとして非合理主義によって考えることも間違っている（同上，p.361）」と。だから『構想力の論理』の中の第2章では制度の問題が論じられている。三木はけっして制度やイデオロギーを無視はしなかった。しかし彼の思想の底流には形式的，ロゴス的な側面だけでは人間を論じることはできず，制度や歴史・文化を創りだしていくパトスを正当に位置づけるという発想が常にあった。

1. パトスとロゴスの統合

　パトスはロゴスと結びつくことで社会的意味を担っていくものになる。このことを次の具体的な事例で考えてみよう。
　今日の創作版画の先駆けの時期に活躍し，後の棟方志功にも大きな影響を与えたことで有名な川上澄生がいる。彼は多数の木版画の作品に加えていくつかの詩作も残している。時には木版画の作品に詩が載せられていることもある。その一つに1926（大正15）年に創られた「初夏の風」と題されたも

のがある。ここには彼の版画と一緒に次のような詩が載せられている。

図1-4-2 「初夏の風」
鹿沼市立川上澄生
美術館蔵

　　かぜとなりたや
　　はつなつの　かぜとなりたや
　　かのひとの　まへにはだかり
　　かのひとの　うしろよりふく
　　はつなつの　はつなつの　　　　　　　　　　　　「初夏の風」
　　かぜとなりたや　　（川上澄生全集　第1巻『ゑげれすいろは詩画集』）

　これと類似した詩が彼の私家版詩画集「青髯」の中に「わが願ひ」と題して収められている。この二つの詩で違っているところは，「わが願ひ」では「われは　かぜとなりたや」となっている部分が「初夏の風」ではこの「われ」がなくなっている部分である。

　　われは　かぜとなりたや
　　あのひとの　うしろよりふき
　　あのひとの　まへにはだかる　　　　　　　　　　「わが願ひ」
　　はつなつの　かぜとなりたや　（川上澄生全集　第14巻『川上澄生全詩集』）

　この「わが願ひ」の詩について大岡信（1983）はこの本の解説の中で，澄

生が青年期に遭遇した母親との死別, そして片想いに終わった失恋の痛手を抱えてカナダ, アラスカを放浪したときの感情が背景にあったことを記している。だから「われ」とはまさに澄生自身であり, 彼の情念がそのままの形で表現されている。ところが版画の「初夏の風」でははじめの「われ」の部分がなくなっている。いわば彼の個人的な情念, パトスはここでは普遍的な意味をもった形になっている。この作品を生みだす背景にはやはり彼の個人的な情念, パトスはいまだあったのかもしれない。しかし作品としての完成をみたときにはそれは個人的なものを超えて普遍的なもの, 一つの芸術作品, ロゴスとなっている。

　三木の『構想力の論理』では, 構想力は感情, パトスと結びつき, その中から像をつくりだす。構想力によって感情は対象的なものに転化されていく。パトスは, イデアないしイデー (形相・概念・理念) と結びつくことによって, はじめて自己を形象化する。ただし, イデアがあらかじめ存在するのではなく, 構想力によってイマージュであるパトスは表現方法や技法という技術, ロゴスが加わって具体的な形になり普遍的な意味を表すようになる。個人のパトスから出て, 次にはそれを超え出ていくこと, それがパトスとロゴスの関係である。このとき個人は社会的意味をもったものになっていく。だから, 「構想力の論理は歴史的な形の論理である」(『構想力の論理』, p.7)。ポイントは人間のパトスは行為という運動の形をとるということである。人間と植物の対比で, 三木は次のように述べている。「行為はひとつの運動である。けれどもそれは植物の生長の過程が運動と見られるのと同じではない。植物は自然的に生長するが, 行為は単にそのように自然的なものとみることはできないものである。…(引用者による要約：人間の行為を内的, 心理的なものに原因を求める考え方があるが) 人間の行為は内的にして外的な, 主観的にして客観的なものである。…行為はどこまでも内的に規定されたものでなければならない。しかし内といっても単に意識のことではない。真に内なるものは単に内をも超越したものであり, その意味においてまた真に外なるものである」(『哲学的人間学』, p.161)。

一つの作品が生みだされていった経過を考えたとき，そこには三木が『構想力の論理』で私たちに伝えたいことがみえてくる。「構想力の論理」は明らかに「制作の論理」であり，行為によって制作された形は社会的，そして歴史的な意味をもってくるということである。なぜならば，行為そのものは出来事としての意味をもっているという意味では個人を超える社会的，歴史的な性質をもっているものであり，行為によって外に制作されたものはまさに「モノとしての意味」をもち「行為が即ち事実となっていく」からである。

2．ロゴスによる対象化と共有化作用

　パトスにロゴスが加わっていくことで個人，および対人的行為にどのような変化が起きるのか，とくに主体が表現的行為を通していかに主観性の枠を超えて他者との間の共有関係が可能になっていくか，その過程に注目していこう。そしてこのことから，子どもの遊びが共同化していくためには何が必要であるかを考察する。

　三木（1940）は『哲学入門』の中で次のように述べている。「行為はそれが外部に向かって形となって現れる，つまり表現的なものになることで，主体は主観的なものではなく，主観的であると同時に客観的なものになる。だから表現においては内部が外部に表現されることで，自己の行為を反省的に捉えるようになり，内と外とが一つになる。そのことは同時に主体と主体とは表現的な連関として相互的になり，行為的意味を共有可能なものにする」（p.175）。ここで注意しておきたいことは，三木の言う主体はあくまでも行為者としての主体であって，従来の知識論の立場で論じられてきた主観―客観の主観とは全く違っているということである。だから唐木（1947）が指摘するように，三木は主体を実在（substance）としてみずに，あくまでも行為する中で主体というものを様態（attribution）として捉えたのである。

　要するに，主観は外部に向かって表現されることで自己にとってもそれを

客観的な対象としてみることが可能になり，同時に外部化されたものは他者によっても客観的対象としてみることが可能になっていくということである。とくに，前者の個人の中で起きているパトス的なものがロゴス的になっていく過程は自己の行為を反省的に捉えるようになり，内と外とが一つになっていく重要な契機である。パトスの段階からそこにロゴスが加わることで子どもたちの遊びの内容が大きく変わっていくことを事例としてみていこう。

事例「パン屋さんごっこ」

　　　　ここでは，二つの「パン屋さんごっこ」の遊びの違いを例にしながら，パトスはロゴスの力を必要としているという三木の主張を確認してみたい。年長児を中心とした女児たちが「パン屋さんごっこ」の遊びをしているが，そこでは，パンを作る子どもとパンを売る「売り子」とでそれぞれの役割を決めた遊びが展開されている（図1-4-3）。ここでとくに注目したいのは，パン屋の看板を作っておく，お客へのサービスのためのポイントカードを用意する，あるいはパンを載せるトレーの代わりになるものを用意しておくといったパンの売り場にふさわしいものを事前に用意し，それらを配置しているということである。さらに，売り

図1-4-3　パン屋さんごっこ（年長）　　図1-4-4　パン屋さんごっこ（年長）

子たちは客の接待として注文を取るときにも、「ポイントカードはお持ちですか？」といった応対をしている。(図1-4-4)。ここには「パン屋さんごっこ」として遊びたいという一種の子どもたちのパトスを具体的な遊びとしてつくりあげていくロゴスが同時に存在している。店の看板を始めとするパン屋に必要な道具はいわばパトス

図1-4-5　パン屋さんごっこ（年少）

を形あるものにしていくロゴスである。子どもたちはこのロゴス的な役割をしている道具を作り、利用することが「パン屋さんごっこ」をよりリアルなもの、子どもたちの遊びの行為を組織化するために必要であることに気づいている。例えば、子どもたちは一つの部屋の中でパン工場とパン売り場という空間配置を行っているが、このような空間がその場その場にふさわしい行為を決めていく効果も生んでいる。工場の子どもたちはパンを作り、売り場のカウンターにいる子どもは売り子として振る舞うようになる。

　同じく「パン屋さんごっこ」でも、年少の子どもたちの場合はただひたすら粘土を使ってパンを作ることだけに専念する（図1-4-5）。パンを作って売るという遊びは彼らにもあり、おはじきをお金の代わりにするという設定はあるが、年長の子どもたちのような役の分担も、場所の設定、小道具を使うということもない。ここではただ彼らはパンを作りたい、それを売りたいというパトスが先行しているだけで、「パン屋さんごっこ」という遊びが組織されていくことはない。彼らに欠けているのはまさにロゴス的な場所と遊びを意味づけていくロゴス的な行為がないことである。途中で、一人の女児が「パン屋さんの看板を作らなくちゃ」と言うが、誰も応答せずにそのまま終わってしまう。ロゴスがない

ために年少の子どもたちはパトスだけに支配されてしまっている。だから年少の子どもたちは自己のパトスから自由になっていないとも言える。二つの遊びの違いからロゴスの果たしている役割とその意味を知ることができる。

　三木がパトスのロゴス化を集中的に論じているのは『哲学的人間学』(1968) においてである。三木は次のように言う。重要な部分なので少し長いが引用する。「ゲーテが言うように，人格として生まれるためには，自己肯定的なパトスは自己を否定してロゴス的にならねばならぬ。ロゴス的になることによって個体は自己のうちに一般性を含み，かくして真の人格となるのである。ロゴス的になることは自覚的になることであり，ロゴスなしには人間の自己性は成立することができない。…人間は精神的（ロゴス的）でなければならない。単にパトス的なものはヘーゲルの言ったごとく自然のうちに沈める心的生命であり，ロゴス的になることによって精神の自然に対する直接的結合は止揚され，その自由と普遍性が実現されて心的生命は自我に高まり，ここに意識は自我と対象との対立的反省として覚醒される。…ロゴスによって自己性を得ると同時に人間にとって，パトス的に状態性において持たれた世界はその対象性ないし客観性において開かれる。人間がロゴス的であるということはまたこのように客観的になり得るということであり，客観性はロゴスの本質的な要素である。客観的になるのでなければ行為はあり得ず，行為による自然の支配，自然からの人間の解放はあり得ない。ロゴスによって人間は世界をその客観性において，即ちロゴス的性格において見るのみでなく，自己自身をも客観的に，かかる客観的世界の一物としてその連関のうちに見ることができる」(pp.157-158)。要するに，行為によって新しいものを生み，外部へと表現されるが，この個人から出たパトス的なものが外へ向けて表現されることで自己を含めて共同の世界，ロゴスの世界に向かわせることになるのである。これがなければいつまでも個人は個人の内部にとどまってしまうだけで，社会的人間にならない。そのことは同じパン屋さん

ごっこでも先にみた年少児のパン屋さんごっこと，年長児のそれとの違いかよくわかるのである。

　さらに三木は言う。「もとより行為は外に表現されるだけでなく，メーヌ・ド・ビランが意欲は外部に現れると共に自己自身に内面的に現われると言ったように，内に表現される。表現は外への表現であると共に内への表現である。あらゆるものが表現的であるとすれば，人間の特質は自己を外部に向かって表現する行為が同時に内面的に意識の中へ表現されること，即ち二重の表現を有するところにある。このような内的にして外的な表現というものをただ内側からだけ眺めれば，表現的個体は無限に自己自身を写していくライプニッツのモナドのごときものと考えられてしまうだろう。そこでは限りなく表現も外に向かっては窓を有していない。しかしながら，行為とはこのようなモナド的世界を破って外に出ることであり，行為によってひとは共同の世界に入るのである。…普通には物を作るとはいわれない行為も，人間という物を作るという意味を持っている。というのは，行為によって人間は作られる。人間は自己の自由形成として自己の表現を行うのである。行為は内的にして外的な，主体的にして客体的なものである。…パトス的な行為では個体は個体にとどまっているが，表現によって個体はイデー的一般性の世界へと出ていく。私のどのような主観的な体験も，ひとたび表現されるとき，私から離れて共同の世界へと入る」（同上，pp.167-169）。

　三木は人間が個人の情念を超えて人格になっていくためにはパトスという自己をロゴスと立ち会わせなければならない。時にはロゴスによって自己のパトスを見直し，パトスの枠を出ていかなければならないと考える。このことは子どもの遊びにも見事にあてはまる。先の年少の子どもたちの遊びでも彼らのパトスから発するものが遊びのためには決定的に必要なことでありながらも，公共的なロゴスの世界へと向かうものがなければ個人の枠の中にとどまったままになってしまう。このように，子どもの行為を通して人間の根源にあるものをかいま見ることができる。あるいは子どもの世界だからこそ人間の根源・本質が何であるのかがわかるともいえるだろう。

§3　表現行為のための技術と身体・習慣

　三木は『構想力の論理』の序文の中で，当初は「構想力の論理」をロゴスとパトスとを結合する能力として考えていたが，これでは一種の非合理主義ないし主観主義に転落するのではないかという「不安」をもっていたと述べている。この「不安」を解消するためにはパトスを具体的な「形」に形成していく論理が必要で，最終的には構想力を「ものを作り上げるもの」と捉えるようになった。ここでポイントになるのはモノをつくりあげていく表現行為と，この行為と直接結びついている技術と身体である。

1. ものの形成にあずかる身体と技術

　三木が身体について集中的に論じているのは『哲学的人間学』(1968)においてである。三木は人間についての諸科学の身体の扱い方を批判して次のように言う。「人間についての他の科学はいわば人間の部分を取り扱っているに過ぎない。生理学は人間の身体的現象を，心理学は精神的現象を研究する。しかるに人間は単なる身体でも単なる精神でもなく，両者の統一から成る一全体である。従ってそれらの科学は現実の人間の研究としては部分的抽象的であると言わなければならない」(p.148)。

　三木は，身体を単に客体としての身体，物理的対象のそれとみてしまうことは本来の人間の身体を見失ってしまうことになると警告する。たとえば，ドイツ語では物質としての身体Körperと心的身体，あるいは精神とともにある生きた身体であるLeibとは区別されているが，前者のような言い方がされる身体では「心に活かされたbebeelt」身体となることはないと三木は言う。人間の身体は客体化ないしは対象化することができない主体的な意味をもった身体なのである。だから三木は「身体は私に対する対象として在る

のではなく，私に所有されている，身体は私の持つ物である」と言う（p.149）。この身体を「持つ」という表現は，主体の行為を実現するためのものとして身体を位置づけていることに他ならない。メルロ＝ポンティ（1945）も『知覚の現象学・1』の中で，身体が「ある」というと「テーブルがある」のように物に対して用いられるニュアンスが強くなるのに対して，「持つ」の方が主観へのかかわりが強く示されていると言い，人間は身体を「持つ」という表現がふさわしいとしている。

　三木は身体なき自己は基体なきものであり，基体なき主体は観念的な主観にすぎない。身体は私をして私として存在せしめる限定の根拠であるとする（『哲学的人間学』，p.150）。だから行為の主体としての人間は身体を離れては考えられないのである。そして，この身体を支えにした行為は意識を超えて内的世界から抜けでていく。行為が内的世界から抜けでることができるのは身体によってである。身体的行為といった方が正確かもしれない。身体は主体に属するものという意味では精神の内にあると同時に精神の外にある。だが，基本的には身体はパトス的である。というのは，身体はわれわれの基体になっているものでもあり，われわれの存在の基底にある自然的存在をつくっているものだからである。私たちは常に一定の状態にあるものとして身体をもっている。一定の状態とはある気分や情緒にあることで，それはパトスのことであり，状態性のことである。このように身体性と状態性とは不可分である。人間存在の状態性は受動的であり，パトスにも受動的な側面と能動的な側面とがある。

　そこで，三木は身体を受動性の方向のパトスと能動的な方向のパトスの二つに分ける（『哲学的人間学』，pp.151-152）。身体の受動性は気分や情緒であり，能動性は何かをしたいという衝動である。ここで衝動という身体の側面は人間が行為によって何かを外部に向かって表現し，またものをつくっていく原動力になっていることを意味している。

　もう一つ身体で大事なことは，この身体は意識の内部から外部へと向かっていくという意味ではいつも社会的意味を帯びているということである。身

体というのは単に個人的な身体のみではない。われわれは身体を媒介として
われわれの存在の根柢である社会に帰入する。だから身体は社会的身体でも
ある。

　この身体に技術である道具が加わることでパトスはロゴスと結びついてい
くことになる。子どもの遊びを例に考えてみよう。

事例「積み木で電車ごっこ」
　　　　年少のショウイチとコウタは積み木で遊びはじめるが，ただ並べるだけ
　　　で積み木を使って遊ぶ内容が定まらないままである。そのために途中から
　　　は大型のブロック積み木で他の子どもたちと遊んでしまう。その後，もう
　　　一度この積み木遊びに戻って，積み木を並べて電車の線路を作り，積み木
　　　を動かし，「ガタン，ゴトン」と声を出しながら線路を走る電車ごっこを
　　　始めるようになる。はじめは何を作って遊んだらよいのかわからないまま
　　　であったが，積み木を長く並べるということがきっかけで「線路だ」と言
　　　いだし，表現してみることで彼らの遊びが具体化されていった。そして線
　　　路の上を電車に見立てた積み木を動かして遊ぶようになる。この積み木と
　　　いう道具は確かに線路を作る材料としては適している。もちろん，材料が

図1-4-6
積み木（「カプラ」）で電車ごっこ（1）

図1-4-7
積み木（「カプラ」）で電車ごっこ（2）

遊びの内容を決めることはなく，彼らがこの遊び道具を使って表現するという行為がなければ遊びは生まれない。そしてこの積み木で何かを表現していくことで遊びの意味は形をなし，二人の間で電車ごっこという積み木を動かして遊ぶという一種の意味世界の共有化が可能になる。

子どもの遊びを考えていくうえで三木の身体行為論から学ぶべきことは，まずもって子どもは遊びへの衝動をもっていることであり，それは身体的な動きとして表れるということである。しかもこの衝動は具体的な「形」となって身体を使った表現行為として展開している。幼稚園児は次第にルールや役割に従った共同の遊びをするようになる。その意味では制度の原初的な形態ともいえるものに規制されるようになる。しかし，子どもたちは規則や与えられた遊びの役を忠実に守ることを目的にして役割遊びをしているのではない。まさに三木が指摘していたように，規則や制度といった図式や様式に個々の人間は従う部分はあり，これらの範例的な「型」として機能しているものは確かにある。しかし，この「型」に従うということはけっして機械的な模倣ではないし，私たちの実践的行為とその源にあるパトス的なものによってたえず「つくり直されている」ものである。

道具も技術も私たちが何かを表現したい，形あるものを作りたいという目的のために利用する。そこでも根源にあるのは私たちのパトスである。同時にそこには，制作のために身体の一部である手を使って道具を駆使し，その道具の使用と結び付く形で技術というものが存在している。三木は道具を持たない手は手としての価値をもたず，道具が人間の表現と制作行為を具体化していくものであると言う。そして人間の場合は単に当てがわれた道具を利用するだけでなく，目的に見合った道具を作ることができる。「道具を作る動物〈tool-making animal〉」であると言われるゆえんである。三木清（1968）は言う。「手は身体の器官として他の器官に比して普遍性の性格をもっている。手は身体の他の器官のように特定の活動に縛られないで，多様な，広範囲の活動に適している。手はいわば中立的である。……手は特定の道具でな

く，むしろその普遍的な道具であり，諸道具の抽象的な道具である。手のこのような普遍性，抽象性は人間における理性の発達を予想する。……動物は器官の奴隷であり，人間は道具の主人である。……道具は主体と客体とを媒介する。主体と客体とを媒介するということがあらゆる制作的活動の本質であり，このような制作的活動はすべて道具的であり，したがって技術的である」(『哲学的人間学』，pp.299-300)。ここには道具の制作およびその使用と結びついて技術が存在する。この技術は文化として，あるいは制度として安定した形で存在する。

　道具と技術を使ってモノに向かっていく行為それ自体が一つの「事実」の基本単位であり，これがつくりつづけられる歴史，三木の表現で言えば「事実としての歴史」(『歴史哲学』，1967) になっていく。

2. 身体による習慣

　三木が人間を考えていく際に一貫して取ってきた姿勢は人間の根源にあるパトスであり，このパトスを具体的な形に仕上げていくのがロゴスの力である。身体的な行為と抽象的・分析的な知性の二つが結び合うことで構想力の根源にあるイマジネーションは具体化されていく。だから構想力はけっして個人の能力や内在化された人間の能力ではない。それでは制度や技術というロゴスは個人から独立したものとして個人の側に規制をかけてくるものと考えてよいのだろうか。このことを考えたときに「習慣」という概念がパトスとロゴスの間を結ぶものとして存在していることに気づく。

　三木の『構想力の論理』第2章「制度」では，制度はすべて社会的な規範やイデオロギーといったものだけでなく，慣習 (convention) や擬制 (fiction) 的性質を含んでもいると指摘する。つまり，これらは形式的，ロゴス的な側面だけで論じることはできないのである。この慣習や擬制という言葉には，制度をつくりあげていく根源的なものに，日常生活の中で展開される社会的活動があることを意味している。たとえば挨拶という一つの制度を考えてみ

ればよい。挨拶は具体的に他人とどのように挨拶を交わすかという実践的な振る舞いを通して了解されるものであり，けっしてルールや規則としてだけで了解されるものではない。そうなると，制度にはロゴス的，理性的なものと，実際の実践的行為に含まれている情意的なもの，親愛の意志といったパトス的なものも含まれていることになる。もちろん，制度は全く非合理的なものかというと一つの擬制（fiction）として形作られ，個々の日常の実践的行為を方向づけてもいる。ここには個人と社会，ロゴスとパトスが統合されながら一つの形が形成されている。まさに具体的な形式を有している挨拶はけっして知性の産物ではなく構想力の産物である。

　このように，制度の自然的・身体的基盤，つまり制度を根本で成り立たせ，またそれを支えているものは「習慣」であり，この「生命の原形式」とよぶことができるものは人々の「模倣」に基づいて成立している。そしてこの模倣が可能になるためには，「共感」，つまり「パトスを共にする」ということが前提になっている。この「習慣」には身体が強くかかわっている。三木はこの問題についてこれ以上議論を展開していない。むしろ，メルロ＝ポンティが習慣の形成に身体行為がどのようにかかわっているかを精緻に議論している。次の章では，これらの問題を子どもの遊びと関連づけながら考えてみよう。メルロ＝ポンティの身体論がその手掛かりになる。

第5章

表現行為としての遊び：
　　メルロ＝ポンティの「生成の現象学」から

　第4章では，主に三木清のパトス論に焦点を当てながら，人間の根源には新しいものをつくりだしていこうとする制作（ポイエーシス）の営みがあること，その始まりは幼児の遊びの中に見いだすことができることを論じた。三木の「人間学」では，パトス，つまり，私たちが何かを表現したい，何かをつくりだしたいという願望や，情動・感性が人間のあらゆる行為の源泉としてあることが強調されていた。同時に彼はこれだけでは自分のもっているパッションを具体的な形に仕上げていくことはできないと言った。三木はパトスに形を与えていくロゴスも同時に存在することが不可欠だと考えた。子どもの遊びの世界に即していえば，遊び道具であったり，自分の遊びたい内容を仲間に伝えるための言葉である。もちろん，三木は，パトスとロゴスとは相互に連関し合っており，「あれかこれか」式の二項対立の発想を取ることができないと考えた。
　それでは，パトスとロゴスとはどのような形で相互連関しながら新しいものを生成していくのだろうか？　あるいは第4章の最後で問題にしたように，パトス的営みに基礎を置いた「習慣」がロゴスの形となり，共有可能なものになっていく過程はどのようなものだろうか？
　これらの生成の過程について三木はこれ以上詳しくは論じていない。この第5章では，幼児の遊びを対象にしながら，彼らがモノをつくりあげ，また

モノとのかかわりを通して意味を生みだしていく生成の過程で起きていることをメルロ＝ポンティの研究をもとにしながら考えていくことにしよう。三木清のパトス論や『構想力の論理』はメルロ＝ポンティの思想とつなげてみることで，より一層明確になってくる。実はこれは滝浦静雄（1972）が述べたことでもある。滝浦は言う。「三木清の『構想力の論理』には，メルロ＝ポンティの言う『身体性』の概念によって明確になってくる部分が少なくない」（p.205）。

　メルロ＝ポンティは意味の生成とその表現の営みである表現行為こそが人間精神の根源になっていることだと主張した。もちろん，メルロ＝ポンティの研究はあくまでも現象学的研究であり，発達固有の問題に限定した物言いをしてはいない。しかし，彼はソルボンヌ（パリ大学文学部）の児童心理学と教育学の教授として児童心理学の講義を行なっている。これらの一部はソルボンヌ講義として紹介されている。彼は人間精神の根源をその生成の始まりにまで遡ってみることが人間精神を明らかにするうえで不可欠なことだと考えた。実際に彼は発達研究に大きな関心を抱き，また実際に発達に関する論文をいくつか書いている。彼が書いた発達に関する論文で日本語で読めるものだけをあげると，「意識と言語の獲得」（『ソルボンヌ講義1』所収，1949-52），「表現と幼児のデッサン」（『世界の散文』所収，1969），「幼児の対人関係」（『眼と精神』所収，1964）である。それ以外にも彼が研究の中期に集中的に論じた言葉の問題もその起源を問題にしており，その意味では彼の研究から人間精神を発達的な視点で論じるための基本的視座を得ることができる。

§1　人間精神の根源と始原を探る

　メルロ＝ポンティは意味の生成とその表現の営みである表現行為が人間精神の根源にあると考えた。そして，この生成の始まり，つまり「始原」をど

こに求めればよいかを模索した。彼が変わらず主張していたことは，外の世界とかかわることを通して世界を一つのまとまりのあるものとして捉えることができる「枠組み」の獲得が人間の根源的な活動であるとしたことである。それは彼の言葉でいえば，ものとのかかわりの延長から生まれる「ゲシュタルト」である。この「ゲシュタルト」という用語はもともとはゲシュタルト心理学が世界をまとまりをもった形で捉える知覚や思考作用を説明するために用いたものであるが，メルロ゠ポンティは言語による意味作用に先立つものとして，世界を捉える基本的な枠組みである知覚的意味としての「ゲシュタルト」を位置づけた。メルロ゠ポンティはゲシュタルト心理学の考えをもとにしながらも彼独自の「ゲシュタルト」の概念へと発展させている。世界を理解し，捉えるための「枠組み」として「ゲシュタルト」を位置づけたが，言語以前の知覚作用がその基礎になりながらも他方で人間は他の動物とは違って言語による世界の秩序の形成の仕方があると考えた。だから晩年になると彼は言語なしの意識や反省作用は存在しないとも言うようになる。とくに彼の最期の未完の書となった『見えるものと見えないもの』(1964)では，「沈黙せる意識」，あるいは「無言のコギトー（反省）」はありえず，意識のためには言葉は不可欠であると言うようになる。しかし，無言の知覚経験は「言葉（パロール）に先立つ言葉（パロール）」(邦訳，p.288) として依然として存在しているのであり，「ゲシュタルト」あるいは知覚的な意味使用は言語的意味の原初としてあるという基本的な考えは変わっていない。言語に先立つものとして，人間のモノとのかかわりや経験，身体を通して得られるものが根源としてあると考えた。

このように，彼の言葉を借りるならば「沈黙の世界」(『見えるものと見えないもの』所収，研究ノート：「無言のコギトー」邦訳，p.241) を人間精神の根源にあるものと位置づけていくならば，子どもの遊びの世界を題材にしてモノとかかわりながら知覚的，そして言語的意味を立ちあげていく意味生成の始原とその過程を具体的に捉えていくことができる。あるいは，人間の根源的な活動を明らかにする重要な手掛かりを得ることができる。子どもは遊び

の中でモノと直接かかわり，意味を立ちあげるが，それはあくまでもモノとの行為的かかわりである。そこには身体レベルでの表現行為も強くかかわっている。そして私たちの行為は具体的な場と空間の中でそれらと相互連関しながら展開している。この空間は行為的かかわりの中で意味を立ちあげており，意味空間として存在している。同じ遊びに参加している者同士の間では，知覚的意味，あるいは無言の経験を共有しながら，さらに言葉（パロール）による表現というもう一つの共有の活動を展開するようになる。そこでは言葉（パロール）と無言の知覚経験，身体的行為とが円環的にかかわることになる。言語の意味を「肉づけ」していくのが行為や知覚という「無言のコギトー（反省）」であり，「ゲシュタルト」である。

　前の章で述べた三木清の「パトス―ロゴス」の連関，そして第1部第1章で取りあげた長谷川宏の言葉の共同性と個別性の議論は，いずれも人間活動の根源である意味の立ちあげに際して言葉以前の原初的な活動である「無言のコギトー」と言語とがどのようにかかわり合っているかを明らかにする試みでもあった。人間の言葉による表現の根源にあるものは何だろうか。それは身体であり，声であるとメルロ＝ポンティは言う。メルロ＝ポンティ（1945）は『知覚の現象学』の冒頭で，フッサールの言葉（「出発点は，純粋な，いわばまだ無言の経験であり，いまやまず第一に，その経験の本来の意味が純粋に表現されなければならない」。『デカルト的省察』邦訳，1950, p.221）を引用する中で次のようなことを述べている。つまり，言葉や意識という形になって表れているものは，われわれは自分たちが直接経験としてもっているものに立ち戻ることで確かめることができるのであり，このような経験があるからこそ，この経験に基づいて言語で表現されているものの意味を知ることができる。言語を内から支え，言語的意味世界の内実をつくりだしているものは外の世界とかかわりをもっている身体的活動であり，自らが何かを表現したいという欲求に根差した表現行為と表現内容である。三木清の言うロゴスに流れ込み，ロゴスの下支えをしているのはパトスであり，「日常性」である。この日常生活の中で行われている行為がロゴスの中に流れ込んでいくこ

とによって歴史的な性格，ロゴス的側面をもつことになる（三木清，1967，『人間学と歴史哲学』）。あるいは長谷川（1997）の言う今まさに意味を立ちあげていこうとして発する「個人の言葉」，パロールが「共同の言葉」であるラングを用いて表現されていくことで，意味が共有可能な共同的な言葉となっていく。

　幼児の遊びの世界においても同じことが起きている。積み木やおもちゃ道具を使って自分が表現したいことやモノをつくりあげるという具体的な行為を通して意味が立ちあがってくるのであり，これらのモノと一体になった活動を共有していくことで遊びの中の意味世界も共有可能になっている。

　そして，この活動の経験が基礎としてあるから，言葉を用いて積み木に対して，「これは車ね」といって言葉で意味づけし，さらに「今やっていることはレストランごっこね」といったように言葉で一連の活動を表し，その活動の意味も相互に了解できるようになる。メルロ＝ポンティが追究しつづけたこの「意味の生成の過程」をその始原に遡って明らかにしていくことはまさに人間精神の根源を解くことそのものである。それが具体的な形となって展開されているのが幼児の遊びの世界である。

§2　人間の意味生成と表現の根源にあるもの：ゲシュタルト形成

1．メルロ＝ポンティの「ゲシュタルト」概念

　「ゲシュタルト」はメルロ＝ポンティの思想を理解するための重要な概念である。彼は最初の著書である『行動の構造』から遺作となった『見えるものと見えないもの』まで終始この概念を問題にしていた。それは彼が生涯にわたって追究しつづけた人間の根源にある表現行為と世界の意味的把握を説明するための最も基本的な概念と考えたからである。

メルロ゠ポンティ (1942) は『行動の構造』の中で，物質・生命・精神はそれぞれにふさわしい秩序をもち，一つのまとまった構造をつくりだしているという。彼はこれらのことを一つの全体的なまとまりをなしているという意味で，「ゲシュタルト（全体図式）」と称している。たとえば，物質がもっている物理的秩序はいわば物理学でいわれる系（システム）に近いものであり，生命的秩序は人間を含めた生物体が自己の環境＝「環世界」に適応していくために「環世界 (Umwelt)」とかかわりながらつくりあげていったものである。メルロ゠ポンティもユクスキュル (1934) の「環世界」の概念を用いている。人間の場合はこれに加えて，生命的秩序よりさらに抽象的な表象と記号による意味的な秩序によって「環世界」とかかわることで人間的秩序を形成している。対象を知覚する際にわれわれはそれらを一つのまとまりをもったもの，つまり意味的な全体として捉えている。これが人間的秩序の基本である。メルロ゠ポンティはこのように考えた。そして，この知覚的ゲシュタルトを基礎にしながら人間は言葉という記号によるゲシュタルト形成へと進んでいくと考えた。

メルロ゠ポンティが『行動の構造』で人間的秩序としてのゲシュタルトの形成を問題にしたのは，これまでの多くの人間精神にかかわる学問が人間の活動の基本を正しく論じていないという彼の強い批判精神が背景にある。彼は心理学を始めとして当時の人間科学の研究で支配的であった主知主義と経験主義のいずれも人間というのは自らの「環世界」とかかわりながら生きているという「姿」を正しく捉えてこなかったと言う。それは人間を認識という抽象的な面でしか考えてこなかったからである。たとえば主知主義の典型であるデカルトやカントの認識論では，人間は世界をどのように認識しているかということが主要な関心であった。だから外部世界に関心を向けること（ノエシス）も自己の認識（ノエマ）の成立のために行っていると考えた。他方，経験主義では，生活体にとってどのような意味をもっているかを不問にしたままで彼らの生活とは無関係な刺激や状況を与え，それらの経験の蓄積の結果として学習や認識がつくられていくと考えてしまった。心理学では行

動主義の考え方がその典型である。刺激と反応の結びつきを一方的に外側から統制して与えることで新しい経験が生まれ，学習が可能になると考えた。

このような行動主義の考えに対して，ゲシュタルト心理学では主体が刺激や状況を自分なりに意味として関係づけていくことが学習には不可欠であると考えた。たとえば，類人猿がそばに置いてあった箱を踏み台にするとバナナを取ることができるとわかるのは，動物がその箱の意味を自分が取りたいバナナと関連づけて新しい意味づけ＝「構造」を与えたからである。そうなると，経験主義や行動主義心理学で考えているような外部から機械的に刺激を与え，経験を統制することで認識や学習は成立しないことになる。だからメルロ＝ポンティも『行動の構造』の中で，「有機体の反応は，要素的運動の構築物ではなく，内的統一をもった動作である」（同上，p.194）と言っている。

メルロ＝ポンティが「ゲシュタルト」の概念にこだわったのは，人間の意識や認識の根源は対象への知覚作用にあること，しかもこの「ゲシュタルト」は人間の認識は抽象的な意味作用によって成立するのではなく，具体的な知覚対象がもっている情報によって支えられている。たとえば，彼は『行動の構造』の最終章「心身の関係と知覚的意識の問題」の中で，次のように述べている。「『ゲシュタルト』というものの中で深い意味をもっているのは，〈意味〉という観念よりも，むしろ〈構造〉という観念である。つまり理念と存在との見分け難い〈合体〉，素材がわれわれの面前で意味を持ち始めるような〈素材の偶発的な配列〉，生まれ出ようとしている〈理解可能性〉なのである」（同上，p.307）。また次のようにも言う。「『図と地』の構造のような『ゲシュタルト』は，一つの意味を持ち，したがって知的分析の基礎となるような〈一つの全体〉である。が，同時に，それは〈一つの観念〉ではない。ゲシュタルトはちょうど一つの光景のように，われわれの前で組み立てられ，変化し，再組織されるからである」（同上，p.333）。要するに「ゲシュタルト」は一つの可能性であり，認識成立のための素材である。

このようにメルロ＝ポンティは，人間の精神の根源とその起源を一つのま

とまりとして捉える知覚的経験と知覚作用としての「ゲシュタルト」に求めた。そしてこの「ゲシュタルト」としての意味が立ちあがっていく場面にこだわった。意味がまさに生まれようとしている過程にこだわった。だから，『行動の構造』の後半部分の第4章「心身の関係と知覚的意識の問題」では，次のように述べている。心，そして身体がいつも意味をもっているのは「物質の断片のなかに〈意味〉を設定し，住まわせ，出現させ，存在させるような根源的作用」(同上，p.311)に基づいているからである。この「根源的作用」についてもう少し具体的にみていくことにしよう。

2. 見ることとイメージすることの根源的活動

日本を代表する詩人の大岡信は『青き麦萌ゆ』(1982)の中で，子どもの言語的活動とその根源にあるものをめぐって大切な指摘をしている(「Ⅱ. 言葉のうちそと」p.61-79)。算数・数学教育者として著名な遠山啓氏が算数教育の基礎として「原数学」とその経験があること，それを指導体系としてつくりあげたことはよく知られている。大岡はこの『青き麦萌ゆ』で，遠山啓氏らが開発した形の指導のための教具図形の「はめこみセット」に子どもが取り組んでいる様子を感銘をもって次のように述べている。図形の積み木をはめ込み板に上手に入れることができない子どもに，指で内辺をたどらせてみる。そうすると子どもはこの動作を通じて，指と眼，触覚と視覚が統一的に結ばれていき，はめ込みができるようになる。そしてこれと並行して，知覚の言語化が起きる。「ピッタリという言葉を教えられた子どもが，孔にうまくはめこめた瞬間，思わず『ピッタリ』と言う。ヘレン・ケラーが『水』という言葉を初めて知ったあの有名な話を思いうかべさせるような部分である。そして，私はここでも，これが決して特殊な経験ではないことを見るのである。詩を書こうが，文章を書こうが，あるいは人と話しをしていようが，私たちはたえず『ピッタリ』な言葉を探し求めている。知覚したものを言語化する作業は，私たちの『言葉』の経験の中枢をかたちづくっているの

である」(pp.64-65)。

　この「ピッタリ」という言葉はまさに子どもがうまく図形をはめ込み板に入れることができた体験と知覚を言葉によって表現しているのであり，大岡が言うように，「私の中にある形態への知覚を，なまなましく揺さぶりおこす。ちえ遅れの子どもの中に生じるのと同じ性質の，形を知る喜びが，私の中に瞬時にして湧きあがる」(p.64) 体験がそこで生まれているのである。これはまさにメルロ＝ポンティの言う「ゲシュタルト」体験であり，図形とはめ込み板との形の一致，つまり形態的類似性を基礎にした象徴化行動と同じことなのである。これが人間精神の活動の根源にあるもので，だから遠山が「原数学」と称して，幼児や発達遅滞の子どものための算数・数学的活動の基礎に据えたのである。

　観念でも実在的なものでもないもの，これがメルロ＝ポンティの考えた「ゲシュタルト」であり，構造であった。そのことをもう一度ここで確認しておきたい。というのは，彼は人間の精神を観念的に捉えることも，また生理学的研究に代表されるような自然科学の対象となるような客観的なものとして考えることもいずれも不十分だと考えたからである。そこでは，「実在論から解放された科学と観念論を突破した哲学」(滝浦・木田，1966,『眼と精神』訳者解説，p.346) という，新しい人間科学が目指されていた。モノという物質的なものでもなく，観念でもないもの。このように二者択一を超えたところに人間精神はある。そのように捉えなければならない。子どもの遊びのときに頻繁に使われるイメージ，シンボルといった言葉は観念的な意味をもたされてきた。それを突破しなければならないだろう。

　この問題を考える手掛かりをメルロ＝ポンティが絵画論を中心的に論じている『眼と精神』(1964) に求めてみよう。ここで彼は，画家が絵画制作の過程で対象を見るということ，つまり画家の視覚とはどのようなものなのかを論じている。そこでは，取りあげている画家や作品も多様で，これらをここで詳細に論じることはできないが，彼が主に言いたいことをまとめると次のようなことである。つまり，メルロ＝ポンティは「ゲシュタルト」や，さ

らにはイメージといったものは観念と実在の二律背反を超えたものとして位置づけようとした。たとえば，画家が対象が私に語りかけてきて，絵を描かせるのだと言うことがある。メルロ＝ポンティも「〈精神〉が絵を描くのではない」（邦訳，p.257）と言い，画家は時には「私が森を見ているのではなく，樹が私を見つめ，私に語りかけているように感じることがある」（同上，p.266）とも言っている。もちろん，画家は明らかに〈見た〉から描くのである。しかし，この視覚やイメージを観念的なものとして扱ってしまってはならないと彼は言う。「画家は同じ物があちらの世界のただなかにも，こちらの視覚のなかにもある」（同上，p.264）ということを認める。対象なしで視覚やイメージはもちろん成立しないし，かと言って対象から離れた観念的なものでもない。だから彼は言う。「心的像（イマージュ）は〈外なるものの内在〉であり，〈内なるものの外在〉である」（同上，p.261）と。

　人間には外的対象を見て，それと類似性をもった外的イメージをもち，それを形にしようとする根源的な活動がある。外的対象をアナロジーとして表現するのが知覚であり，イメージである。このようにメルロ＝ポンティは絵画が可能になるのは，描かれた画像と現実との一種の類似性を前提に成り立っていること，外的対象との身体的かかわりや知覚経験の延長の先にイメージや絵画表現があると考える。われわれには外的対象をアナロジー化することで知覚・イメージを生みだす根源作用がある。それは言語による表現以前のものである。その典型が先史時代の人たちが描いたラスコーやアルタミラの洞窟壁画である。「洞穴の壁に描かれたあの最初のデッサンは，世界を，『描かれるべきもの』として，ないしは『デッサンされるべきもの』として示した」（『シーニュ・1』所収，「間接的言語と沈黙の声」邦訳，p.91）ものなのである。

　われわれの日常生活においても，物的イメージには常に「実物」が伴い，そしてこの外的対象をアナロジーとして捉えている。たとえば，日本のたくさんの山には牛が寝そべっている姿をなぞらえて名づけられた「臥牛山」がある。北海道の函館山のそれ，青森・岩手の県境にある階上岳，岡山県高梁

市にある山などなど。これらの「臥牛山」はたしかにそのように見えなくもないがその山が寝そべっている牛の姿そのものにはとても見えない。あるいはいくつかの奇岩に対しても物的イメージをもち，それにふさわしい名称をつける。ローソク岩だとか，観音岩など。これらは私たちが実物の延長上につくった物的イメージであり，物との類似であり，アナロジーである。星を見て，星座を作り，それを理解できるのもわれわれがもっているゲシュタルト形成という根源にある表現行為によるものである。アナロジーの活動である。それは洞窟壁画を作りだした先史時代の人たちからわれわれまで脈々と流れている形あるものとして表現しようとする人間の根源的な営みなのである。イメージと絵画表現については第2部第3章でもう一度取りあげる。

3．自然的態度としての象徴的行動

（1）行為から生まれる象徴的行動

　物的イメージには対応物が存在する。しかし，この対応物そのものが直接イメージとしての意味を与えることはない。これらのいわば類似物や代理物を媒介にしてイメージが立ちあがってくるためには事物をアナロジーとしてのイメージと結びつけなければならない。いわば両者の関係を構造的に一致させるということである。それを可能にしているのは人間が根源的にもっている象徴的行動である。象徴的行動についてメルロ＝ポンティの『行動の構造』で確認していこう。

　『行動の構造』の中でメルロ＝ポンティはゲシュタルト心理学者のケーラーが観察した一頭のチンパンジーの行動について述べている。「ケーラーの或るチンパンジーは，以前の実験において箱の操作を習得したにもかかわらず，自分に差しだされた箱に他の猿が座っているかぎり，それを利用しない。…その箱は彼にとってはもたれかかったり休んだりする地点に過ぎず，道具にはなりえないのである」（邦訳，p.173）。ケーラーが観察していたチンパンジーは，箱を踏み台にして高いところに吊されたバナナを取ることがで

きた。チンパンジーには道具を使える能力があるということで知られている逸話でもある。ところがこの猿は箱に他の仲間が座ってしまっていると「踏み台として使える箱」として捉えることができなくなってしまう。つまり，彼らはそれが置かれている状態や文脈という視覚的空間を超えて，箱＝踏み台という象徴的な意味として理解することができないのである。チンパンジーにとっては，「踏み台としての箱」と「腰かけとしての箱」のどちらかの一側面でしかみることができず，チンパンジーは「同一の事物を違ったパースペクティヴの中で再認することができない」（同上，p.178）のである。

　これが類人猿と人間の大きな違いであり，まさにこれがヴィゴツキーも言っている人間が人間としてもつにいたった自然的発達なのである。つまり類人猿はこの「箱」という視覚的形態と直接的に結びつけた記号として理解するだけで，状況を超えたシンボルレベルの意味として捉えることができない。メルロ＝ポンティは言う。「動物に欠けているのは，まさに〈象徴的行動〉である」（同上，p.179）。この象徴的行動をもつことによって多様な局面をもった外的対象の違いを超えて象徴的なレベルでの一致を見いだすことができる。類人猿にはこのような象徴的行動が欠けているのである。そして，この象徴的行動が可能になっているのかどうかはまさに人間と類人猿の間に横たわっている大きな溝であり，人間は人間的秩序という象徴的形態によって「環世界」を捉え，その中で生活をしている。

　それでは，この象徴的行動をわれわれに起こさせるようになったその起源や生成の過程にはどのようなことがあるのだろうか。メルロ＝ポンティは身体による活動の習慣化とそこから生まれる身体表現（身体反応）の共通化に注目する。彼は『行動の構造』，『知覚の現象学』の二つで，オルガン奏者の例を使って説明している。熟練したオルガン奏者は，自分がいつも使っているオルガンと別のもので演奏する場合でも少しの練習をしただけで弾きこなすことができる。このことを容易にしているのは，違った楽器で行われている二つの身体運動を構造的に対応させているからであり，いわば構造的な普遍項を獲得しているからである。このようにメルロ＝ポンティは説明する。

あるいは，メルロ＝ポンティがあげている別の例では，つばが広く羽のついた帽子をかぶり慣れている女性は，入り口の間隔をいちいち目測しなくても帽子がぶつからない幅かどうかを自分の身体を通した運動経験によって了解することができる。いちいち入り口の幅を計算することなど必要としないからである。

このようなことを可能にしているのは身体による習慣化である。あくまでも身体的行為による経験や反応の類似性に基づいたものであり，その始まりは内的表象や抽象的な象徴能力にあるのではない。身体図式の習慣化によって類似の場面に出くわしたときにそれにうまく対処できるようになっている。この経験があるから具体性を超えた記号レベルでの象徴的行動へと向かうようになる。現実に存在するのは生活の中での身体的振る舞いとそこから生まれる運動表象である。

この視点から子どもが遊びの中で「見立てる」ことを考えてみよう。「小石をあめ玉に見立てる」，「葉っぱをお皿に見立てる」といった子どもの遊びでは不可欠な「見立て」の活動ができるのは，子どもの表象能力や「能記―所記」（「意味するもの―意味されるもの」）の結びつきが理解できるようになるからだと説明されてきた。それでは，この表象能力や象徴操作はどのようなことで可能になるのだろうか。実はこのことについて発達研究では不問にされてきた。子どもが粘土で作ったものにお団子やケーキという象徴的意味を与えることができるのは，それらの間に知覚レベルでのゲシュタルト的類似性を見いだすからであり，同時にこれらのモノへのかかわり方にも共通性があるからである。ここで起きていることは心理学が通常考えるような具体的な対象を取り除いてしまったところのシンボル操作ではない。それはあくまでもモノを使った表現行為を基礎にした行為によるシンボル化の結果である。そしてこのモノに向けられた行為や経験を別の対象に「転調（modulation）」（『知覚の現象学・1』邦訳，p.296）することでシンボル的一致や連続性を見いだすことができる。メルロ＝ポンティが述べていた「物質の断片のなかに〈意味〉を設定し，住まわせ，出現させ，存在させるような根源

的作用」(『行動の構造』邦訳, p.311) がそこにはある。

『知覚の現象学』で展開されていた彼の主張は遺作となった『見えるものと見えないもの』でも繰り返されている。われわれは一個の「小石」や「貝殻」は目の前にある一個の具体的なものとして見るだけでなく同一の名称をもった普遍的な小石として, 貝殻としても見る。この一般性, 普遍性をもつもの, つまり概念というものから目の前にある「小石」や「貝殻」も「流出」している。われわれの認識は確かにこの一般性に支えられている。しかし, この普遍的な小石, 貝殻の土台になっているのは現前にあるものであり, これらに立ち返らなければならない。彼はこう言う「物とは, 対一象 (ob-jet) であり, 言いかえればそれ自身の効能によってわれわれの前に誇示されているものであって, しかもそれはまさしく, 物がそれ自身のうちに取り集められているからなのである」(『見えるものと見えないもの』邦訳, p.227)。

(2) 行為によるシンボル化, その実例

子どもが遊びの中で使う遊び道具には遊びの使用方法やその道具そのものがもっているモノの意味が比較的限定されているものと, そうでないものとがある。モノそれ自体が一つの機能的意味を示すようなものに「ままごと遊び」のための遊具の類がある。鍋, フライパン, 包丁などは実際に家庭で使われている道具のミニチュア化されたものである。子どもは家庭の中でこれらの道具を実際に大人が使っている場面を見ているのでどのように使うか, モノと結びついた行為がどのような意味をもっているかを事前に知っている。だから, これらの遊び道具はどのような使い方をすればよいか, この道具を使うことでどのような遊びになっていくか, その遊びの内容は相当程度決定されている。あるいは病院ごっこのために作られた子ども用の聴診器や注射器などもそうである。これらは大人が使う道具をミニチュア化したものである。

この種の遊び道具は子どもがいちいちこれらのモノに新しい意味づけをし

なくても済むということでは子どもたちがこの道具の意味やこれから遊ぶ内容，ストーリーを共有していくことを容易にしている。そうであるからこの種の遊び道具は逆に子どもの遊びの内容を固定してしまっているともいえる。

これに対して，遊びの中で使い方も，モノに対する意味づけ方も比較的自由な遊び道具がある。箱や積み木，あるいはひもの類がそうである。自由度が高いものの典型は砂場の砂であろう。それでは，この種のものは，モノがもっている形態的特徴から全く自由な形で子どもによって意味づけをされて使われているのだろうか。実は，子どもがモノに新しいシンボル化を行い，意味づけをしていくときにはモノのもっている形態的特徴に相当程度依存している。モノの知覚的形態やこれらと類似したモノを使った経験に基づいているのである。メルロ＝ポンティが言うような具体的なモノとそれらへの行為からシンボル化が始まっている。

事例1-5-1「魚つり遊び」

　　幼稚園のホールの片隅に子どもが中に入って遊べる小屋が置かれている。この小屋の屋上に子どもたちは登って遊ぶことができる。子どもたちは小屋の屋上にいる者と下にいる者とで縄跳びの縄の引っ張り合いをしていた。途中から，屋上にいた子どもたちは縄跳びの縄を釣り糸にして魚釣り遊びを始める。
　　コウスケ：えさをつけないと釣れない。
　　ミカ：だけど，えさがない。
　　コウスケ：バナナをつければいいんだ。
　　コウスケは食べ物のレプリカのバナナを縄跳びの縄で縛って下に垂らす。
　　ノゾミ：えさを買ってきたよ（ノゾミは床にある食べ物のレプリカを持ってくる）。
　　コウスケ：イカが釣れた。

図1-5-1
魚つり遊び

　縄跳びの縄は遊びの中では縛る道具として使われることは多いが，ここではさらに魚釣りの糸という本来のモノがもっている機能的特徴をかなり拡張して使っている。それでも細くて長いというこの道具の知覚的形態に基づいてこのような遊びの道具へと変化させたのである。この縄跳びの縄も別の遊びの中では違った道具として使われる。それが次の遊びである。

事例1-5-2「動物の病院」

　　動物病院で怪我をした動物（動物になっているナツミ）を検査する場面。
　　ノゾミ：まだ検査するの？（ナツミは動かないように縄跳びの縄で固定されている）
　　ノゾミ：うん。痛くない？
　　ミカ：（ナツミに）ちょっとこっちにきてくれませんか？　そうしないと様子が見られないので。
　　（ミカは引き出しのついた本棚の方にナツミを寄せる。ミカとノゾミはナツミの手に結んだ縄跳びの縄の反対側の端を引き出しに挟んで，検査を開始する）（次頁図1-5-2）。
　　ノゾミ：痛くありませんね？
　　ミカ・ノゾミ：これを食べればでこぼこも治ります。

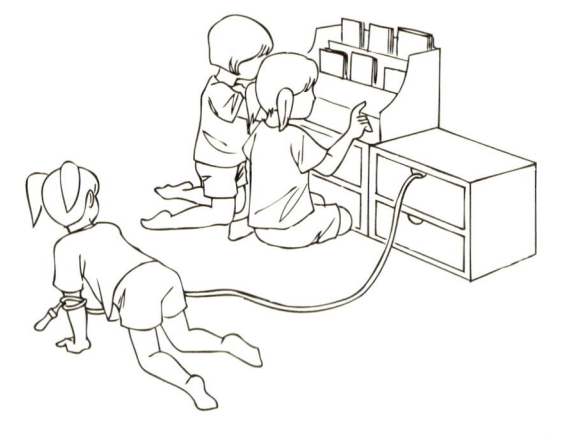

図1-5-2
動物の病院

（ミカとノゾミは積み木を持ってきて，ナツミに食べさせるしぐさをする）

ミカ：この本に載っているかも。あった。

（本棚にあった本を広げる）

ノゾミ：ちょっとカメラで見て，でこぼこが取れたわ。でも赤ちゃんがいる。

ミカ：でも，でこぼこが取れたら赤ちゃんが消えてしまうこともあります。だって（本を見ながら）。

ノゾミ：え？　あ，ほんとだ。どうしよう（一緒に本を見ながら）。

　この遊びでは，先の遊びの事例1-5-1で使われた縄跳びの縄は，そばに置かれていた本棚と一緒になって医療器械のコードとして使われている。本棚はその形の類似性から医療機器として遊びの中で使うことを容易にしたのであるが，本棚の前の部分の平板で機械を操作するという活動はこの本棚を医療機器として見立てるという意味の具体化を促進している。あるいは本棚にあった絵本もこの子どもたちの活動の流れの中では医療関係の専門書となって，遊びの中で使われている。積み木も薬となって新しい意味を表現するものに変えられている。

　この事例からはモノと行為的にかかわることでモノの新しい意味が立ちあ

がってくる瞬間の過程をみることができる。モノが物としてあるだけでは物理的対象として存在しているだけであり，物が行為者と無関係にその意味やゲシュタルトを立ちあげることはないからである。ところが，これらを使ってどのようなものを表現するかという表現活動，あるいは子どもの遊びに即して言えば，どのような遊びをするかという行為の目的と結びつきながら行われるモノとの直接的なかかわりを通してモノは新しい意味をもったもの，子どもの遊びで表現したい内容を具体化したものとなっていく。メルロ＝ポンティは『知覚の現象学・1』のはじめの部分で，われわれはまずモノの全体を捉えるのであって，部分を連合することで全体の知覚ができあがるのではないと述べている。全体を捉えた後で，それを細かく見るという分析的態度でもって個々のモノの間の類似やどのように配置されていたかを識別するようになるのである。「〔全体の知覚がなければ〕諸要素の同一世界の部分をなすこともあるまいし，類似や隣接もまったく存在せぬであろうことを意味している」（邦訳，p.50）。この文章は主に知覚のゲシュタルト的性質を述べているものだが，遊びの中で使われているいくつかのモノは子どもたちによって相互に結びつけられ，それらは全体として一つの象徴的意味を表すものになっているということでは，同じことである。対象の統一性は要素を組織する。

　メルロ＝ポンティ（1948）は『意味と無意味』に収められている「セザンヌの疑い」で，有名なセザンヌ論を展開しているが，その一端として次のようなことを述べている。セザンヌは色彩の手法や遠近法を駆使しながら彼の前にある風景を描こうとしたが，けっして写真のように景色そのものを写実するのではなく，まさに遠近法のデフォルメを行いながら，絵画の中で「生まれつつある秩序，現れつつあるオブジェ，私たちの目の前で集まろうとしているオブジェの印象を作り出している」（邦訳，p.249）。

　この「私たちの目の前で集まろうとしているオブジェの印象」と同じようなことを型絵染め作家で人間国宝の芹沢銈介が自分の創作活動を刺激，支えているものは自分が収集した優れた美術作品であると語っていたことがあ

る（NHK日曜美術館，1983年7月3日収録）。芹沢は言う。「ものがね，私のところに集まってきて，いろいろと面白い話をしてくる，そういう気持ちで集まってきているわけですね。別に始めからこういうものを集めようと，いわゆるコレクターのような動機でやっているんではないんで。何かこう，私を慕って，私のこの部屋に入るのを喜んで来てくれる」（『NHK日曜美術館30年展・図録』NHK・NHKプロモーション，2006，p.188）。芹沢はモノに囲まれながら，それに触発されてモノ作りをやっていた。モノを作ったり，芸術的創造を刺激するためにはモノが必要であること，それが置かれるべき所に置かれたとき，その空間は創造を生みだす空間になっていく。このことを端的に語っていた。

　「生まれつつある秩序」や「目の前で集まろうとしているオブジェの印象を作り出す」という画家の仕事と子どもたちが遊びの中でモノを使い，新しく意味づけし直して遊びの世界をつくりだしていく活動とは同じものである。あるいは，この意味の新しい立ちあげ—新しいゲシュタルト形成と言い換えてもよい—は，この遊びの事例でみるように突然起きている。いくつかのモノを結びつけ，そこに活動の意味が生みだされていくのはいわば瞬間のことである。大人の活動ではよく「瞬間に了解された」という言い方がされるが，それに近いものである。メルロ゠ポンティの遺作『見えるもの見えないもの』の中で彼自身が英国を旅行中に体験としたことを例にして意味の了解はどのようにして立ちあがってくるかを語っている一節がある。「マンチェスターのタクシーが『私がブリクストン・アヴェニュがどこにあるかを警察に聞きにいきましょう』や，タバコ売り場の女店員が『みんな一緒に包んでよろしいですか』と（英語で）言った意味を数秒後にやっと，そして一挙に分かったのだ」（邦訳，p.268）。この体験から彼は記号としての理解ではなく，「意味」としてまず先に捉えられなければならない。そして単語と単語の結びつきから機能的に意味が生まれてくるのではなく，それは形態化であり，遡行的形態化なのであると言っている。子どもの遊びで使われているモノに当てはめれば，モノのそれぞれの形態や記号としてあることを把握し，

それらを結びつけるということではなく、全体をまとめてつなげること、ゲシュタルト形成がまず先にあるということである。ゲシュタルト心理学でよく使われた言い方で言えば「ゲシュタルト変換」は瞬間に起こるのである。

事例1-5-3「レントゲン」

　　保育者も加わった子どもたちの「病院ごっこ」で、トシコとユウコは積み木の入れ物の箱のふたをレントゲンの機械のように使って保育者の身体を検査している。トシコはレントゲン（箱のふた）を見ながら機械を操作する。
　　トシコはふたの木目を指さしながら、
　　トシコ：「先生、先生、お腹に傷がありますね」
　　ユウコもレントゲンの画面（箱のふた）をのぞき込みながら
　　ユウコ：（トシコの指した部分を自分でも指さして）「ここですね」
　　トシコ：「先生、先生、先生のお腹に虫がいるよ」
　　ユウコ：「（別の部分を指さして）こんなところにも別なのがいるよ」
　　保育者：「早く取って、取って」
　　トシコとユウコはおもちゃのピンセットで保育者のお腹から虫を取るし

図1-5-3
「病院ごっこ」のレントゲン

ぐさをする。
　　トシコ・ユウコ：「先生，虫が取れたよ」

　この遊びでもたまたまそばに置かれていた積み木が入っている箱のふたを見て，病院のレントゲンの道具の代わりに使えると考える。遊びの流れとしては，その前から子どもたちは保育者を患者にして病院ごっこをしており，保育者に薬を与えたり，注射をするといった遊びを行っていた。このような遊びのストーリーと結びつくものとして箱のふたというモノをレントゲンの機械として新たに意味づけて用いる象徴的行動を行っている。ここでも先の二つの遊びの事例と同様に，モノのもっている視覚的形態がレントゲンの画面を表すものとして子どもは類似性を見いだし，そのことがこのモノに対する新しいゲシュタルトとして構造化していくことに向かわせたのである。

§3　表現行為を支えるものとしての身体

　ここまでの節では，ゲシュタルト形成やモノとの直接的なかかわりを基礎にして象徴的行動がつくられていくというメルロ゠ポンティの考えをみてきた。ここから子どもが遊びの中で，遊具やモノを使いながら新しい意味づけを与え，遊びをつくりあげていく活動を考察するための枠組みが与えられる。もう一度確認するが，彼が「秩序」や「ゲシュタルト」という用語を用いながら主張していることは，人間は自分の世界とかかわりながら世界を捉える基本的枠組みとしての知覚世界や言語の世界を形成しているということであり，「環世界」の中で生き，行為を展開している中でそれはつくられていくということである。

　メルロ゠ポンティはこの行為者として外部とかかわる視点から身体へと注目していく。ここで言う身体というのは，あくまでも行為するための身体で

あって肉体としての身体ではない。主体がもっている「環世界」や他者とかかわる身体であり、身体的行為としてのそれである。人間の場合は世界を捉え、表現するときにはこれらの身体や知覚に加えて言葉が人間独自のものとして位置づいている。身体による表現活動、たとえば身ぶりや叫びは他者に向かって発せられた表現行為であり、その延長に言葉があり、この言葉は人間独自の認識の仕方と表現活動をつくりだしている。

この節の前半では、人間的秩序の形成の基礎にある身体行為と、人と人の精神活動の共有として身体を媒介した間身体性の問題を考える。共同遊びの成立を支えているものにはこの身体レベルでの共有があることを論じる。後半では、身体行為と言葉の相互性の問題を考える。

1. 身体による行為的かかわり

(1) 身体を基礎にした人間の行為

この章の始めの部分で、メルロ＝ポンティが言う三つの「秩序」を取りあげた。とくに注目しておきたいのは生命的秩序と人間的秩序との相互連関である。人間の身体は生命的秩序から出たものであり、同時にこの人間の身体は人間的秩序との関係の中で活動や表現する手段となって、心と不可分なものとなって存在しているということである。ここで大事なことは、生命的秩序としての性質を始めにもっていた身体はそれを操る人間的秩序の中で人間独自の機能をもったものへと変化を遂げているという点である。もちろん、人間的秩序の典型である精神が身体を一方的に統制しているのではなく、精神と身体とは相互的な関係になっている。メルロ＝ポンティは次のように言う。「精神は身体を使用するのではなく、身体を絶えず物理的空間の外へ移行させながら、身体を通して生成するのである」（『行動の構造』邦訳、p.310）。ここには彼が一貫して取った人間の認識の始まりは具体的な対象とのかかわり—それは身体を通して行われる—があり、けっして観念的な形でその生成を論じることはできないという姿勢をみることができる。

メルロ＝ポンティは，人間精神の本質を見極めようとして，心理学をはじめとする人間諸科学で取られてきた主知主義や経験論的な認識や人間観に対して異議を唱えたことはこの章の始めの部分でも述べたとおりである。主知主義や経験論的な認識論で行ってきた人間理解として共通するのは，人間精神あるいは人間の行為を環境とのかかわりで考えようという発想の希薄さであった。そこでは，人間が主体的にその人間にとって意味のある環境，「環世界」と積極的にかかわる中で人間世界としての秩序，つまり意味をつくりだしていくという発想が取られることはない。そして，これら主知主義，経験論がいずれも人間理解の際に欠落させてきたのが「身体」である。ここで言う「身体」とはけっして客観的な分析対象としての身体ではなく，自己の環境とかかわる主体の行為や意志，情動の具体的な体現としての身体のことである。メルロ＝ポンティはこのような精神活動や行為とそれらを展開するためのものとしての身体をワンセットとして捉え，このような身体をあえて肉（chair，ラテン語のcaro＝肉に由来する）とよんだ。もちろん，この身体は作動する身体であり，身体的に行動している身体である（ドイツ語で物的身体であるKörperと区別されている身体Leibである（ヴァルデンフェルス，2000）より）。

　メルロ＝ポンティは『知覚の現象学』(1945)の第1部「身体」では，これまで身体があくまでも意識によって操作される対象としてモノとして扱われてきた「常識」を否定し，身体と身体による活動・行為によってわれわれの意識や心がつくりだされてくるものとして捉えるべきだと言う。身体は客観的対象ではなく主体でもあるということになる。この意味はこういうことである。身体とかかわる意志をもった個としての主体も存在しており，この主体が操る対象としてあるのが身体でもあり，その意味では身体は客体であるということになる。だから身体は客体と主体という両義的な存在としてある。

　そしてこの身体でもある主体が行為として展開するときに意味が生まれてくる。私という主体の延長としての身体とモノ＝道具が主体の意味の生成に

強くかかわっている。今生きて動いている身体から何かが生まれてくる。この身体には知覚の構造や行動の構造が内包されているし，さらに言えば，身体そのものが知覚の構造や行動の構造であるということになろう。だからこの生成の源になっているものに立ち返って考えなければならない。このようにメルロ＝ポンティは考えた。

(2) 意識でも自然でもある身体

人間の場合は環境の中に行動の新しい連関を出現させるものを投入していく。それが文化物であり，道具として使う使用物である。これらが人間独自の意味体系として環世界を捉えていく人間的秩序を形成していくことにもあずかっている。人間的秩序として世界を理解，表現することと，それらを安定した文化物として蓄積していくことが可能になっているのは，人間が主体的にその環世界と積極的にかかわっていくからである。メルロ＝ポンティはその活動の原初的なものは身体による活動だと言う。

したがって，ここで言う身体とは世界とかかわる人間の行為を支える「媒介」であり，その意味では「身体は〈われわれ〉と〈物〉との間の衝立になっている」（『行動の構造』邦訳，p.282）。

身体による表現それ自体も意味を立ちあげている。メルロ＝ポンティ (1969) は死後彼が残していった「研究ノート」の中で次のように述べている。「ゲシュタルトを経験するのは誰であろうか。それはゲシュタルトを理念あるいは意味として捉える精神であろうか。そうではない。それは身体なのである。――いかなる意味でか。私の身体は一つのゲシュタルトであり，それがすべてのゲシュタルトのうちにともに現前しているのである。私の身体もゲシュタルトなのである。それもまた，そしてそれこそがすぐれて鈍重な意味作用なのであり，肉なのである」（『見えるものと見えないもの』所収，「研究ノート」邦訳，p.294）。そしてこの文章の最後は次のような言葉で結ばれている。「ゲシュタルトを『認識』ないしは『意識』の枠組みのうちに置き直すすべての心理学はゲシュタルトの意味を捉えそこなっている」（同上，

p.294)。だから身体は「一種の反省作用を素描する」(『知覚の現象学・1』邦訳, p.165) のであり, 身体は「いくつかの生きた意味の結び目」(同上, p.252) なのである。

このように身体による活動や行為することそのものが「意味」をもっている。身体と行為, そして精神との間には境界線を引いて区別することはできなくなる。だから鷲田清一 (1997) が精神と身体との結びつきについて, 次のような例でもって説明していることも日常の体験としてよく実感できることである。鷲田は言う。「身体が行動とうまく組み込まれなくなると, 身体は統合度のより低い構造へと転換される」(p.57)。身体をうまく操れなくなり, 自分にとっては身体が物のようになってしまうことがあるし, このような異常な場合でなくても, 平静が保てなくなり, 心の方で身体を調整できなくなる。身体の一人歩きが始まって, 顔を赤らめるとか, 冷や汗をかくといった自分の身体をコントロールできなくなることはわれわれがよく経験することである。

身体とモノ, そして精神との関係について確認しておこう。メルロ＝ポンティが身体を重視するのは身体は主観と客観の間にあり, 両者をつなぐものだからである。主観対客観, あるいは主体対客観的対象といった二つを分断して考える発想を乗り越える手掛かりとして身体を位置づけるからである。われわれにとっては身体そのものを見る対象, 触れて感じることができる客観的な対象であると同時に, この身体で見たり, 感じたりすることの延長に知覚や触覚という認識があり, その意味では身体という物理的制約を超えてもいる。だから身体というシステムは主観─客観が交叉する「蝶番のまわり」(『見えるものと見えないもの』所収,「研究ノート」邦訳, p.294) にあるとも言われる。意識は身体という意識外で行われている出来事に基づいているものだが, 同時にこの身体や外部の出来事は意識によってしか認識できないから心 (あるいは意識や認識) と身体とは分離することは不可能である。

2. 遊びの共有化：間身体性

　子どもの遊びの多くは共同で行われる。表現したい内容，遊びのテーマが遊びに参加している者の間で共有されていないと共同遊びは成立しない。あるいは，相互的な活動もうまく進まなくなる。そこで問題になるのが，なぜ，他人のことを理解できるようになるのかということである。これは心理学や哲学を始めとして人間にかかわる分野では「自己―他者」問題として議論されていることである。われわれはどうして全く別の人格をもち，ものの考え方も違っている者同士の間で相互了解が可能になるのだろうかという問題である。メルロ＝ポンティの「間身体性」の概念をもとにしながらこれらの問題を考えてみよう。この問題を考えていくときにもメルロ＝ポンティの考えを使うのは，彼が人間の相互了解の根源にあるものが何であるか，その考えを提示しているからであり，まさに幼児の遊びにおける共同的活動の基礎にあるものを説明することができるからである。

　メルロ＝ポンティが相互了解を可能にする基盤としてはじめに注目するのは外に向かって発せられる行為であり，人間はこの行為によって他者同士を知ることが可能になると言う。『眼と精神』（1964）の中に収められている「幼児の対人関係」ではこのことが集中的に論じられている。この論文は他者が存在することで社会が生まれてくることを論じたという意味ではメルロ＝ポンティの社会理論でもある。

　自己の意識と他者の意識の間の一致，通常は間主観的一致といわれているものはどのようにして可能になっているかについてメルロ＝ポンティは人が外部に向かって行為をしているからだと考える。つまり，自己と他者の間主観的一致は，自己がモノに向けられた行為と，他人がそれに同じような行為をすることでその間に他人の意図と意識を共有することが可能になると考える。さらに，もう一つは外とかかわる行為の中で感じる身体的経験は自己の中で一つの統合された形で受け止められており，同時に周囲の空間やモノとのかかわりとも一体になって受け止められている。このように人間の行

為には眼に見えたり，感じたりすることができる具体性を伴っているし，さらには具体的なモノと行為は直接かかわったり，空間という具体的な文脈や状況を伴っており，これらが相互に了解するための手掛かりになっている。

　メルロ＝ポンティの思想についての優れた解説を行っている木田元（1984）は次のようにまとめている。「私の意識はまず世界に向かい，物に向かっているのであり，それは『世界に対する態度』『世界の扱い方』なのである。他人の意識もまたそうしたものであるからこそ，私は『他人の動作や彼の世界の扱い方』のうちに他人を見いだすことができるのである。メルロ＝ポンティは，今後，心理作用という概念は『行為』という概念に置きかえられるべきだという」(p.247)。

　実際にメルロ＝ポンティが「幼児の対人関係」で述べていることを少し長くなるが引用して，彼の考えを確認してみよう。「われわれははじめ〈他人〉ではなく他人の〈行為〉を模倣するものであって，他人という〈人〉は，その行為の起源が問題になったときに見出されるにすぎないのです。幼児が最初に真似るのも，人ではなくて動作です。どうしてある動作が他人から私にうつされうるかという問題は，どうして私が自分にとって根本的に外的なものである或る心理作用を思い浮かべうるという問題よりも，はるかに解決の容易な問題です。たとえば他人が絵をかいているのを見る場合，私は絵をかくことをひとつの行為として理解することができますが，それというのも絵をかいている動作がそのまま私自身の運動性に訴えかけてくるからです。…絵をかくことよりももっとはっきりと彼が人間であることを示してくれるような行為，たとえば言語行為なども存在しないわけではありません。しかし大事なことは，私がそのような他人や私自身を，世界のなかで行動している行為として，あるいはわれわれを取り囲む自然的・文化的世界へのある「身構え」と規定しさえすれば，他人へのパースペクティヴが開かれてくるということなのです」(邦訳，pp.41-42)。

　私たちは他者と同じ身体をもっていて，その身体的活動や身体行為を通して共通の経験をもつ。このことが相互了解の基礎にある。そして人間はこの

具体的な形で外に現れた行為を他者の意図を知る手掛かりとすることができる。さらには，他者の行為が意図していることも経験の中で，そして行為が展開されている状況や文脈という情報を同時に使いながら知ることができる。この引用文の中で「身構え」と言っているのは，身体レベルで経験的にもってきた「身体図式」であり，身体レベルでその行為の意味を捉えたものである。これをメルロ＝ポンティは別のところでは「運動的意味」とか「運動的了解」とも言っているが，行為がもっている意味を了解しているということでは，行為レベルでの象徴化作用であるとも言える。この「身構え」とか「身体図式」をもつことができるのは，身体レベルでの経験をもっているからであり，メルロ＝ポンティが「習慣的な身体 (le corps habituel)」という言葉で表現していることである。「習慣」は「身構え」や「身体図式」を考えるうえで重要な概念であるが，これについては次の第2部第1章で取りあげることにする。

　身体がわれわれの相互了解の拠り所となっている。メルロ＝ポンティ (1945)の『知覚の現象学』の第1部の最後に有名な「表現としての身体と言葉」の論文がある。彼は，人間の言葉による表現の根源にあるものは何か，それは身体であり，声であり，身ぶりが相互の理解の始まりであると言う。「わたしが他者を理解するのはわたしの身体によってである。…身振りとその意味に共通なもの，たとえば情緒の表現とその情緒に共通なものはすぐに理解できる。ほほ笑み，和らいだ顔，軽やかな身のこなし，これらは現実の動作のリズムを含むものであり，世界における存在のありかたを含む―これはその主体の喜びそのものを示すものである」(邦訳, pp.31-33)。だから「わたしは叫び声のように短く，一休となった行為のうちに，言葉の意味を把握する」(同上, p.32) ことになる。身ぶりは感覚的な世界に依拠しており，そして次に続く「規約に基づく記号」の世界はこの「自然の記号」によって「既に獲得された意味という鍵盤の上で変奏する仕方」(同上, p.32) なのである。この間身体性と間身体的一致が相互了解，ひいては自己へと向ける身体的まなざしの根拠になっている。

身体が他者との相互了解の根源になっていることをメルロ゠ポンティが「交叉配列」の概念で述べていることを考えてみよう。私たちは自分の感覚や感情を外にあるモノや他者と共有していると感じることがある。その時，自己と他者，内部と外部との間の境目は容易に超えられる。そしてこの私という主観的な世界は実は外部ないしは客観的世界の「反転」したものとも言える。これが「交叉反転」とか「交叉配列（キアスム chiasme）」いう言葉で表現されているものである。「交叉反転」は坂部（1986）の表現で，普通は「交叉配列」の訳語が当てられることが多いが，ニュアンスとしては「交叉反転」がふさわしいのでここではこちらを用いる。メルロ゠ポンティはこのことを次のような例で示している。自分の手をもう一方の手と組んでみたとき，握った方の右手に受ける感覚は左手から握り返されたという感覚であるが，実はそれと同じ感覚は左手にもいえることで，もはやどちらが握っている方なのか，握り返されている方の手なのかは区別などできない。ここで「交叉反転」が起きている。これと同じことは坂部恵が和辻哲郎の思想を論じた中で「ふれるという体験はふれ合うという相互性の契機を必ず含んでいる」という言い方で指摘している。和辻の場合には相互性や相互嵌入は何も人と人との間だけに限定していない。たとえば「繰り浄瑠璃」の中に登場してくる人形浄瑠璃という人形と，そこで表現されている世界と自分とが交叉反転をするからこそ，私たちはそこに芸術性を見いだすのであり，この芝居の中に一層強い現実としての存在を感じることになるのだと言う。このような「交叉反転」の体験は小説の場合もあるだろうが，とりわけ具体的な身体表現の形で展開される人形劇を始めとする多くの演劇における演者やそのストーリーにより一層強い相互嵌入が起きていると言えるだろう。さらにここから拡張して言えることは，子どもたちの遊びの世界においても，彼らが使う人形やおもちゃなどの遊び道具に対して「交叉反転」を行い，そこに強い現実性を見いだしていると言うことができる。

　ここまでの間身体性の議論は他者との間で共有できる共通の感覚や経験があることで，お互いのことを了解可能になっているというものであった。そ

れではなぜ，人というのは他人とかかわろうとするのかというもう一つの根本問題が残っている。幼児の共同遊びを考えるときに，この問いは避けて通ることができない。

そもそも人間というのは他者との関係なしには存在しえない。だから人間の行為というのも本質的には他者との相互行為である。そして人が他者とかかわりたいという背景には他者と同じになりたい，同型化への欲求がまずある。これが他人を模倣するという行為になっていく。同時に人間は主体を確立するために自己の独自性を求めていこうとする。人間は互いに自己を優位な立場に置いて，他者を支配しようという欲望をもっている。このようなヘーゲルの自己意識論を下敷きにしながらメルロ＝ポンティは人間の社会形成の本質についての論を展開していく。身体は他者との相互了解を可能にするものであると同時に，自己と他者をまさに身をもって区別してもいる。人は他者と共存しなければならないと同時に，自分とは違った身体をもっている他者に向かって働きかけ，他者と自分とは違うものとして関係づけていく。結局，お互いが他者を否定し，利用し合うことは結果的には相互を承認し合うことに人間を向かわせてしまう。メルロ＝ポンティがもっぱら政治的な問題を論じた『ヒューマニズムとテロル』（1947）の中の「プロレタリアから人民委員へ」で，次のように言う。「人間の歴史をあらしめているもの，それは，人間が外部へとみずからを投資する存在であるということだ。人間が自己実現するためには他者たちが，自然が必要であり，また，人間は何らかの財を所有することで個別的なものと化しながら，それによって，他の人間たちと抗争することになる」（邦訳, p.151）。人間は自己実現のために他者を巻き込み，他者を支配しようとする。しかもそれを互いに行っており，他者は自分を映しだしている。そこから相互承認が出てくる。それが社会になる。

子どもの遊びでも，お互いの欲望を暴走させている姿や振る舞いを見て，それでも自己の願望を満たそうとする。しかし，次第に自己の欲求と他者とのそれに折り合いをつけていくようになる。子どもの遊びの大きな変化とし

て，むきだしの欲望と自己主張があるからこそ互いの願望を認め合い，調整していく段階へと向かっていくことができるようになる。第3章§2の2. ヴィゴツキー派の遊び論の中で，A・N・レオンチェフが，子どもたちが「汽車ごっこ」の遊びをしているときに機関士，ビュッフェの売り子の役になった子どもたちは乗客のために用意した本物のビスケットを食べたいという願望を抑えて，自分たちの役を演じることを例としてあげている。これはまさに，食欲という自己の欲望を抑え，遊びの中で取らなければならない役割やルールに合わせていく一種の他者に同調したいという根源的な欲求が子どもの早い時期から表れることの例でもあった。

　筆者はかつて，保育所で次のような3歳児の遊びの中でのやりとりを観察したことがある（佐藤，1999）。子どもたち数人で積み木遊びをしているときの出来事である。

事例1-5-4「3歳児たちの積み木遊び」

　　積み木を高く積み上げてビルディングを造っていたコウイチの手が偶然，チカラの造った建物に当たり，上の部分が壊れてしまう。チカラはこれに気づいて振り向きコウイチを見る。コウイチは無言でチカラを見上げる。チカラは右手を振り上げ，威嚇のポーズを取る。コウイチは突然，チカラの積み木を壊しはじめる。

　　（ここまでくると今までの積み木遊びが完全に崩壊して，けんかになってしまう直前まできてしまう。）

　　この時，チカラはコウイチの積み木を壊すという応酬に出ないで，自分の方の積み木を壊し，「あっ，痛え！」と言って積み木を壊した手を押さえておどけたしぐさをする。これを見ていたコウイチや他の子どもたちが一緒に笑いだし，ヒロキは立ち上がってチカラのまねをしておどけたしぐさをする。これを見てさらに子どもたちは笑いだす。

　この事例で注目したいのは，チカラが取った行動である。このチカラやコウイチたちの行動はけんかから遊びへの状況を変えていくという彼らが即興

的に取ることができた事例として考えることもできるが，メルロ＝ポンティの言う人間がもっている根源性として，相手をお互いに支配したい，抗争し合う相手というものを超えた先にある相互承認の世界へと人間は向かうこと，しかもそれは実に早い時期の子どもが行っていることを示す事例である。チカラは自分の積み木を壊してしまった相手の行動を壊すという応酬にあえて出ないで，ここでの状況をおどけたしぐさをすることで「笑って済ませてしまう」「遊び」の場面にして，お互いを攻撃し合うという欲望を回避したのである。

　岡田（2004）はこの事例にみるような子どもたちの問題回避的行動を「自律性」の概念で説明する。岡田の言う自律性は自己と他者との関係で折り合いをつけて，共存していくことを可能にするものといった意味であるが，自己の欲望に支配されて，暴走をしてしまうのではなく，自己の欲望，ここでは自分の造った積み木を壊してしまった相手の積み木も壊してしまいたいという応酬，を押さえることが時には必要であることを知っているのである。このことは人間は早い時期から「この場では他者との関係のありようとしてどのような行為を取ったらよいか」を考えて行動していると言えるだろう。自己を他者の関係の中でみることができる自己意識をもっているとも言える。このことを先の岡田は自律性という言葉で表現していた。

3．身体と言葉

　メルロ＝ポンティは彼の研究の初期段階では人間精神の根源に位置づけられるものは身体を中心にした表現行為であり，言葉による表現のもとにあるのは身体による表現であり，言葉になる前の声であると主張してきた。前の節でも取りあげた，彼の代表作である『知覚の現象学』の中の「表現としての身体と言葉」でも，「私は言葉の意味を，一つの叫び声とおなじように簡潔な，渾然たる一つの行為のなかで捉える」（邦訳，p.306）と述べている。彼の言う「自然的な記号」である。「身振り」や「情緒的なしぐさ」に代表

されるこれら「自然的な記号」も一つの象徴表現であり，社会的意味をもったメッセージとして他者に向かって発せられるものである。このメッセージを受け取る者も記号としての意味を理解する象徴機能をもっていることが前提である。すでにこの章の始めでも述べたことだが，メルロ＝ポンティが言う「人間的秩序」を人間はつくりだしていくのであり，人間の行動は「象徴的形態」を有している。

　メルロ＝ポンティが一貫して求めてきたのはこの「人間的秩序」としての「象徴的行為」の解明でもあった。その意味では彼が「自然的な記号」から出発しながらも次第に言葉の問題へと関心を広げていったのは当然のことであった。彼は研究の中期段階になると，この「自然的な記号」から進んで彼の言う「日常の使用における言語」，ソシュールの言い方では「パロール」という個人の記号表現も包み込んだ議論展開をするようになる。この中期の研究では，メルロ＝ポンティはソシュール言語論の見直しを中心にしながら，個人の体験や感情を表す言葉であるパロールについて独自の見解を展開している。

　「間接的言語と沈黙の声」(1960) で彼の言語論を確認することができるが，簡略にそのエッセンスを述べると，ソシュールの「ラング」，メルロ＝ポンティが言う「規約に基づく記号」と，「パロール」(「日常の使用における言語」) を区別して扱うことはできないことと，二つは相互規定的な関係として扱うべきだというものである。私たちは自分の言葉であるパロールで自分の体験や思いを表現する。いわばパロールは自分の思考や意識世界を立ちあげていくときに使う自分の言葉である。だから彼は「思考はすべて言葉 (パロール) からやってきて，言葉 (パロール) へと帰る。言葉 (パロール) はすべて思考のなかに生まれ，思考のなかに終わる」(『シーニュ・1』所収，「間接的言語と沈黙の声」邦訳, p.23) と言う。しかし，このパロールはラングという一定の記号体系として文化に存在するものを借用することではじめて記号の機能を生かすことができるのであり，また同じ記号体系を共有していることで他者との間での記号的意味の共有も可能になっている。そのような意

味で両者を区別することは原理的にも不可能である。このようにメルロ゠ポンティはラングとパロールとは実質的に一体をなすものであり，まさに弁証法的な関係として捉えるべきだと言った。

　メルロ゠ポンティは，「ラング」を支え，また記号としてのラングの機能を裏打ちしているのは個人がつくりだす「自然的な記号」である声や身体表現であり，個人の言葉としての「パロール」なのである。だから「規約に基づく記号の世界」というのは「自然的な記号」によって「既に獲得された意味という鍵盤の上で変奏される」（メルロ゠ポンティ，「表現としての身体と言葉」『知覚の現象学・1』所収 邦訳，p.32）のようなものと言われる。

　メルロ゠ポンティ以外の人の意見も聞いてみよう。日本を代表する科学哲学者大森荘蔵の『流れとよどみ』(1981) の中の一節である。「人の声は手足のように固形物ではない。また汗や吐息のように液体や気体ですらない。声は物ではないのである。…何ごとかを縷々訴えている声はまさにその人そのものではないか。せせらぎの音を流れから分かち，潮騒の音を海から分離し，雷鳴を雷雨から引きはがせば，小川も海も雷雨も全く別物になるだろう。口を開いている人からその声を剥離したなら，それは口を開いている『人』ではなくなるだろう。声は人間の生身の流動的部分なのである。だから私がある人の声を聞くとはとりもなおさずその人に触れられることである。互いに声を交わすとは互いに触れ合うことである。その触れ合いは時には愛撫であり，時には闘争であるが，多くは穏やかな日常的触れ合いである。だが，この声のからみ合いによって人は人とつながれる。手を取り合って，眼差しを交わして，あるいはスキンシップでつながれるように，声の触れ合いでつながれるのである。それは固形的な触れ合いではないが，それでも肉体的接触なのである。…要するに，声は人の体の一部，人の身のうちなのである。だから声振ることは尻振りと同様身振りの一部なのである。人は五体を動かすのと同様声を動かすのであり，それは共に身振ることである。…声振ることは身を動かすことであり，その動きの描く紋様が『言葉』だからである。一方，文字はその動きの紋様を楽譜のように紙の上に不細工に写

しとったものにすぎない。楽譜自体はなにも歌えないように文字自体は身動きできない。…人になまに触れるのは文字ではなくして声である。だから，書物の上ではなく生活の現場での『言葉』を習得するのは声の振り方，つまり身の振り方を習得することである。またそれは人に声で触れるその触れ方を習得することである。…こうして習得された，ある社会に共通な声振りの様式，それがその社会の『言葉』なのである。それはまたその社会での肉体的接触の様式でもある」(pp.82-84)。

　メルロ＝ポンティ (1964) は彼の遺稿の書となった『見えるものと見えないもの』では，初期に彼が主張していた「自然的な記号」に彼自身が懐疑的になって，「無言のコギトーはありうるか」，つまり言葉なしの反省や意識といったものは本当に成立しうるのかということを言いだす。つまり知覚的意味から言語的意味への力点の移動でもある。しかし彼はこの遺稿の書では，「無言のコギトーはありえない」と言いながらも，その一方で知覚的意味はやはり人間の意識や思考の根源をなしているとも言い，主張は揺れ動いている。彼が結局，最後に行き着いたのは，自然とロゴス，知覚と言語とは弁証法的関係としてしか捉えることができないということである。もちろん，このように言ったからといって問題が解決したわけではなく，知覚的意味から言語的意味への，行動から主題化作用への移行はいかにさなれるかという問題が残されている。「言葉と沈黙との弁証法的関係」(邦訳, p.249) を明らかにすること，これが彼が残していった課題でもある。意識と身体，言語と身体との「つながり」と「へだたり」の問題は大きな「問い」としてわれわれの前に残されている。

　モノとかかわる表現行為，そしてモノと人を取り巻いている意味空間，この中で子どもの遊びは立ちあがり，展開している。これらと密接にかかわっているのは意味を立ちあげ，そして行為やモノ，空間を意味化し，表現するパロールとしての言葉である。言葉をこれらの遊びをつくりだしているものと結びつけることではじめてパロールとしての言葉の働きがみえてくる。

第2部

保育・幼児教育の「場」から発達を考える

　第2部では，子どもが成長・発達していく一つの場である保育・幼児教育の現場から子どもたちの活動の様子をみていく。子どもの発達の姿をどのような視点に立ってみていくかということは，発達の理論としてどのようなものを考えていくかということにつながる。
　本書では表現行為という視点から人間の発達を考えてきたが，子どもの表現活動の実態をいくつかの具体的な場面でみていく。
　第1章では，子どもの遊びのいくつかの例を使いながら，子どもたちの遊びを支えているモノ，空間の役割について考える。
　第2章では，絵本の読み聞かせの場面を例にして，子どもの聴くこと，そして応答する活動を取りあげる。子どもが絵本を通して保育者や親，そして仲間と絵本の世界を楽しみ，感動を共有していく過程を追いかける。
　第3章では，保育・幼児教育の活動の一環として行われる描画活動を取りあげる。子どもの描画活動はまさに表現行為の典型である。子どもの造形活動を通して，人はなぜものを表現しようとするのか，人間の表現の根源にあるものを探る。

第1章

遊び：モノ，行為，空間の相互連関性

　第1部第3章から第5章まで，ヴィゴツキー，三木清，そしてメルロ＝ポンティの思想をたどりながら人間の精神活動の根源にあるものは，人が何かをつくりだし，また形あるものにしていく表現行為であることをみてきた。そして，この活動の原初的な姿を子どもの遊びの世界にみることができると論じた。もちろん，ここで言う原初的な姿というのは単に発達の始まりという時間的な起点に戻って捉えるということを意味していない。原初的な姿とか原初形態というのは，人はモノとかかわると同時に，他者とも常にかかわりをもちながら人間としての生を営み，人間精神をつくりあげているという人間の本来の姿とその活動のことを指している。それは人間の精神活動の本質的な姿として子ども，そして大人にも通底しているものである。人間の行為の本質はモノとそして他者とかかわる相互行為である。そして，この相互行為によって社会的空間がつくられていくと考える。

　人間と人間精神の根源にあるものは社会的関係をつくりだしていく相互行為であると考えるならば，社会的空間の中で他者とかかわりながら意味世界をつくっていく子どもたちの遊びの世界こそが人間の原初形態を明らかにするための条件を備えた最初の場である。

　それでは，この相互行為によって意味の共有化はどのように可能になるのだろうか？あるいは相互行為を支えていくものとして何があるのだろうか？

この章では、幼児の相互行為による共同遊びの生成過程について、モノを媒介した相互行為が生みだす意味とストーリーの生成という視点からいくつかの具体的な遊びの事例を使いながらみていくことにしよう。

§1 モノ―行為、そしてこれらの連関から生まれるストーリー

1. 意味を表出する身体的行為とモノ

　始めに基本的なことを確認しておこう。それは身体と身体による所作は意味を表出し、身体のまわりに表出空間をつくりだしているということである。われわれは生きていくという生命保存のために身体を使い、身体を動かしている。これはきわめて自明な事実である。だが、一方で人間の身体的所作、つまり身体的振る舞いは、社会的意味を帯びたものとしても表れてくる。たとえば、ダンスという身体表現や運動習慣はその例の一つであり、われわれのしぐさや物腰が文化的意味をもっていることは容易に頷けることである。身体は文化的世界を構成する手段である。だからメルロ＝ポンティ(1945)は『知覚の現象学』で次のように述べている。身体は「或る場合には、この最初の所作のうえに働きかけて、その本来の意味から比喩的な意味へと移行し、その最初の所作を通じて一つの新しい意味の核を表示する。ダンスのような運動習慣の場合がこれに当たる。最後に或る場合には、めざされた意味が身体の自然的手段とはもはや相覆わなくなってしまうこともあり、この場合には身体は、自分のために一つの道具を構成せねばならなくなり、自分のまわりに一つの文化的世界を投射する」(『知覚の現象学・1』邦訳, pp.245-246)。

　礼儀作法としての箸の持ち方から始まる食事作法はわれわれの日常生活の中に深く根を下ろしている身体の文化的意味そのものであり、時には出身階

層などその人間の社会・文化的バックグラウンドまでも表示するものになっている。テーブルマナーに代表される身体が表す社会的意味や身体技法は古くは人類学者のモースや，今日では社会学者のブルデューが習慣化された身体表現や身体技法として問題にしてきた。身体はきわめて雄弁に社会的意味をもったものとして語ってくるからである。だから時には礼儀作法は社会統制や教育の対象となってくる。たとえば，わが国で戦前，戦中の時期にあった礼儀作法についての規則がそうである。作家の井上ひさしが『ニホン語日記』(1996)の中で「ボディ敬語」のタイトルで書いていることを見てみよう。昭和16年に文部省が「昭和国民礼法」という名称で定めたものがある。天皇，皇族，皇居，神社などを拝するときにはお辞儀として身体を45度に屈め，最敬礼することなど，細かく礼の仕方を求めた。戦後生まれの者には実感をもつことがないが，それでもこのような戦前に定められたものの名残りが，接客マナーとして生き残っていることを井上ひさしは指摘する。それをこの本では「ボディ敬語」と称している。たとえば航空会社の客室乗務員の接客マニュアルには15度から30度，そして45度の身体を屈める角度と，それで表される敬意の意味や使用すべき状況などが書かれており，また身体的振る舞い方まで細かくマニュアルとして書かれているという。まなざし，振る舞いは社会的意味を相互に伝え合っている。姿勢，身振りといった「見える」身体は，他者のまなざしの中で社会的意味をまとっている。

　先のメルロ＝ポンティの『知覚の現象学』の文章の後半で書かれていることは道具の使用と密接にかかわっている。身体表現は明らかに文化的意味をもっている。同時に，われわれは自分たちの身体に服装という文化的意味をもったものをまとっている。そういう意味では衣装を着けた身体，あるいはこの衣装というのは文化的道具である。このように衣装や服装はメルロ＝ポンティがこの文章で述べているように，自分のために一つの道具を構成し，自分のまわりに一つの文化的世界を投射する良い例になっている。文化的道具は時にはそこに参加している者同士の意味の共有化を促す働きをもっている。このことを子どもの遊びの実例で確認してみよう。

事例2-1-1「衣装にこだわる年少児」

　「病院ごっこ」の遊びをするときには，年少児の多くは幼稚園に具えられているナースキャップや白衣を模した衣装を着ようとする。一方，年長児の方はこのような衣装にはこだわらず，普段の服で看護師や医者の役を演じる。同じようなことは「レストランごっこ」やままごと遊びの場面でもみられる。年少児はエプロンや頭に三角巾を着けることにこだわることが多い。年少児が衣装にこだわるのはどうしてなのだろうか？「レストランごっこ」や「病院ごっこ」のような遊びは遊びのための場面が設定されている必要がある。あるいはこれらの遊びのための道具が置かれていることも必要である。いわば意味空間が設定されていると，これらの道具を使って行為することでレストランで食事を作り，お客に料理を出すという役を演じることができる。「病院ごっこ」では聴診器や注射といった道具があるとお医者さんとして振る舞うことができる。年長児はこのようなモノの使用で役にふさわしい人物となって演じているという象徴的行為を発揮でき，身体的イメージを形作ることができる。ところが年少児はこれらの道具の使用だけでは身体表現として象徴化できない。とくに，衣装はそれを見る者に直接，象徴的意味を提示してくれる。だから一緒に「病院ごっ

図2-1-1
「病院ごっこ」の白衣

こ」をしている子どもたちがお互いに他者の白衣やナースキャップを見合うことで，それにふさわしい役を演じていることを確認することができる。先にメルロ＝ポンティが述べていたように，「見える」身体は，互いに社会的意味を直接提示し合うからである。

事例2-1-2「衣装による身体表現：忍者ごっこの衣装」

　　事例2-1-1でみたように，衣装という道具を使って自分の遊びの役割を身体的に表現することが子どもの場合には演ずる「役」へ入り込むことを促している。とくに年少の子どもたちはしばしば衣装を欲しがる。もちろん，場面や状況が遊びの意味を与えることがない場面のときには，年長児も衣装にこだわることがある。「忍者ごっこ」の遊びでは，どの子どもも頭を頭巾で覆うことで忍者に変身しようとする。保育室のホールを走り回って，忍者の修行をしているとき，服装がそれらしい姿でなければ彼らは忍者になることはできず，ただ走り回っているだけになってしまう。何よりも彼らにとって大事なことは，他の仲間が忍者の姿をしていることであり，それを通して身体行為の意味を確認することである。

図2-1-2「忍者ごっこ」の衣装

ユニークな一人芝居で知られるイッセー尾形は，日常の中でよく見かけるような人間のしぐさを演じているが，この芝居では通常の演劇で用意されるような舞台装置も小道具もほとんどない。椅子が一脚舞台の中央に置かれていたり，彼が使うウクレレや琵琶といった楽器の類があるくらいである。イッセー尾形と演出家の森田雄三が役者づくりの基本にしているのは，演じる役にふさわしい衣装を身に着けることであり，それを着て演技をすることで表現したいことが具体的になっていくということである。演出家の森田雄三が指摘していることだが，まず，どのような衣装を着るか，そこから作品づくりが始まる。このことを森田（2006）は次のように述べている。「イッセーさんが人物をこしらえるときに，最初に何をするかというと，衣装選びなんだよね。…衣装を身にまとったところから，キャラクターの想像が始まるんだよね。こんな服を着るのは，どういう人物だろうか。人物について詮索する。ふだんはどんな口調で，どんな姿勢で椅子に腰掛けているのか。実際に着てみたりしながら，あれこれ想像し，知っている人物に当てはめていく。それをどんなふうに見えるか，俺が言うわけ」（森田雄三 監修『イッセー尾形の人生コーチング』，p.91）。

　衣装と類似の役割をしているものにおもちゃ道具の類がある。何も衣装だけに限定しなくてもよい。「家族ごっこ」でお母さん役をして，買い物などで外に出かけるという場面では，ベビーカーが必要だし，そこに人形の子どもを乗せている必要がある。仮にお母さんの服装もしないで，小道具が何もないときにはそれを演じている者も，一緒に遊びに参加している者も完全に想像の世界で出来事を考えなければならない。それは幼児，とくに年少の子どもたちにとってはなかなか難しいことであり，演じていることを視覚的に表示してくれるものがあることで彼らの想像活動，つまりごっこの遊びの世界で活動することを容易にしてくれる。

　身体で表現されたもの，あるいはモノとかかわりながら身体活動が展開されたときに，それを見た時にまず瞬間的に感じるのは言葉でもって表現される以前のものであり，しかもそれらが全体として何を行っているのか，何を

表現しているのかを丸ごと感じ取らせてくれる。このことをメルロ＝ポンティが「前述定的統一」（『知覚の現象学・2』邦訳，p.47）を与えてくれるものと言ったり，ウイリアム・ジェイムズが「純粋経験」とか，「フリンジ（暈）」を提示していると表現したりした。もっと簡単な言い方をジェイムズから借りるならば，何の修飾ももたない素朴な現実性ないしは現実存在であり，単純な「あれ」（『純粋経験の哲学』，1904）としか言い表すことができないものである。その意味では身体活動によって表されているものは，現実のものそのものであり，だからこそ文化的対象としての意味を帯びている。メルロ＝ポンティ（1945）が『知覚の現象学』で述べていることを確認しておこう。「私の身体は表現の現象の場，あるいはむしろその現実そのものであって，そこにあっては，たとえば視覚経験と聴覚経験はたがいに他方を孕んでいるのであり，またそれらの表現的価値は知覚される世界の前述定的統一を基礎づけ，また，それを通して，言語表現と知的意味とを基礎づける。私の身体はあらゆる対象に共通な織地であり，またそれは，すくなくとも知覚される世界に関して，私の〈了解〉の一般的な手段である」（『知覚の現象学・2』邦訳，pp.47-48）。

2．モノとの行為的かかわりから生まれる「意味」

モノはそれを使用する人間との関係の中で社会・文化的意味を帯びていることが多い。そこではモノは単なる物質というものを超えた特別の意味をもったものとして立ちあがっている。たとえば，多木浩二（1984）が精緻な議論を展開している椅子を例にして考えてみよう。多木が言うように，椅子は，身体と密接に結びついた家具の代表である。はじめは身体を一時的に休める道具として登場し，その時には建築物の延長として椅子が作られていたが，次第にそこに座る人の社会的意味，つまり権威の象徴としての意味を併せもつものへと変わっていった。もちろん，椅子はわれわれの身体的快適さを与えるものとしてその機能は変わることはない。だが，同時にこの椅子に

身体を横たえる人間の立場を象徴するものという特別の機能をもったものになっている。現在ではむしろこの意味の方が大きいだろう。その人が肘掛け付きの椅子に座ってよい人かどうかという問題や立派な革張りの椅子はもはや椅子というモノの実体やその機能的意味を超えたものになっている。この椅子の例のように，モノを使って，モノとともに人が行為することによって意味が生じてくる。モノはそれに直接かかわっている人の身体活動や行為とワンセットになっている。

　子どもの遊びの中では，子どもたちはモノのもっている形態的類似性に基づきながらも，モノに独自の意味を与えて遊びの道具として自由に使うようになる。遊びは半分は現実にあることの再現ではあるが，もう半分は現実の世界ではできないことを想像の世界のこととして遊びの中で実現する。その意味では，遊びの世界では，道具に与えられている固有の意味に限定されないで新しい意味づけがなされる。子どもたちはモノを遊びという一種の想像の世界で通用するものとして意味的に象徴づけ，遊びの世界をつくりあげていく道具として用いている。そもそも人間は道具を使用することで人間になったことを考えると，遊びの世界でモノを自由に意味づけて遊びの道具にしてしまうのは人間が本質としてもっている活動に由来している。

　ヴィゴツキー（1930-31）は『文化的―歴史的精神発達の理論』の中で人間の活動の大きな特徴として，人間は他の動物と違って動物のような器官や組織に制約されないで済む独自の活動の体系をもっていると言う。これを可能にするのが「道具」であり，道具の使用である。ヴィゴツキーはジェニングスの「有機体の活動性の体系」の考えを発展させて次のように述べている。「人間は，道具を使って自分の活動性の範囲を無限に拡げるという点で，あらゆる動物を凌駕する。人間の脳と手が，かれの活動性の体系，すなわち，行動の可能な領域および形態を無限に拡げるのである。それゆえ，子どもに可能な行動形態の範囲を決定するという意味において，子どもの発達における決定的なモメントとなるのは，道具を自主的に使用し発見する道に歩み出す第一歩である。それは生後最初の一年の末に行われる」（『文化的―歴

史的精神発達の理論』邦訳，pp.43-44)。道具の使用こそが人間の精神的な営みの本質であり，その根源になっているものである。「人間精神の根源とは何か」，その「始原とは何か」という問いは，単に子どもの発達の初期の赤ん坊にその姿を求めるということではなく，むしろヴィゴツキーが言うような道具の使用を開始したときから，さらに社会的活動を拡げていく遊びの世界にこそ，人間の根源的な姿をみることができる。人間精神の「根源」とか「始原」というものを発達初期と同義と捉えてしまうような誤解は避けたい。だからメルロ＝ポンティ (1945) は『知覚の現象学』の「表現としての身体と言葉」の章で，次のように述べている。「構成された言葉は，日常の生活において使用される場合も，表現という決定的な一歩がすでに実現されていることを想定している。わたしたちがこの起源に遡ぼり，言葉のざわめきのうちに原初的な沈黙を発見しない限り，人間についてのわたしたちの見方は表面的なものにとどまるだろう。言葉は一つの所作であり，その意味するものは世界なのである」(中山版 邦訳, p.27)。この章は，彼の中期の研究へとつながっていくという点でも，あるいはこの章の内容そのものが充実しているという点でも『知覚の現象学』の中でも重要な章の一つである。われわれが出来事や物事を表現するときには言葉は決定的な役割を果たしていることは間違いない。しかし，この言葉で表現しようとしている意味は実はモノやコトとかかわりながら意味をつくりだそうとしている活動＝表現行為の中から生まれてくるものであり，言葉もその意味生成に向けての振る舞い＝所作の一つなのである。そうなると，この意味を生成する言葉が表れる前の「原初的な沈黙」，つまり身体による表現行為に戻って考えることが必要なのである。上の引用の文でメルロ＝ポンティはこのことを指摘していた。

　遊びの世界では，子どもたちはモノのもっている具体的制約や知覚的特質だけに支配されず，意味に基づいた操作をするようになっていく。

事例2-1-3「科学実験室」

　　以下は，幼稚園年長児たちの「科学実験室」の遊びの様子である。

第1章 遊び　129

　タツオは年長の女の子たちと「家族ごっこ」をして一緒に料理を作り，食事をしている。この遊びが一段落した後，タツオは家族ごっこをしていたスペースの一角を自分の実験室にして，鏡をパソコンのCRTに見立てて，パソコンの画像を見る仕事のまねをする。
　そこにタクも加わり，
　タク：「窓に変な蚊がいる」
　タツオ：「カメラ出したから俺も調べてくる（パソコンを操作するしぐさ）。」
　タツオ：「カメラで見たからどんな蚊かわかる。」
　タクがパソコンの操作を代わる。タツオはクモを探しはじめる。タクはパソコンの操作がわからないためにタツオにきく。
　タツオ：「この長い方の鍵をパソコンに差し込む」と言いながらやってみせる。
　タツオ：タクに向かって「窓のところにクモか何かいる。カメラで撮って。」
　その後，二人は船に乗って探検に出かけ，新しい大きなクモを見つけ，二人はこれは「すごいものだ」と言い合う。
この遊びでタツオは，そばに置いてあった鏡をパソコンのCRTに見立て

図2-1-3
「科学実験室」の遊び

て，コンピュータの操作のまねをしている。この鏡は子どもたちがママゴト遊びでお母さんになったときの化粧台として置かれていたものである。タツオはこの鏡に向かい，実際にはないキーボードを打つしぐさをして，パソコンを操作するまねをしている。タツオが行ったように，子どもは目の前にあるモノの視覚的形態の類似性から誘発されて別のモノを想像して遊ぶ。子どもは自分の見ているものや目の前にある実物そのものに依存することなく，想像の世界で行為をするようになる。だからキーボードがなくてもそれを打つ動作をすることができる。いわばモノそれ自体，あるいはモノから得られる視覚的世界と意味的世界とを分離していくようになる。子どもも年長児になってくると，彼らの遊びの世界では，モノの意味，意味的側面が彼らの活動を支配し，規定するようになってくる。したがって，遊びの世界では言葉によってモノの意味を表現し，仲間同士もそれで了解するようになる。モノから切り離された意味の操作である。

　それでは子どもたちはモノという実物の世界から完全に遊離していくのかというとけっしてそうではない。なぜならば，子どもたちが想像や虚構の世界で遊びを展開していたとしてもモノを介在させた行為によってそれを行っているのであり，頭の中だけでつくりだされ，内部に閉じられた象徴（シンボル）的表現や象徴的活動として展開しているわけではないからである。ヴィゴツキーが子どもの遊び論を述べた「子どもの心理発達における遊びとその役割」（1966）の中でも，遊びは象徴的表現ではないと指摘して，次のように述べている。学童期の子どもの場合でも，「遊びのなかでは，子どもはモノから切り離された意味を操作するが，その操作は現実のモノを扱う現実的行為から切り離されてはいない。現実の馬からの，馬の意味の分離とその棒への転移（モノ的支えがなければ，意味は逃げだし，蒸発する），棒を馬のごとく扱う現実的行為は，意味の操作への不可欠な過渡的段階である。つまり，子どもはまずモノを扱うかのように意味を扱う」（邦訳, pp.22-23）。

　モノに由来し，モノ優位の行為がまず基礎にあって，そこからモノから分離した意味に基づいた行為，遊びの活動へと発展していく。だから意味/モ

ノ（モノ優位）からモノ/意味（意味優位）へと変換していくが，このモノの優位性の割合はあくまでも相対的なものであり，けっして一方的な変換ではなく，双方向的なものである。子どもの遊びはあくまでも対象に向かって行為する活動であることには変わりはない。このことを次の図では行きつ戻りつするものとして表している。

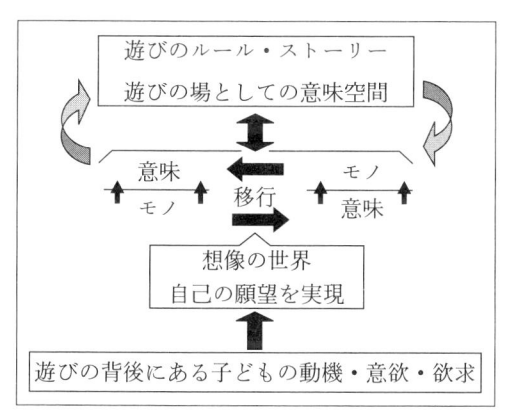

```
┌─────────────────────────┐
│  遊びのルール・ストーリー      │
│  遊びの場としての意味空間      │
└─────────────────────────┘
      ↕
  意味 ← 　　  モノ
  ↑    移行    ↑
  モノ →       意味
      ↕
┌──────────────┐
│  想像の世界     │
│  自己の願望を実現 │
└──────────────┘
      ↑
┌─────────────────────────┐
│ 遊びの背後にある子どもの動機・意欲・欲求 │
└─────────────────────────┘
```

図2-1-4
ヴィゴツキーの考えを基にしたモノ・意味の相互変換

　この図で，子どもの遊びの想像的活動が展開していくときにどのようなことが関連づけられながら起きているのかを説明しておきたい。子どもがモノから意味を優位にした活動が展開されるようになると，単に目の前にあるモノに縛られた遊びではなく，自分たちの自由なストーリーや活動のルールや役割の内容を自分たちでつくっていくことがより多くなる。同時に，自分たちで独自のストーリーとして遊びが展開され，その文脈があることによってモノという現実性に縛られることなくモノに新しい意味づけを与えて活動することができるようになるともいえる。

　そして，このような子どもたちの遊びがつくられていく背景にあるのは，現実の世界ではできないことを彼らの想像の世界でこの願望を実現しようとするもので，遊びという想像の世界で自分たちのやりたいことを実現しようとする。これが彼らを想像的な活動へと向かわせる動機であり，欲求である。人は何らかの目的や対象に向かって行為をするのであって，子どもたち

も自分たちが想像や虚構の世界では自分たちが自由に振る舞い，やりたいことを実現しようという目的と動機に向かって活動している。子どもたちの遊びの根底にある願望や情動，感情というものを考慮することなく，単なる象徴的行動，つまり見立ての能力を発揮させていく場としてのみ考えてしまってはならない。ヴィゴツキーは子どもの遊びにおける活動を記号表現に代表されるような象徴的表現として捉えてしまうと，遊びが主知主義的なものになってしまうと警告している。子どもが遊びの中でやっていることを単なる記号に置き換える活動であるとか，見立ての行為という狭いものにしてしまうと，子どもたちがなぜこのような象徴的表現に向かうのか，その行為の背後にあるものがみえなくなってしまう。そのためには子どもの遊びの活動を意欲や動機と関連づけて捉える必要がある。第1部第3章§2でヴィゴツキーの遊び論を述べたところでも引用したヴィゴツキーの次の言葉をもう一度確認しておこう。「遊びの本質的指標は，感情になったルールである。『感情になった理念，情熱に転化した概念』というスピノザの理想の原型は，遊びのなかにある。遊びは，随意性と自由の王国である。…遊びは願望を虚構の『自分』―遊びにおける役とルール―に関連づけながら，願望することを教える」(『子どもの心理発達における遊びとその役割』邦訳，p.25)。

　ヴィゴツキーの遊び論を翻訳し，またヴィゴツキー派の遊び論について論究している神谷（2007）は，ヴィゴツキーがピアジェに代表されるような遊びを主知主義的な視点から捉えてしまうことを回避するために依拠したのがスピノザ哲学であると言う。とくにスピノザが人間の主要な感情の一つであり，人間の本質的な活動の一つでもある「願望」が子どもの場合に具体的な形として表れるのは，遊びの中で「なりたい人の活動をやってみる」という活動である。もちろん，これは想像の世界の中のことではあるが，「このなりたいこと，やってみたいこと」を具体化するためには，願望を形にすることや仲間との間の役の分担，ルールやストーリーを決めてそれに従うことが必要である。もちろん，役割やルール，ストーリーはそれを守り，従うことが目的としてあるのではなく，もっと大きな目標と動機である遊びをつく

り，そこで楽しむという「願望」を実現するために従うのである。ヴィゴツキーがスピノザの考え方に依拠しながら展開した遊び論で最後に到達したのは，子どもが遊びの活動を突き動かしているものは，子どもの願望の実現という情動的側面であった。これと同様のことを第1部第4章でみてきた三木清は「パトス」という言葉で表現していた。

§2　遊びのストーリー化と習慣

　§1では，子どもの遊びの世界で起きている「意味」の立ちあがりは物への意味づけ，物に対する行為的かかわり，そしてモノを使った表現行為という一連の活動から生じていることを述べた。遊びの中で使われるモノはそれ自体としては物質的ものとして存在としているだけであって，物のもっている象徴的意味が立ちあがってくるのは，人間がこれらの物を意味をもったモノとして扱い，自分たちがそれを使って行為していくことを通してである。あるいは人間が一つのモノを他のモノと関連づけることによって意味が生まれてくる。メルロ＝ポンティ（1945）は『知覚の現象学』で次のように指摘している。子どもが遊びで使うおもちゃもそれらがどのような配置の中で関連づけられ，置かれるかによって別の世界が表れてくる。だからモノのそれぞれは「個体性」として還元できるものではないと（『知覚の現象学・1』邦訳，p.49）。たとえば，料理ごっこで使われる鍋や食器の類も決まった場所と使われ方をすることで，それぞれのモノの意味が決まってくる。そこで考えていかなければならないのは，モノを相互に関連づけ，これらを一つの意味的文脈の中に位置づけていこうとする子どもたちの行為である。

　ここでは，遊びの中でつくられていくストーリーがモノ相互を意味的に関連づけていくこと，そして，逆にこのモノ同士を結びつけ，意味づけていく活動がストーリーをつくりだしていくという円環的な関係になっていること

を遊びの事例で確認してみよう。

1. モノ―行為の連関から生まれる遊びのストーリー

　ヴィゴツキー（1966）は幼児期初期の子どもたちはモノのもっている現実性や視覚的意味に依存しながら遊びを展開しているが，次第に年齢が進むにつれて意味的世界の中で遊びをつくりだしていくようになるという。そこでは，彼の言う「虚構場面を伴う遊び」が行われることになる。彼は「虚構場面を伴うあらゆる遊びは同時にルールを伴う遊びであり，ルールを伴うあらゆる遊びは虚構場面を伴う遊びである」（『子どもの心理発達における遊びとその役割』邦訳，p.13）と述べている。たしかに，子どもたちが現実の世界を離れて空想や虚構の世界を想定して遊びを始めると，自分が演じていることや使っているモノが意味していることを仲間同士で共有していないと共通の意味世界で活動することができなくなる。ここでヴィゴツキーが「ルール」という言葉で示しているものは，単なる遊び方の「規則」といったレベルのことだけでなく，モノや行為を象徴的，意味的に表現した「内容」を含めていることに注意をしておきたい。たとえば，棒にまたがって足踏みをするという行為を繰り返しながら，子どもが馬にまたがって進んでいると想像して遊んでいるときにはヴィゴツキーが言う「現実的行為の代理的な行為」（同上，p.27）が行われている。ヴィゴツキーはモノの意味に基づいた行為のことを「ルール」のある遊びに含めている。少なくとも共同的な遊びが成立するためには，ヴィゴツキーの言うような意味での「ルール」の共有，つまりモノの象徴的意味が共有されている必要がある。

　あるいは遊びの中で演じる役割の分担や，その役にふさわしい振る舞いをするという「役割のルール」も共有されていなければならない。だからヴィゴツキーが次のように述べているのは少し年齢の進んだ幼児の遊びの特徴を示すものになっている。「遊びの本質的指標は，感情になったルールである」（同上，p.25）。つまり，楽しい遊びを得るため，楽しいという感情を得るた

めにルールに従って遊びをすることが遊びの本質だと言うのである。「ルールの遂行は満足の源泉である」(同上, p.25) と彼が述べるのも, 共同の遊びがうまく展開していくために一定のルールがあり, それに基づいて遊ぶのも, 自分のやりたいこと, 願望を抑えてもなおそれ以上にもっと大きな楽しみが遊びから得られるからである。この遊びの楽しさという願望を実現するためにルールをつくり, 一定のストーリーをもった遊びをつくっていくのである。

このように, 共同遊びが成立していくためには子どもたちの行為が一定の意味的な連関性をもったものとして展開されていくことが必要である。たとえば, 第1部第4章で取りあげた「パン屋さんごっこ」の遊びをもう一度考えてみよう。年長児を中心として一部年少の子どもも加わった遊びでは, 粘土でパンを作り, それをお客さんに売るという一連の行為が一つのストーリーとして展開されていた。この遊びでは行為と, この行為を支える様々なモノ, たとえば商品のメニューやパンを載せるトレーの代わりになる粘土遊びのために使われるプレート, あるいはサービスポイントカードといったものが関連づけられながら使われていた。さらには机の配置でパン工場と売り場を区別することで, どの空間に身を置くかで振る舞うべき行為や役割も生まれていた。このようにモノや空間は「パン屋さんごっこ」というストーリーと一つひとつのモノの象徴的な意味づけを与え, しかもそれらは意味的に相互に連関づいていた。もちろん, これらが最初から存在していたわけではなく, 遊びをつくりだしていく過程の中で意味をもつようになり, また同時にこれらのモノや空間が行為の意味を具体化していっている。

他方, 年少児だけで行った「パン屋さんごっこ」は, ただひたすら粘土でパンを作るだけで, まさにパンを作るという行為そのものに対象化してしまい, 作ることが遊びとなっていた。ここでは, 一人ひとりの子どもたちの粘土を使ってパンを作るという個人の行為を抜けでることはなく, 共同遊びのストーリーがつくられていくことはない。

これと類似の遊びは次の節で取りあげる,「病院ごっこ」でもみられる。

詳しい遊びの内容は後の節で述べることにするが，先の「パン屋さんごっこ」と同じように年少児たちは「病院ごっこ」のためのモノづくりに専念してしまう。薬や薬入れの袋づくりに一生懸命で，これらのモノを使って病院を始めることはない。これに年長児たちが加わっていくことで，遊びは1か月以上にわたって続けられたストーリー性をもった遊びへと展開してくことになる。

　ここまで述べてくると，子どもたちの遊びを即興的な振る舞いとしてのみ捉えることができないことがわかる。それでは，このルールとかストーリーとか称されるものはどこに，どのような形で存在し，どのような働きをしているのだろうか？

　「これは遊びである」というフレーズは人類学者のベイトソン（1954）が使ったことで知られている（「遊びと空想の理論」『精神の生態学』所収）。要するに，いま行っていることは「遊びとして行っているのだ」を宣言し，それを共有していなければ遊びは成立しないということだが，それでは子どもたちはいちいちこの宣言をしているのかというと，そんなことはない。実際に遊んでいること，行為することでそれはお互いが了解されるからである。もちろん，ベイトソンも言葉で宣言しなければならないなどと言っているのではなく，行為の中で言葉で宣言したことと同じことが起きている。大事なことは，「これは遊びだ」といういわばルールやストーリーは当事者の行為の中からしか生まれてこないという実に当たり前のことを確認しておく必要があるということである。

　私がすでに別のところ（佐藤，1999）で述べたことだが，遊びのルールやストーリーを個人の心的世界や個人の内部に置くことも，また当事者の行為とは関係なくそれらと切り離された形で存在すると考えるのも間違いである。これらのルールやストーリーは行為の中で，行為を通してつくられ，実現していくと同時に，この行為を支え，方向づけていくものとして機能してもいる。行為とルール・ストーリーは循環的に動いている。行為もルール・ストーリーもそれぞれの世界で閉じられることなく，開かれている。だから

先の「子どもの遊びは即興か」というと，半分は即興でありながら，半分は即興ではないということになる。

　子どもの遊びのようにどんな内容のものをつくりあげても構わない比較的自由度のあるものと違って，ルールやストーリーの内容が比較的固定されていて，社会的な意味づけ方も安定しているようなもの，たとえば，野球のルールなどがあるが，これらのルールの意味を了解するときにも実際に行為する，やってみるという活動が不可欠である。これらのルールを実感として知るためには単にルールブックを読むだけでは不十分である。そこには実践的行為というものが介在しなければならない。このことを丸山高司（1993）は野球を例にして次のように述べている。野球にはルールがあってこれを守らないと野球は成立しない。それではルールを知っていれば野球ができるかというとそれは全く別の話である。ルールブックに記載されている普遍的な規則には書ききれない様々なプレーの仕方，技法，その他あげればきりがない「コツ」や「秘訣」，チーム特有の試合運びが存在する。このような個別・具体的な内容を行為によって実現することによってはじめて野球という普遍性は形を表すことができる。そこでは野球の実行に関する普遍的なルールがあることと，それを具体化する実践性の二つが必要で，どちらが欠けていても具体的な野球という現象は生まれない。法と判決の対象になる事例との間の関係も同じようなものである。法律の条文は一般的なものであり，判決の対象である事例は個別的である。法には個別具体の判例は書かれていない。あくまでも一般的な記述である。この一般的な法を適用し，具体化されたものが個々の判決であり，判例である。個々の判決の事例が一般的な法律の内容とその意味に内実を与えてくる。「判決は，決して法の機械的な適用なのではなく，つねに生産的である」(p.21) ということになる。

　以下はメルロ゠ポンティの有名な言葉である。「意識とは，原初的には〈われ惟う〉ではなくて〈われ能う〉である」（『知覚の現象学・1』邦訳，p.232）。「知っている」というのは，「行為することができること」ということである（熊野，2005，p.62）。幼児の遊びの中のルールも共同的な行為の仕

方としてあり，共同的な行為連関の形で表れるものである。そして，このような行為による相互連関を土台にして，言葉による意味づけや相互了解をしていくことでルール・規則，ストーリーも相互了解され，共有されていく。だからヴィゴツキーも，子どもは「思考によって，語の背後にモノを見ており」（『子どもの心理発達における遊びとその役割』邦訳, p.22），「語はモノの一部である」（同上, p.23）と言っている。

2．行為が生みだす習慣

　子どもたちが共同で遊びをするためには，遊びのメンバーの間で具体的な行動の取り方が了解されていなければならない。あるいはどんな遊びをして楽しむのかということもおおよその取り決めがなければ遊びは途中で止まってしまう。共同遊びの活動の中に遊びの役割分担についての合意や遊びのストーリーが存在しなければならない。とくに，遊びの中で子どもたちが何の役になるかは事前に決めておかなければならず，そのための役割分担の調整はしばしば難航する。多くの子どもは家族ごっこでもお母さんや，お父さんの役をやりたがる。あるいは一番上のお兄さんやお姉さんにこだわる。そのために，誰がどの役をするかで折り合いがつかず，遊びに与えられた時間の相当部分をこの調整に費やしてしまうことはよく見かけることである。それでは，このような役割分担のもとでどのようなストーリーとして遊びが展開されるのだろうか。その細かな内容は事前に決まっているのではなく，彼らの共同的な活動の中で形作られていくものである。したがって少なくとも遊びの実際の内容やストーリーは静的な形で事前に存在していない。あくまでも遊びの内容やストーリーは行為する者同士が相互に行為していく中で具体化されていくものである。遊びの内容構成やストーリーは行為を一定程度方向づけていくと同時に，これらの内容を具体化していくのは実践的な行為によってである。その意味でこの二つは相互規定的な関係になっている。
　このような両者の間で起きている動的な動きを説明するために，メルロ＝

ポンティが言う「習慣」の概念，とくに「習慣的身体」に注目してみたい。はじめに遊びの具体的な事例をみていく。ここでみる二つの遊びは同じように大型積み木で家造りをしている遊びで，同じ日に，近くの場所で同時にみられたものである。

事例2-1-4「家造り」

　　年少児のアキコは大型積み木を積みあげて家を造りだす（図2-1-5）。その隣で同じ年少児のコウタも積み木で別の家を造りはじめる。アキコは積み木の上におもちゃの鍋や食器を並べたり，人形を置く，あるいは化粧箱を置いたりするが積み木で家を造ることそのものが遊びであり，積み木遊びということもできる。アキコはその様子に眼をやるが，お互いが声を交わすことなく，別々のものを造る。コウタは家造りをやめて別の場所で遊びを始める。アキコも途中で別の遊びをしているところに加わるが，家造りに戻る。そこにレイコが加わり，一緒に家を造る。しばらくしてこの遊びは終わる。

　　この年少児たちの積み木を使った家造りは，家を造ることそれ自体が活動の目的であり，また隣で造っている者同士は別々のものを造っているの

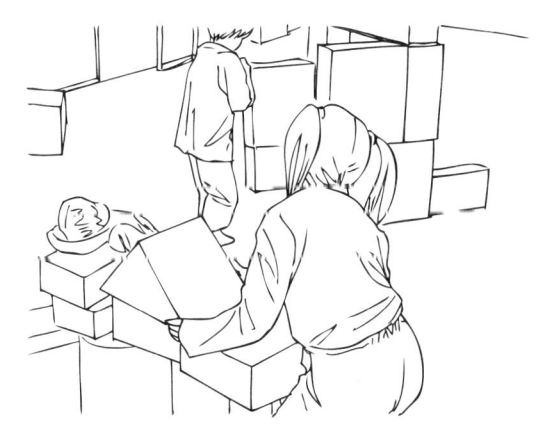

図2-1-5
年少児の家造り

で，かかわりをもつこともないし，またその必要もない。また，アキコの方に加わったレイコもアキコとは何の言葉を交わすことなく積み木を並べる。

　一方，別の遊びをしていた年長児のタツオ，エリ，イクミ，モエは年少児のコウタが造ったままにしていた家に手を加えて，家を造りだす（図2-1-6，左）。年長児たちもどのような遊びをするか，お互いに言い合うこともないが，イクミが「ここはテーブルにして」と言っているように，共通の目的をもって，家を造っていることが推測される。そして実際に，彼らはこの積み木で造った家の中にかごやお皿を置き，おもちゃの果物などをそこに並べはじめる。彼らは積み木の置き方などについても話をしながら積み木を並べている（図2-1-6，右）。家の傍には電話機を置き，家の後ろにはベビーカーを並べ，人形も置いて，お店屋さんの遊びのために家を造っていたことがわかる。品物を置くお皿の数も一緒に確認し，「これでオーケーです」と言い，一緒にお店屋さんのための家造りの活動を展開している。ここで彼らはしばらくお店屋さんごっこをする。そのうち，子どもが急に熱をだして病院に救急車で運ぶことになり，別な場所で病院ごっこを始める。

　年長児たちは明らかに積み木を造ることの目的を明確にもっていた。もち

図2-1-6　年長児の家造り

ろん，それは言語化されていない。結果的にはお店屋さんのための家なのであるが，そのことは彼らからは言葉としては出てこない。イクミが「ここはテーブルにして」と言っているだけであるが，この言葉の意味は相互に了解されていて，お店屋さんという目的は共有されていた。そしてお店屋さんのための小物であるかごや，お皿，そこに品物を盛るという共通の活動がされていた。ここにはストーリーが生まれている。そしてこのお店屋さんごっこという遊びに向かって一連の行為が結びつき，また彼らの行為も共同して行われていた。

　それでは，年少児と年長児たちが行った二つの「家造り」とその活動の違いはどこからくるのだろうか？　二つの「家造り」の活動は，共同で活動が行われていたかどうかで両者は異なる。年少児の場合は一部二人で行われていた部分もあるが，二人の間の行為のつながりは希薄であるし，大部分は一人で積み木を積みあげている。ここからは遊びのストーリーは生まれない。あるいは共同的な行為からストーリーは生まれるというべきだろう。これに対して，年長児たちの場合は一連の活動から一つのストーリーが生まれている。

　年長児たちのこの遊びの中で展開された行為連関はどこから生まれているのだろうか？　活動を開始した時点で共有するための言語的やりとりはない。しかし，そばに年少児の男児が残していった積み木の家があった。ここから彼らの家造りとそれにつづくお店屋さんごっこが始まっている。この造りかけの家をお店屋さんとして造り，お店屋さんごっこで遊べるという遊びのテーマやストーリーの相互了解である。そこでは言葉ではなく彼らの遊びの経験からくる行動の習慣がある。

　心理学ではいくどかの経験によって身につけていくことを学習とよび，その学習されたものは規則や知識の形で存在すると考える。似たような場面に出くわしたときにわれわれはこの経験のいわば上澄みとして記憶されている知識や概念を当てはめて新しい場面に対処している。このように説明されてきた。

これに対してメルロ゠ポンティは，われわれが経験したことは，知識や概念というものではなく身体の中に残されているとして，従来の説明に異を唱える。彼は『知覚の現象学』の中で，われわれが経験したことは身体レベルでの「習慣」となって存在していると言う。これが「習慣的身体」の概念である。もちろん，われわれはその場その場で経験したことをバラバラな形で残しておくことはしない。その意味では経験は構造化されている。この構造化をメルロ゠ポンティは身体的経験が習慣化されていくことに求める。彼が「習慣」の説明としてしばしば用いているのがオルガン奏者の例である。オルガン奏者は自分の楽器とは別のものを使わなければならないときでも，弾き試しをしてペダルや椅子の高さなど新しい楽器に自分の身体を合わせ，馴染んでいくことができる。身体を楽器の中に収めていくというのである。このオルガン奏者は古い使い慣れた楽器と新しい楽器とを容易に結びつけていくことができるのだが，それは別の言い方をするならば，二つの楽器を弾くことの間の構造的な連続性を身体レベルで知ることができるからである。ヴァルデンフェルス（2000）はこのことを「構造への身体移入」という巧みな言葉で表現している。このような新しいモノや場面に遭遇しても対処できるのは身体レベルで習慣化されているからである。そうなると現在的行為というのは未来の行為を支えるものであり，現在的行為は次の未来の行為へと流れていくことになる。それを可能にしているのは単なる表象やイメージ，知識ではない。構造を身体レベルで知ることである。
　私たちは自分がいつも運転しているクルマの車幅やボディの長さを身体に染み込ませている。鷲田（2008）は「身体がクルマのボディの端まで伸びている」という表現でこのことを言っているが，身体とクルマが一体になった感覚をわれわれはもっている。これは知識ではない。メルロ゠ポンティ（1945）が「習慣的身体」を説明するための例として使っているのに「幻影肢」がある。事故で四肢の一部が欠損してしまった人がしばらくの間，足裏や手の痒さに悩むという。すでに痒みを感じる足や手が失われているのに。いままで四肢があったときの身体図式が残っているからである。だから足や

手を失ったことをまさに身体レベルで納得し，新しい身体図式をつくり直していくためには相当の時間が必要なのである。新しい身体に馴染むための時間ということである。これはもはや認識では説明できない。

大リーグで活躍するイチローがこんなことを言っていた（NHK・TV，プロフェッショナル・仕事の流儀，イチロースペシャル，2008年1月放送）。他人の使っているバットを自分は絶対に握らない。握ってしまうといつも使っているバットを握った感覚がおかしくなるからだと。先の鷲田がクルマの例で言っていた自分の身体がクルマの端まで伸びているというあの感覚よりももっと鋭敏な自分の手の感覚がバットの先にまで達している。手はバットの先端まで伸びてしまっている。

習慣の獲得は，たしかに一つの意味の把握である。そして，それは意味の運動的な把握である。だから習慣は思惟の中や客観的な身体の中にも宿るのではなく，世界の媒体としての身体の中に宿っている。私たちは日常生活の中でモノがどこにあり，どのような配置になっているのかを自分の身体運動とのかかわりで捉え，これらの環境とそこに自分が身を置いていることを一つのセットとして「身体図式」の形で獲得している。これがわれわれの習慣というものの内実である。「身体図式は単に私の身体の経験ではなくてさらに世界のなかでの私の身体の経験でもある」（『知覚の現象学・1』邦訳，p.238)。

そしてこの「身体図式」は世界とのかかわりの中での身体を通した経験であるからたえず修正と更新が行われる。だからメルロ＝ポンティ（1945）は「習慣の獲得とは身体図式の組み替えであり更新である」（同上，邦訳，p.239) とも言う。習慣とはけっして知的な認識ではなく，身体の中に創られた知である。

幼児の遊びの世界に戻ろう。なぜ遊びを考えるうえでメルロ＝ポンティの言う「習慣」や「習慣的身体」の考えが必要なのだろうか。それは遊びを行為としてみなければならないからである。三木清（1940）は『哲学入門』の58ページ以降で以下のようなことを述べている。行為は運動である。しか

しそれは水が流れるとか風が吹くとかいう運動と同じに考えることはできない。それらの運動は客観的に捉えうるものであるが，行為は，それを客観的にみてしまうと，行為の意味がなくなってしまう。行為は単に客観的なことだけでは捉えることができない主体的な意味をもっている。行為の対象となる客体は，その形，性質はすでにつくりあげられたものとして目の前に存在している。つまり，客体は常に「すでに」そこにあるという「過去性」の性格をいつももっている。この客体に向かって何かを行う，つまり行為として働きかけると。

このすでにあるものも現在という時間の中で意味をもつようになる。あるいは行為の営みではいまだ起きていない想像の世界を具体的な現在の行為によってつくりあげるという意味で未来を現在の世界と結びつける。行為の中で言われる現在というのはけっして物理的な時間としての現在という意味ではなく，過去も未来も含んだ現在という意味のものである。だから三木は言う。「行為はつねに現在から，普通にいう現在とは秩序を異にする現在から起こるのである。…行為は過去を未来をも現在に媒介する。そこに行為の歴史性があるのであって，我々のすべての行為は歴史的である」（『哲学入門』，p.59)。

子どもの遊びの世界では，いつも客体のもつ過去性を現在の時間，つまり現在的行為の中でつくり直しを行い，新しい意味をもったものとして登場させる。昨日遊んだ家の一部として使われた積み木は今日は自動車として登場する。この遊具が比較的時間的に安定した意味を帯びたものとなることもある。遊具が遊び全体のストーリーの中に位置づき，このストーリーが遊びとして繰り返されていくときには遊びの中で使われる遊具の一つひとつはストーリーを形作っていくものとして意味の安定性をもつようになる。この反復された遊びは短い時間ではあるが，遊びを共有している者の間では一種の「習慣」となってくる。この習慣がより長い時間の中で安定して存在するとそれは「歴史」となる。

経験の共有の重要性について大森荘蔵が『流れとよどみ』(1981) の中で

述べていることにふれてみたい。彼は以下のような喩えから話を始める。人間そっくりのロボット（アンドロイド）が出現したとしよう。身体運動も可能で，感覚・知覚もできる。また心ももっている。だから修理工がこのロボットを修理するときには特殊な麻酔をかける。ある時，このロボットが歯科医で治療を受けているとき，このロボットに対して人間が「本当に痛いのか？」と尋ねたとすると，このロボットは「間抜けなことを言うな，痛いったら痛いんだ」と答えるに違いない。なぜなら，人間の場合は自分の家族が歯医者でまさに治療を受けている最中に「本当に痛いのか？」と疑ってしまうようなことはけっしてしないからである。私たちはどうしてロボットと人間とを区別することができるのだろうか？　さらにこのロボットを他人に置き換えたらどうなるだろうか。本当に他人の痛みと自分の痛みは同じだと感じているのだろうか？　痛みは了解できるのだろうか？

　実はこの問題は自己―他者問題，あるいは他我問題といわれているものである。大森は，全く同じ痛みとして他人のそれを受け止めることはできないという他者理解の限界がありながらも，私たちは「彼は痛がっている」と感じることができる。

　先のロボットの例に戻ると，私たちがどうしてもこのロボットを人間として受け止めることができないのは，この他者の了解の根源にある自分自身の意識をつくりだしてきた歴史＝時間の経過に違いがあると感じるからである。つまり，他人を理解するために他人に自己を投入するが，そのときに私たちが前提にするのは，私とあの人とは同じ世界に生きているということ，そして同じ世界の中で類似の経験をしてきたという時間の経過をもってきたということである。もちろん，ときどき，この推測が外れてしまうこともある。だが，多くの場合は自分と他人とは同じ世界に生きており，類似の経験とそれに対して同じ感じ方，感情をもっているという確信をもっている。これがあるから自己と他者という主観的世界に生きている者同士の理解，間主観性（相互主観性）が成立するのである。この間主観性や相互主観性を成り立たせている根源を問いつづけたメルロ＝ポンティが人間精神の根源にある

身体的経験，あるいはこの節で使っている習慣的身体があるから私たちは相互了解し，経験と意味の共有が可能になっている。

　もう一度大森の言っていることに戻って彼が結論として述べていることを確認しておこう。目の前にいるロボットと自分とが同じ痛みを共有しているとお互いに同じ想像ができたとき，そこでは「彼になり変わった想像上の私が，彼を眺めている私と苦しそうな彼との間を飛び交っている」(p.71) のである。この想像上の私が私と彼とを「人間仲間」として結びつけることになり，もはや彼をロボットとは見なさなくなる。この想像上の飛び交いがお互いを同じ人間として認める出発点にあるもので，それは長い間同じ経験を共有してきたことに支えられているのである。そしてこの経験の共有は同じ痛みや感情の共有をつくりだす身体レベルでの共有，間身体性によって生みだされてくるのである。

　「習慣的身体」は「現勢的身体」(『知覚の現象学・1』邦訳，p.148) のいわば時間的沈殿として生まれたものである。「現勢的身体」はまさに今，自分たちの身のまわりのものとかかわりながら起きていることを身体の中で運動の図式として把握したものである。そうなると，この「現勢的身体」とその時間的連続として生じている「習慣的身体」は状況という活動の場と，そこでのかかわりを含んだものでもある。身体にしても運動にしても，ある具体的な場，これらを取り囲んでいる空間，そしてそこに置かれているモノとのかかわりと，そこでの時間的流れの中で起きていることである。ヴァルデンフェルス (2000) が言うようにモノや状況，空間に「馴染んでいく中で世界が獲得される」(同上，邦訳，p.194) ことが習慣であり，学習である。この「馴染んでいく」という過程の中でどのように行為が生まれ，また行為がどのような状況と場をつくりだしていくのかその相互連関の過程を明らかにしていかなければならない。これが次の節の問題である。

§3 意味空間と子どもの遊び

　この節では，子どもの遊びの活動，そして彼らの活動を支えている遊び道具といったモノが存在する場である遊びの空間に注目してみる。この空間と彼らの遊びの中で見られた行為，そして行為―モノとの間にはどのような相互連関，あるいは相互規定が生じているかを具体的な子どもたちの遊びの展開過程をもとにしながら考えてみよう。

　ここでは，空間を次のように考える。空間は，人々が相互行為する中で意味や活動を共有する場であり，また相互行為はモノを間に挟んで行われるという意味では相互行為とモノ，あるいはモノとモノとの関係がつくられていく場のことである。したがって，この空間というのは人と人との関係が展開されているという意味では社会的空間であり，人と人との相互的かかわりによって意味が生みだされているということでは意味空間でもある。関係によって生みだされた意味，つまり行為という時間の流れが生みだしたものが存在している場，それがここで問題にしたい空間である。そうなると，空間の実体は時間の経過の中でたえず変動をしているものとして捉えるべきである。空間をそこにいる人間の行為と切り離して物理的な存在としてみることなどできないのである。

　以上のことをメルロ＝ポンティの言葉で確認しておこう。彼は『知覚の現象学』で次のように指摘している。「われわれの身体が空間にあるとか，時間のなかにあるとかと，表現してはならない。われわれの身体は，空間や時間に住み込むのである」（『知覚の現象学・1』邦訳，p.235）。この前半の文章と後半の文章の違いはこれだけではわかりにくい。彼が言いたいのはこういうことである。前半の文章にあるような捉え方は，われわれは空間と時間に一方的に統制されてしまったり，逆に空間と時間を自分の生活とは離れた思惟の対象にしてしまっているという考えである。メルロ＝ポンティはそうで

はなくて，われわれの空間の中での身の置き方や空間とのかかわり方というのは，実際は後者のようなものである。われわれの行為と身体そのものは空間と時間に属しており，この空間と時間に貼りつき，また同時に身体はこの空間と時間とを包摂してもいる。われわれの行為と空間とは切り離すことはできない。あのハイデガー（1927）も『存在と時間』の中で空間や空間に置かれているモノ＝道具の類を空間と切り離してしまって対象として単独に見てしまってはならないと繰り返し述べていた。

1. 空間の中の子どもの遊び

ここでは，空間の設定が不十分なために子どもたちの「病院ごっこ」の遊びがうまく発展していかなかった二つの事例を取りあげる。

事例2-1-5「鉄棒の枠を利用した病院作りと病院ごっこ」

　　　年長児のエリ，イクミ，モエの3人の女児と男児のタクが室内の保育ホールの片隅にある鉄棒のそばに集まり，病院ごっこをしようと言いだし，看護婦さんや患者さんなどが誰になるか相談する。モエとイクミが病院の看板作りを始め，画用紙に診察時間などを書き，それを鉄棒の横棒に貼り付ける（図2-1-7）。

図2-1-7　鉄棒に病院の「看板」を貼り，病院に見立てる

子どもたちはここが病院であることを宣言するが，自分たちも，この遊びに加わっていない子どもたちも画用紙が貼っていない部分の鉄棒で遊んでしまう（図2-1-8）。このような空間づくりでは子どもたちの遊びを方向づけたり，さらにはこの場所そのものが病院であることを可視化するものになっていない。そのために，この遊びに参加している者にとっても，さらにこの遊びに加わっていない子どもたちもここで何が行われているのか鉄棒とその置かれた場所の意味づけが弱くなってしまっている。

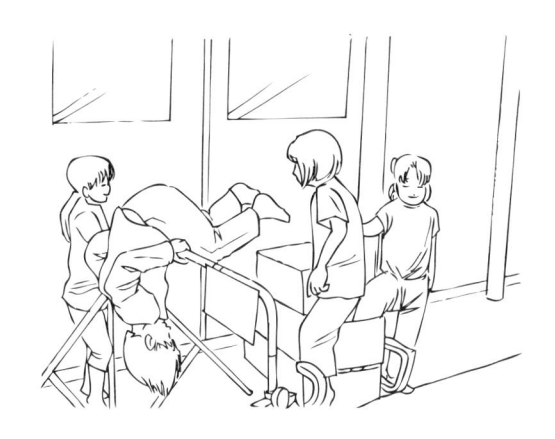

図2-1-8
病院の「看板」が貼られたそばで鉄棒遊びをする子どもたち

このようなことでもう一台のそばにあった鉄棒も病院の場所に使おうというが，この遊びに参加していない子どもたちは「この鉄棒には病院という看板がない」と言いだして，「鉄棒で遊びたい」と言う要求と衝突してしまう（次頁図2-1-9）。「病院ごっこ」をしている子どもたちにとってはこの鉄棒が置かれている場所も「病院だ」と主張するが，折り合いがつかず，結局遊びはこれ以上発展することなく終わってしまう。

この「病院ごっこ」では，看板代わりの画用紙を用意して場所を設定しただけで，空間の設定の仕方が弱いために子どもたち自身の活動も具体化できないままになっている。見えない空間では空間の意味を共有することが難しくなっている。彼らの遊びの活動を具体化するようなモノも用意されなかっ

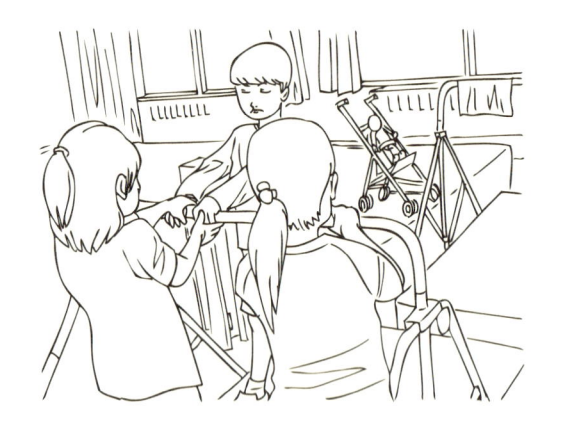

図 2-1-9
鉄棒の使い方をめぐって言い争いをする子どもたち

た。彼らが用意したのは空間を宣言した紙の「看板」だけであった。

次にみる遊びは，この遊びとは逆に空間の設定がなくて，遊びの道具だけを用意し，並べた場合である。ここではモノとかかわっている行為が大きな遊びのストーリーづくりへと発展しないで，薬を渡して遊ぶという活動に限定されてしまっている。

事例2-1-6「『病院ごっこ』のためのモノづくり」

　　年少児たちが跳び箱を重ねて作った台の上に薬の瓶や薬の袋を並べて「病院ごっこ」を始める（図2-1-10）。ここでは患者さんに薬を渡すという遊びに限定されている。本格的な「病院ごっこ」へ発展していくのは，別の日に年長児たちも加わって大型積み木で病院の空間をつくり，その一部にこの薬売り場が加わるようになってからである。

たしかに，「病院ごっこ」の遊びのためには「薬」という遊び道具も必要だが，「病院ごっこ」として遊びのストーリーが発展していくようになるためには，お医者さんや看護婦さんや患者さんが活動できる空間がつくられていく必要がある。この事例からは「モノ」はそれらが置かれるべき空間に配置されて意味空間が立ちあがり，遊びのストーリーを構成していく働きをするようになることが示されている。遊び道具はそれ単独では遊びのストーリ

図2-1-10 薬屋さん

ーを立ちあげていかない。
　その後，年長児たちが中心になって保育室のホールで，大きな病院の空間をつくり，そこに診察室や受付などを配置していったが，この一部に先ほどの薬屋さんのスペースも入れられ，「病院ごっこ」という大きなストーリーの中にこれらの道具も位置づけられ，活動が展開していくことになる（図2-1-11）。このときには，先の薬屋さんの場合は単に患者さんに薬を渡して遊ぶという活動だけであったものが，病院で診察を終えた人に薬を渡すという一連の活動がその病院ごっこの遊びに日常の世界と類似したようなリアリテ

図2-1-11
病院の中の薬局

ィを与える役割を果たしている。そしてこの病院の中に置かれた薬局というスペースはこの場所に立った子どもに対して全体の「病院ごっこ」の中でどのような役として行動すべきかその行為展開を方向づける働きをしている。診察の前に薬を与えてはいけないし，薬屋さんになった子どもは患者としてもまた，看護婦さんやお医者さんとしても振る舞ってはいけないのである。そのことをこの意味空間はその場に身を置いた者に示すことになる。

2. 子どもの空間づくりと遊びのストーリー

この「病院ごっこ」は空間があれば遊びのストーリーが立ちあがってくるというわけではない。道具も必要である。たとえば，「病院ごっこ」が始まるときに，年長の女児たちは，色画用紙で診察券を作ったり，病院の受付で使う箱を用意したりする（図2-1-12）。これらのモノは「病院ごっこ」が展開される空間の中に置かれることによって子どもたちの活動を支えることになる。モノにはそれが置かれるべき場所と空間がある。

メルロ＝ポンティ（1945）は『知覚の現象学』で空間を論じた中で，次のような指摘をしている。「空間とは，そのなかに諸事物が配置されるところの（現実のもしくは論理的な）環境ではなく，それによって諸事物の位置づけ

図2-1-12
病院ごっこ，診察券作り

が可能になるところの手段なのである」(『知覚の現象学・2』邦訳，p.60)。モノは空間によってそれぞれが意味的に関連づけられたものになっていく。この空間をつくりだしているのはわれわれの行為であり，子どもたちが遊びの中でストーリーとして展開している一連の活動である。

　子どもたちは「病院ごっこ」の中でどのように空間を構成し，またその空間とモノとをどのように関連づけていったのか，その過程を具体的にみていくことにしよう。なお，以下で述べる事例の収集は長橋聡によるものである(長橋聡「幼児のごっこ遊びにおける意味空間の構成に関する研究」，北海道大学大学院教育学研究科平成19年度修士論文)。

　多数の子どもたちが参加し，約一か月間にわたって続いたこの「病院ごっこ」が本格化していくのは，病院という空間がつくられてからである。子どもたちは保育室のホールに大型積み木で空間を仕切り (図1-2-13)，その中に椅子やテーブルを持ち込み，受付，診察室，待合い室，手術台などを作っていく。受付や薬を渡す所に診察券や薬を置くことで，ここが受付や薬を渡す場所として具体的に意味づけられてくる。ここから，モノと空間とは相互に規定し合いながら意味空間をつくりだしていることがわかる。モノは人の実践的行為によって他のモノと関連づけられ，一つの意味空間をつくりだしている。

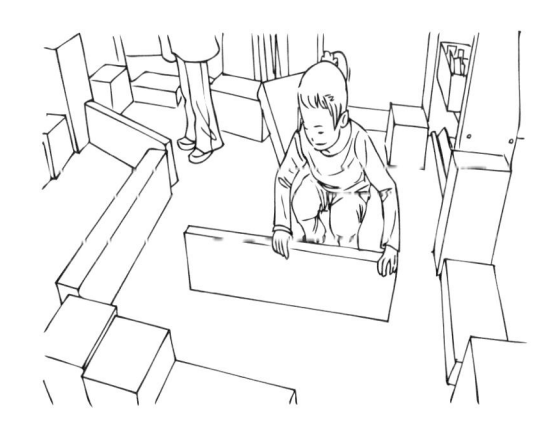

図2-1-13　「病院ごっこ」空間づくり

モノの配置や空間の仕切りが意味空間を立ちあげるのに一役買っているのが「貼り紙」である。子どもたちは受付や薬を渡す場所にこれらを書いた貼り紙を貼って，文字によって直接場所の意味を特定化していく（図2-1-14）。この貼り紙によって意味空間は明示化され，遊び仲間の間で共有化されていくことになる。子どもたちは行為だけでなく，自分たちがつくった空間の意味を安定化させ，意味を共有していく方法として文字によって場所の意味を特定化することができることを自覚している。先の事例2-1-5でみた「貼り紙」と違う点は，「貼り紙」で示された遊びの空間が実際につくられていて，空間そのものと「貼り紙」で示しているモノとが一体となって存在しているところである。

図2-1-14
「病院ごっこ」貼り紙

「病院ごっこ」の中で空間とそこに置かれる椅子やモノがそれぞれの場所の意味を具体化し，その場所では取るべき遊びの役割とその内容も特定化されていく。保育者が患者として加わった遊びでは，次のような手順で遊びが展開されていた（図2-1-15）。

保育者A：受付どこですか？
窓口の外にいたスズカ（①）が案内をして，「ここの前で…」と説明。
受付役のマリエ（②）とトモコ（③）が診察券にスタンプを押す。
病院の中に移動したミナミ（④）は保育者Aを待合い室の椅子に座らせ，

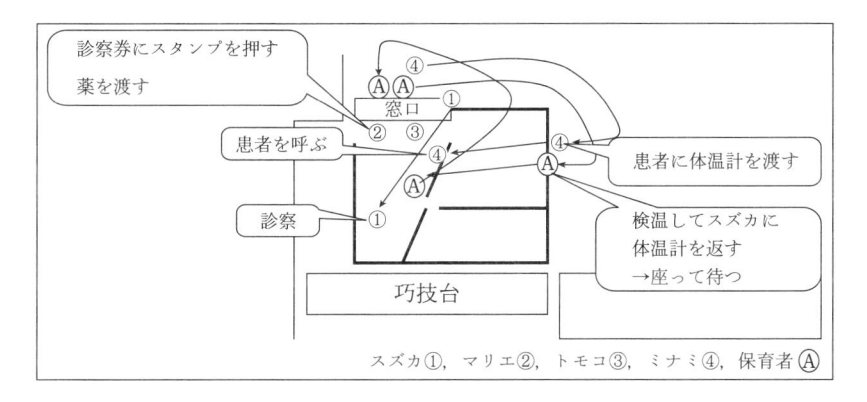

図 2-1-15 「病院ごっこ」行動の流れ（1）（長橋, 2008）

体温計を渡して検温。
　ミナミが患者（保育者A）の名前を呼んで診察室に行くように指示。
　診察室に移動したスズカ：患者の名前を確認して，診察を開始。聴診器を使って診察。
　窓口のマリエとトモコは診察を終えた患者（保育者A）に薬を渡す。
　さらに数日後の遊びでは，長椅子が診察室の隣に置かれ，手術室になって，ここでは診察を終えた患者に手術をするといったことも行われた（次頁図2-1-16）。
　コウイチが患者としてやってきて，スズカとアキの二人が診察をする。
　スズカ：入院が必要ですね。コウイチを長椅子の診察台に寝かせる（入院の意味）。
　コウイチはその後，手術を受けて退院。

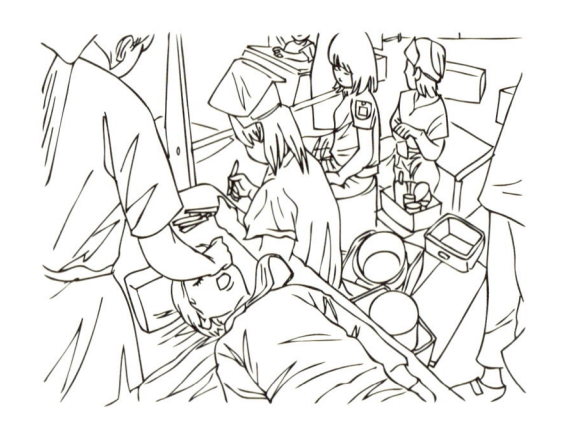

図2-1-16
「病院ごっこ」手術台

　別の日からは診察室には人間の骨格標本の絵が貼られて，レントゲン室も用意される。これは保育者が骨格標本の絵をコピーしたものを作って子どもたちに渡したものであるが，子どもたちはこれを診察室の壁に貼って，診察の前後に患者のレントゲンを撮ることも加えていく（図2-1-17）。

図2-1-17
「病院ごっこ」レントゲンの絵

　病院ごっこの空間は少しずつ手が加えられていくが，この「病院ごっこ」の空間構成は安定した形で続き，この空間の中での子どもたちの動き方やそれぞれの場所での役割と行為の取り方も安定したものになっている。この「病院ごっこ」の遊びはおよそ1か月ほど続いた。この「病院ごっこ」の一

連の遊びを通して，遊びの空間づくりと，モノの配置とその使われ方，そして子どもたちの行為展開と遊びのストーリーづくりとはそれぞれが相互に規定し合いながら進んでいることがわかる。

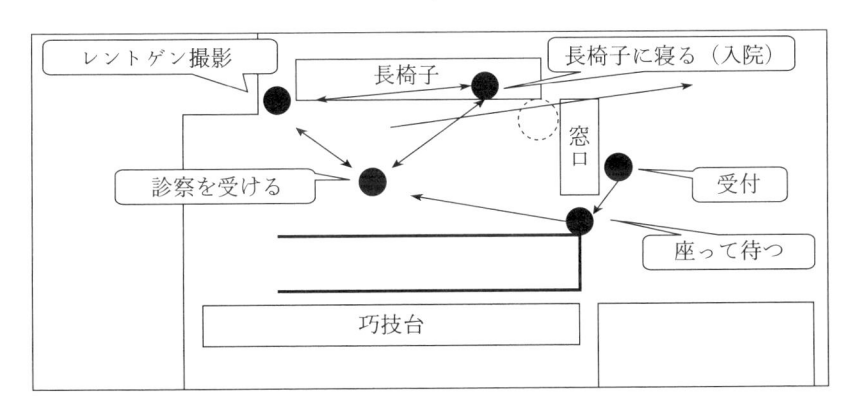

図 2-1-18　「病院ごっこ」行動の流れ（2）（長橋，2008）

　セルトー（1980）は『日常的実践のポィエティーク』の中で，場所と空間とを区別して，以下のようなことを述べている。場所は，もろもろの要素が並列的に配置されている秩序のことである。そしてここでは置かれるべきモノが適正に置かれていること，それが安定して秩序立って置かれていることが重視されている。これに対して，空間は，時間という変数を取り入れたもので，そこで繰り広げられる運動によって活気づけられるものである。だから場所のような安定性が空間にはない。いわば空間とは実践された場所のことであり，場所を時間という変化する次元で捉えたものが空間ということになる。セルトーは場所と空間の違いを都市の例を使ってわかりやすく説明している。「都市計画によって幾何学的にできあがった都市は，そこを歩く者たちによって空間に転換させられてしまう」（邦訳，p.243）。

　後のところで詳しくみることになるが，メルロ゠ポンティも『知覚の現象学』の空間を論じているところで，空間をその中に生きている者が展開する

行為の場としてみる視点を提示して，人間学的空間＝「生きられる空間」という言葉で人間独自の空間の意味を論じている。

　ここで問題にしている子どもの遊び空間もまさに子どもたちの行為によって変化をみせながらコトが起きている空間である。そして，セルトーが空間という言葉に込めているものには物語の生成する場，もっと正確に言えば空間の実践というものがある。空間として立ち現れているのが物語，ストーリーだということである。

　セルトーは，空間は物語を形作っている，あるいは空間は物語でもあると言う。なぜなら，空間は人間の行為によってつくられるものであり，この行為するということは物語なのであるから。実践によって空間は生まれてくる。ここで言う空間は意味空間というやや広い概念を含めて考えるべきである。子どもたちも遊びの中で遊びのストーリーをつくり，それは空間をつくる行為としても表れている。そこでつくられた空間は彼らにとって一つの意味をもった空間である。

　セルトーは空間を心理学者のミラーとジョンソン＝レアードが提示している「界」（region）の概念で言い表すこともできると言う。この「界」あるいは「リージョン」は，いろいろな行為のプログラムが出会うことによって生じる圏域であり，「界」はまさに相互作用によって創造される空間のことである。そうなると一つの同一の場所においても相互作用する数だけ「界」が存在することになる（同上，p.257）。

　人間にとっての場というのは明らかに抽象的な安定した地図のようなものではなく，そこに身を置き，動き回る場としての空間である。そして行為によってこの場を意味づけしていく。私たちは実践という形で空間を動き回っている。人類学者のルロワ＝グーランは彼の代表作『身ぶりと言葉』（1964-65）の中で，生物によって空間が放射空間か巡回空間のどちらなのかを区別することができると言う。

　鳥に代表されるように上から外を眺め，放射状に広がっていく視線で知覚して空間を捉えるものに対して，地上動物のように空間を足で動き回り，自

分の身体的活動を通して空間を捉えていくものがある。人間はまさにこの巡回空間として生きている。そしてこのルロワ＝グーランの指摘を受けて，中村雄二郎（1989）は，人間は自分の活動する空間として，「自己の活動という刻印を帯びた空間を自己のまわりにつくり出している」(p.142) と述べている。

　名作『トムは真夜中の庭で』の作者ピアス (1958) がこの作品が生まれた舞台裏を，彼女自身が作者あとがきの中で語っている部分がある。この作品の舞台はすべて自分が生まれ育った土地と学生時代を送ったケンブリッジの町という具体的なものを使っているというのである。ピアスは次のようなことを述べている。『トムは真夜中の庭で』の中に，私は父と祖父が建てた家と庭園のこと，そしてこれよりももっと多くのことをみなぶちこんだ，ほとんどすべての描写は，細部にいたるまでみな，じっさいのままだし，正確である。この作品にでてくるカースルフォドも現実のケンブリッジの町のことであった（邦訳，p.301）。類似のことは日本の作家・松本清張が生んだ名作の舞台も実在の土地をもとにしているものが多い。たとえば，『ある小倉日記伝』の舞台も現実の小倉地区の地図を破って空白地帯をいくぶん作ってそこを作品の舞台にしたものであるし，登場人物も森鷗外などの実在の人間がモデルとして使われている。彼の作品で使われている場所は，むしろ空間とよぶべきであるが，読む者にはきわめてリアリティを与えるし，松本清張自身にとってもかつてこの地に暮らしたことのある者ならではのリアルなイメージを描くことが可能になっている。このことが名作というものを生んでいる。このように，作家が小説の舞台として使う土地，そこに置かれている建物は作者の想像性と創造性を支える重要な空間とモノになっている。これと同じように子どもの遊びを支えているものが子どもたちがつくりあげている遊び空間であり，そこに置かれたモノである。

3. 空間を「仕切る」

　子どもたちは遊びの中で空間をつくりだしていくときに，しばしばモノで空間を区切っている。よく使われるのは大型の積み木や，跳び箱，さらには遊び道具として用意されているカーテンが付いた仕切り板などである。子どもたちにとっては遊びの中でつくられた空間は意味空間であるが，同時にそれをつくりだしていくのは視覚的にも一つの「囲い」や「仕切り」を表しているモノや構造である。

　多木浩二（2000）は『生きられた家―経験と象徴―』の中で，先のセルトーと同じように行為が展開する場，行為によってつくりだされていく空間を考える。彼はこの空間のことを「生きられた家」とよんだ。彼は次のように言う。「生きられた家で問題にしているのは，そこに住む主体の経験に同化され，主体を同化した織物である。…『家』はわれわれが必ずしも意識的な言述としては描き切れないものを，それ自体としてよみがえらせるメタファーであり，『空間』と『時間』にわたるテキストとして構成されるものである。生きられた家を眺めていると，その中心に『出来事』（人間の行為）が浮かびあがり，たえずあらわれては消える『物』の振舞がこの出来事と関係をもち，しかもそれらのための『場（トポス）』だけが連鎖をなして見えてくる。これらは生きられた家なるテキストを構成する織り目である。もはやことばの意味ではなく，この動く織り目のひとつひとつ，空間的な関係がそれぞれ語り口をなして私のなかによみがえってくる」（pp.32-33）。

　多木が言う「空間」と「時間」によって「生きられる空間」ないし「家」というメタファーは空間を表現した図式であると同時に，実際に形を帯びたもの，われわれのモノをつくりだしていく活動とその結果として構成されたものを反映している。その意味では「生きられた空間」は空間の象徴化であると同時に，現実のわれわれの生活と行為を支えている空間の現実的表れでもある。たとえば，前の節でもふれたルロワ＝グーラン（1964-65）は『身ぶりと言葉』で人間は生存の一部を人工的な隠れ場で過ごすほ乳類の部類に

属しており，サルとはその点で異なっていると言う。「最も進化したサルにしても，一夜を過ごす場所を簡単にしつらえるだけのことしかない。かえって人間は，齧歯類に近いのである。それらはしばしば，きわめて入念な穴，つまり〔生存〕領域の中心となり，しばしば食物の貯蔵所にもなる穴をもっている」（邦訳，p.310）。人間は空間に囲まれたところに身を置くことを基本にしている。そしてとりわけ，ルロワ＝グーランがこの本で指摘していることで重要なことは，後期石器時代（旧人とホモ・サピエンスとの連結点にあたる紀元前5万年から3万年の間）以降，人間は構造的にしっかりとした家を作りだし，それと同時に彼らはリズムをもった絵を残したという事実である。このことからルロワ＝グーランは，言語が発生したことと，家が作りだされたこととは強い関係があり，そこに共通するのはこの時期から人間は空間と時間を手なづけるようになったことであると言う。これまでは戸外で生活し，自然の完全な支配下にあったものが，家を作り，そこで空間と時間を制御することができるようになり，同時に表象というものを仲立ちにした言語活動で時間と空間の統制も可能になった。

　子どもの遊びの中で見られる遊びの空間をつくる行為も彼らが時間と空間を制御しようとする試みからである。以下，子どもたちが空間を仕切って，遊びの空間をつくりだしていった事例をみていこう。ここで用いる事例の収集とその分析は先の事例と同じ長橋聡によるものである。

事例2-1-7「仕切りによる遊び空間づくり（1）」

　　　　年少児5名が積み木で遊ぶコーナーとその隣のスペースを使ってままごと遊びをしている場面である。

　　　　積み木コーナーの所は移動式の教壇が置かれているためにいくぶん高くなっている。子どもたちはここを2階の部屋，ままごとコーナーを1階にある部屋として使い，その間を「区切る」ものが棚である。子どもたちは積み木コーナーが食事をするダイニング，ままごとコーナーのスペースが台所として区別して食事を取る遊びをしている。そしてままごとコーナー

の近くに遊び道具のカーテンの仕切りが置かれ，ここが玄関として家の外と内を「仕切る」モノになっている。外の病院やホール内の他の場所に行くときには，子どもたちはここで靴を履き，また家に入るときには靴を脱ぎ，「玄関」であるカーテンの仕切りの近くに靴を並べて置いている（図2-1-19）。

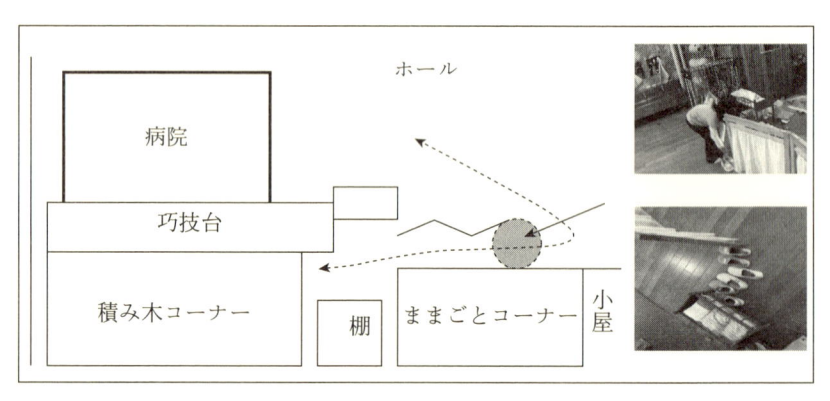

図2-1-19 「仕切り」（長橋，2008）

遊具のカーテンの仕切りが内と外を区切る境界を意味するものとして彼らは象徴的に空間化し，それによって玄関にふさわしい靴を脱ぎ，履くというその空間で取るべき行為が方向づけられている。同時に，この靴を脱ぐ場所，しかも靴を整列させて並べておくことで，玄関としての空間の意味化が生まれている。このような遊びの事例から空間を枠にして行為が展開されることと，行為によって空間が構造化されていることがわかる。ここで言う空間は物理的対象として視覚的に境界を区切るモノとして存在しながらも，単にモノとしての意味を超えて，まさにセルトーや多木が指摘していたような行為によってつくられる出来事＝時間によって生まれる新しい空間的なテキストとなっている。

事例2-1-8「仕切りによる遊び空間づくり（2）」

　　もう一つの仕切りをすることで空間を生みだしていった事例が年長女児たちの「お家ごっこ」である。ナナカとミチコは保育室のホールの一角で大型積み木を並べて囲いを作り，それぞれの自分の部屋として，その中でスケッチブックやマーカーペンで「お絵書き」をして遊びはじめる。彼女たちは自分たちの空間を「ここは私の部屋」といって確認し合っている。図2-1-20に示すように入り口で靴を脱ぎ，靴を並べて置いている。この図からもわかるように，子どもたちの空間は一人がやっとの大きさであるし，高さもせいぜい20センチ程度の壁である。しかし，彼女らはけっしてこの壁を上からまたいで渡らない。彼女たちにとってはこの空間は大きな壁で仕切られた自分たちの部屋なのである。だから，エリコが一緒に遊ぼうとしてこの空間に入ろうとしたとき，ミチコはエリコの動きを手で遮りながら，「ここは私の部屋。ここに，透明なのあるから（透明な壁があるという意味）エリコは入れない。ドア開けたら入れるよ」と言ってその場所を示してやる。ナナカとミチコは自分たちの部屋で「お絵書き」の遊びやおしゃべりをして楽しむ。

図2-1-20
「仕切られた空間」（長橋，2008）

子どもたちの遊びの中の空間は決してモノの形に固定されたものではないということである。そして、子どもたちは共同的に行為や関係を空間化し、自分たちの遊びの空間となるように空間化してしまうことで自分たちの遊びや行為を実現している。

　メルロ＝ポンティ（1945）は『知覚の現象学・2』の「空間」の章で、幾何学的空間と対比させて人間が生き、そして行為していくことによって生まれる空間として「人間学的空間」を位置づける。この空間は「生き生きした空間」とも言い直されているが、そこで活動し、行為として展開する者にとって意味をもった空間であり、個人と共同の経験が内包された空間である。だから空間は実存的であり、また実存は空間として存在するという意味で実存は空間的でもある。「さまざまな空間経験とおなじだけの空間がある」（『知覚の現象学・2』邦訳、p.130）ことになり、単に客観的な空間としてだけ捉えることはできない。子どもの遊びでミチコが見えない壁や境界といったいわば心的空間をつくりだしていたが、これは何も子どもの想像世界のことだけではない。メルロ＝ポンティも幾何学的距離と心的距離（彼は「生きられる距離」と言っている）は時には大きく異なって、その距離が大きくなったり狭くなったりすることを病的な例を含めて指摘しているが（同上、p.122-123）、これはわれわれ自身も日常の生活の中で感じていることである。もちろん、メルロ＝ポンティが「人間学的空間」とか「生き生きした空間」という言葉で表現していることは、主観的な形でしか空間は存在しないなどと言っているのではない。あくまでも物理的な空間を基礎にしながらそこで行為として展開することによって生まれてくる空間こそが「人間学的空間」であり、「生き生きした空間」なのである。いわば主体と客体との対立を超えて主体と客体の両方を包み込んでいるのが空間の現実の姿である。子どもたちの遊びでも空間をつくりあげているのは具体的な積み木であり、カーテンや棚である。しかし、これらによってつくられた空間を独自の意味をもったものにして子どもたちは新しい空間化を行っている。それは同時に彼らの遊びの行為によって空間がつくられていることを意味してもいる。

4. 空間の多様性と子どもの活動：外遊びと室内のごっこ遊び

　本章では，主に室内におけるごっこ遊びを対象にして幼児の遊びをみてきた。したがって取りあげた子どもの遊びの種類も限定されている。幼児の遊びにはこれ以外にもオニごっこや屋外で行われる砂遊び，あるいはゲーム遊びや伝承遊びといった様々なカテゴリーで括られるものがある。ここではこれらの幼児の遊びを包括的に論じることを目的としてはいないので，幼児が行っている他の遊びについては詳しく論じることはできないが，遊び空間の問題と関連づけて，遊びに含まれる行為の形態を室内におけるごっこ遊びと屋外の砂場遊びからその違いを考えてみよう。

　室内の遊びは比較的遊びの空間が構造化されている。これに対して屋外で行われる遊びは活動が多様になり，活動の範囲は広くなり拡散されることが多い。それと対比的に遊びに使えるモノが比較的限定されている。そのために遊びにテーマないしストーリーが明確でないと遊びの共同化が失われてしまいやすい。このような屋外遊びの中でも砂場遊びは比較的活動の方向が限定され，活動の収斂化が進みやすいものである。この砂場遊びで使われる砂場の砂と，室内遊びの積み木とは遊びの素材としては類似の働きをするものだと思われることがあるが，素材とそれに向かって行なわれる行為の形態とは相当の違いがあり，それが二つの遊びの違いを生んでもいる。

　砂場遊びについては，すでに何人かの識者が論を展開してきている。たとえば，主要なものとして，半田（1998），石井（2000），小川（2001），笠間（2001），粕谷（2004，2007），そして箕輪（2006）などがある。また雑誌「発達」（ミネルヴァ書房）でも1993年の第54号と2007年の第110号の2回で砂遊びの特集を組んでいる。これらの諸論考の中でも笠間と小川のものに注目してみたい。とくに，小川は，砂遊びの砂という素材に注目しながら，砂遊びの特徴として，砂でモノを作りつづけ，繰り返しの活動が多いことと，子ども同士の言葉によるコミュニケーションが少ないという2点を指摘している。このことについて，小川は砂をこねる，穴を掘る，砂を積みあげていく

といった活動に特徴づけられるように，モノを作るという活動が砂遊びの本質であると言う。そして笠間も粕谷（2007）も作る―壊すというベクトルの異なる二つの活動が自由に展開できる素材と場が砂と砂場にはあり，このことが子どもたちをモノを作りつづける活動に誘い込んでいると指摘する。笠間は砂場がもっているこのような特徴について，作りながら壊し，壊しながら作ることができる「あいまいな関係性」が存在する場であると表現している。類似の活動は積み木遊びでも見られるが，砂遊びは砂という素材のもっている特徴から積み木よりもさらに一層作る活動を促している。

　砂遊びでは砂をこねる，砂を掘る，そして砂の山を積みあげていくという活動を繰り返すことが多いのも，そばにいる他の子どもとの間のコミュニケーションが比較的少ないのも，結局子どもたちは砂遊びではものを作ることに活動の主眼が向けられているからである。砂場遊びは基本的には形を作っていくという行為が優勢で，この作るという行為それ自体が遊びであるという点に最大の特徴があると言えるだろう。

　丸山高司（1990）は，人間の行為には現実の生活の中で何かを生みだし，変化をもたらす実践的意味をもったもの，道具的な行為のことを「実効的行為」とよび，他方，このような行為がもっている意味的側面に注目したときにはそれは「表現的行為」という機能となって表れていると言う。たとえば，「餅つき」という行為は餅をつくという実効的行為であるが，それは「正月」を迎えるための行事として，日本の伝統的な世界観を表現する「表現的行為」という側面ももっていると言う。この二つは区別することができないものであるが，あえて子どもの遊びに当てはめてみれば，砂場遊びは室内遊びのごっこ遊びと比べると実効的な行為の要素が多い。だから子どもたちはごっこ遊びでみられるような行為によって示される「表現」の側面より作るという実効的行為に向かうことが多く，それが子ども同士のコミュニケーションを少なくしている。もちろん，砂場遊び自体も遊びであるということからするとけっして本来的な意味での実効的行為ではないが，モノを作ることを重視した活動であるという意味では表現よりも形あるものを作るとい

う実践的行為や実効性が強いと言ってよいだろう。このことが砂場遊びと室内のごっこ遊びとが対比される点であり，遊び空間とそこに用意されている遊びの素材の違いが活動の様式や形態の違いを生んでもいる。

　ここで断っておかなければならないが，人間のあらゆる具体的な行為は，「実効的行為」であるとともに，「表現的行為」であって，二つは便宜的に区別しただけにすぎない。人間的生は，「道具的世界」と「表現的世界」という二つの次元を生きているのであり，あらゆる行為において，道具性と表現性とは常に重なり合っている。われわれが現実の生活の中で何かを作り，生活のために活動する「実効的行為」は何かを意味し，表現するものとしての「表現的行為」を伴っていることは言うまでもない。

第2章

聞くこと，応答すること：
　　　絵本読み聞かせの世界

　この章では，幼稚園と家庭における絵本の読み聞かせを取りあげる。絵本の読み聞かせは幼児にとっては最初の物語との出会いである。子どもたちは絵本に描かれた挿絵を見，大人によって語られたものを聞いて物語の世界をイメージし，彼らなりの意味世界をつくりだしていく。ここでみられる子どもたちの一連の活動は，自分のイメージ世界をつくりあげていくという意味では新しいものをつくりだす創造的活動である。しかも，想像の世界でそれを行うという意味では人間のみがもっている想像による活動である。絵本読み聞かせは保育の場面では日常的に行われているものであり，人間精神の根源にある想像活動を培っていくための重要な営みの一つである。

　ここでは，保育場面と家庭における絵本読み聞かせで子どもたちは大人が語ってくれることを聞きながらどのように絵本に接し，またどのような反応をしているのかを観察記録から考えていく。そして，絵本を聴くという活動にかかわる問題を考察していく。

　絵本読み聞かせは基本的には話し言葉の世界である。話し言葉は文字の世界と違って話を聞く，絵本を語って聞かせるという活動が同時に起きている場である。その場の一回限りの時間と空間という状況性を聞く者と話す者とが共有している。しかも，話し言葉には声の調子という身体から発せられる独自のメッセージが伴っている。子どもは同じ話を何度もあきないで聞きた

がる。そもそも幼児が接する物語の内容には出来事が繰り返されるものが多い。

以上のように、絵本の世界がもっている臨場性、直接性、反復性は子どもに大切なものを与えている。これを通して子どもの発達に絵本が果たしている役割、絵本の「読み聞かせ」がもっている力を論じる。

§1　絵本読み聞かせと子どもの応答

この節では、幼稚園で行われた絵本読み聞かせと家庭における絵本読み聞かせについて取りあげる。幼稚園では多数の子どもたちに先生が絵本を読んで聞かせるという集団の読み聞かせの形を取っており、そこには子どもたちが仲間と一緒に絵本を読んでもらい、聞くという場面の特殊性がある。家庭の読み聞かせは親あるいは保護者が一人ないしは多くても二人程度の子どもに読んであげるということで、二つの絵本読み聞かせの場面はいくつかの点で異なっている。とくにここで具体的な事例として使っている家庭における読み聞かせは2歳半という幼稚園児よりも年齢の低い子どもである。子どもの年齢の違いは絵本の読み聞かせに対する反応の仕方としてかなり異なったものになっている。同時に、子どもにとって絵本を読んでもらうことの楽しさは何かということについては、年齢を超えて共通に存在するものがある。

1．絵本がもっている役割

絵本の読み聞かせは、家庭においても、保育所や幼稚園などの就学前保育・教育機関はもとより、小学校低学年ごろまでの学校教育においては日常的な活動として行われている。これまでも絵本の読み聞かせや読書することが子どもの発達、とくに言葉と想像性の発達にきわめて重要な役割をもっていることは多くの識者によって論じられてきている（たとえば、秋田、

1998)。さらに,近年ではこれらが子どもの発達に果たしている役割以外に,絵本を仲立ちとして子どもと親の子育てを地域で支えていくための活動の一環として絵本の読み聞かせが位置づけられており,行政が子育てサークルの中で行われている「ブック・スタート」運動に積極的にかかわり,支援を行っているところも増えてきている。このように子どもの成長にとって絵本が様々な働きをもっていることが改めて認識されている(佐々木,2006)。

　言葉の発達を考えたとき,ヴィゴツキー(1935)が指摘しているように,書き言葉の発達の前にはその発達を導きだすための長い「前史」がある。それは身ぶりや叫び声といった身体から発せられる表現であり,話し言葉である。話し言葉と書き言葉とはその後も相互に長い関係をもちつづけながらわれわれの言語活動を支えている。絵本の読み聞かせは大人が話し言葉を使って子どもに聞かせると同時に,そこには文字という書き言葉の独自の世界へ子どもをゆっくりと招き入れる役割を果たしている。ブルーナーたちの研究(Ninio & Bruner, 1978)では,母親は絵本の中にある事物や事象を子どもが言葉で正しく「表す」(labeling)ことができるようになっていくことを,絵本の読み聞かせを通して子どもに促し,子どもを文字文化の世界にゆっくりと誘い込んでいることを明らかにしている。ブルーナーは大人と文化的道具を介して子どもが人間文化の成員になっていくことを「文化化」(enculturation)とよんだ。

　絵本の読み聞かせの基本的な目的は,子どもたちのイメージの世界を豊かにすることや,言葉,絵の素晴らしさを体験することである。そして,もう一つ,集団で仲間と一緒に絵本を読み聞くということでは,友だちと一緒にその絵本の世界を体験し,絵本の楽しさや感動を共有するという独特の経験がそこにはある。

2. 絵本の集団読み聞かせ

　ここでは,保育所や幼稚園で日常的に行われている集団絵本読み聞かせの場面について考える。使用する資料は佐藤公治・西山希(2007)のものであ

るが，大幅な改変を行っている。

(1) 絵本の読み聞かせの世界

　中村と佐々木の編になる『集団保育と絵本』(1976) には保育所と幼稚園で行われた集団の絵本読み聞かせの実践に関する論文が収められている。これらには家庭における絵本読み聞かせの実例も書かれているが，多くは保育所と幼稚園における実践研究である。この本に出てくる対象児の年齢は幅広いが，多くの実践で共通しているのは，子どもたちは絵本を読んでもらっている間に感動の声や反応を出し，その子どもたちの反応がさらに仲間の反応をよび起こすといった集団ならではの絵本読み聞かせの展開が起きていることである。いわば保育者と子どもたちは絵本を通して一緒に絵本の世界を共有し，また楽しさを一緒につくりだしている。波木井 (1994) も，集団の読み聞かせは読み手と聞き手，また聞き手同士が一緒に本と出会い，その作品世界を共有し，心を響き合わせる場であると言う。仲間と一緒に物語の世界の楽しさ，感動を共有しながら子どもたちが読み聞かせに参加できることが，集団で読むことの重要な要素である。子どもたちは話の盛り上がりの場面で素直に笑ったり，驚いたり，またそれをまわりの子どもたちと一緒に楽しみながら，絵本の面白さを集団で味わっている。たとえば，絵本の中で知っている場面が出てきたとき，幼児はわれ先にと声を出し，先生やまわりの幼児にアピールする。それにつられて，まわりの幼児も思ったことを口にしはじめる。一見すると，子どもたちが単に騒いでいる場面のようにも見えるが，こうした中で子どもたちは絵本を共有し，自分が気づかなかったところに注目したり，今まで分からなかったところがわかったりしながら，先生の読んでくれるものを聞き，楽しんでいるのである。集団の読み聞かせの意義は，絵本を通して楽しさ，感動を共有することにある。

　寺田・無藤 (2000)，寺田 (2005) も仲間と一緒に同じ絵本を楽しむという時間と空間の共有体験こそが絵本読み聞かせにとって大切であると言う。集団の絵本読み聞かせの研究では読み聞かせを行っている保育者に焦点を当

てたものが多い中で，幼児の活動を扱ったのが徳渕・高橋（1996），横山（2003）の研究である。徳渕らは，集団の絵本読み聞かせ場面における子どもたちの発話と相互作用を取りあげ，子どもの物語理解とどのような関連があるかをみている。年長の子どもの方が読み聞かせのときに積極的に発話し，また彼らの方が物語の理解も良かった。横山（2003）は読み聞かせ場面の幼児の活動や反応に焦点を当てて分析を行っている。ここでは，幼児が積極的に発話を行いながら読み聞かせ場面に参加していることや，読み聞かせを楽しむ姿を観察している。しかし，この研究では主にシリーズ絵本に子どもたちはどのような興味を示すかということに焦点が当てられているために作品毎の幼児の反応などの詳細な分析は行われていない。

これまでの集団の絵本読み聞かせを扱った研究では，子どもたちの絵本の内容理解を扱ったものが多い。しかし，子どもにとって絵本とはどういうものかと考えたとき，心理学者が研究の関心に向けてしまいがちな物語内容の理解という側面だけでは捉えられないものがある。たとえば，波木井（1994）が指摘しているように絵本の読み聞かせの中で子どもたちが聞く楽しさをどのように共有しているか，その活動の過程を無視することはできない。

（2）絵本の集団読み聞かせにおける楽しさの共有過程

幼稚園の集団読み聞かせの中で子どもたちは話をどのように聞き，またどのような反応をしているかをみてみよう。絵本の読み聞かせはどの幼稚園，保育所でも頻繁に行われている。ここでみる絵本読み聞かせもその一例である。

事例2-2-1「大きなかぶ」

絵本『おおきなかぶ』（ロシア民話・トルストイ再話，内田莉莎子 訳，佐藤忠良 画，福音館書店）は子どもたちが好きな作品の一つである。この絵本の面白さは，大きく育ったかぶを獲ろうとおじいさん，おばあさん，

孫,そしてたくさんの動物たちが掛け声を合わせて引き抜く場面である。この掛け声が繰り返し出てきて,この掛け声を聞いて子どもたちもこの世界に次第に引き込まれていく。

　作品全体は4,5分で話し終える比較的短いものであるが,大きくは次の3つに区切ることができる。おじいさんがかぶを植え,それが大きくなり,それをおじいさんが抜こうとするところまでの導入部分のおよそ1分間,次のおじいさんとおばあさんが一生懸命にかぶを抜こうとするが抜けないという2分間までの話,そして2分後から最後までのいろいろな動物が次々とやってきて「うんとこしょ,どっこいしょ」の掛け声が繰り返されてかぶが抜けて終わるところまでの3つである。

図2-2-1は,絵本の読み聞かせの開始から終了までの幼児の絵本への注視と音声(上段:音声波形,下段:音圧)の資料である。ここで使用している資料はすべて絵本読み聞かせの場面の映像記録をもとに作成したものである。絵本の注視の程度は映像記録をもとにして何人の子どもたちが絵本に集中しているかその人数を割合(％)として算出している。音声の分析は録画記録の音声部分について解析ソフト(Wave Surfer)で分析した。

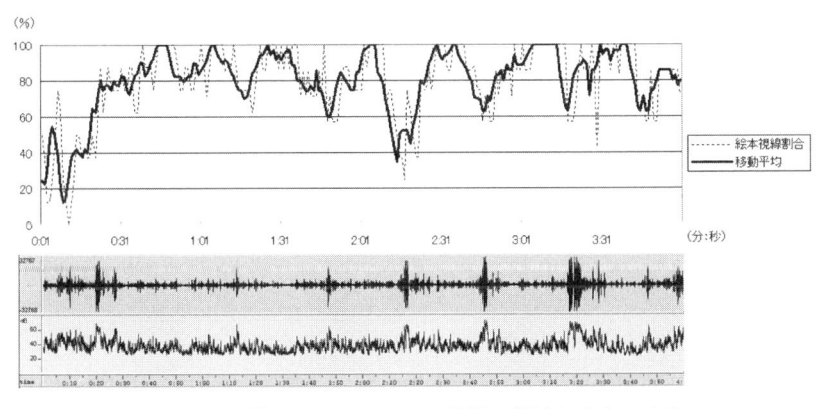

図2-2-1　『おおきなかぶ』の幼児の視線と音声の変化

読み聞かせの開始直後は絵本に注目しないでざわついている（音声としてもノイズが多数入っている）。しかし，その後は絵本に集中してくるようになる。とくに後半の，2分13秒付近，2分42秒付近，そして3分15秒付近はいずれも子どもたちが保育者の読み聞かせの声に合わせて一斉に「うんとこしょ，どっこいしょ」の掛け声を出している場面である。子どもたちは発話を開始する前では絵本の中に描かれているかぶを抜く登場人物を見ながら保育者の話を聞いているが，発話をしている部分では絵本を見ると同時に声を出していくという活動が一緒に起きている。そのために時には声を出している部分では絵本を見ることよりも発声に注意が向いてしまい絵本への注視がときどき少なくなっている部分がある。ここで大事なことは音声波形の変化でわかるように，子どもは掛け声が繰り返されていくにしたがって，子どもたちの声が大きくなり，また声を合わせていくようになるということである。

　子どもたちの発声の変化を保育者と子どもの様子を重ねながらもう少し細かく見てみるとさらにいろいろなことがみえてくる。なお，次頁の表の子どもたちの発話で・・・・は発話内容が判読不可能な部分である。表2-2-1は最初の1分間の間に幼児がまだ絵本に集中しないでいるときのおよそ10秒間の発話であるが，ここから次第に絵本に集中をしはじめ，「ほんとに大きなかぶになったよ」などといった反応も子どもたちから起きている。その後の1分過ぎの第2段階（表2-2-2）になると，子どもたちはさらに絵本に集中し，また保育者の発話に合わせて一部の子どもが声を出しはじめるようになる（1分17秒）。ここで興味深いのは子どもたちは保育者の発話に同期させて発話を開始することができないために「どっこいしょ」の後半の発話部分でタイミングを合わせていることである。子どもたちは発声の流れの中に何とか入っていこうとする。たとえば，図2-2-2（本書p.176）の1分44秒から1分48秒までの間で保育者（T）の「うんとこしょ，どっこいしょ」を受けて，何人かの子どもたちは発話をするが，開始のタイミングが取れず，その代わりに「…とこしょ，どっこいしょ」と後ろの部分で合わせている。

表 2-2-1 『おおきなかぶ』の保育者と幼児の発話（1）

時間	保育者の発話	幼児の発話	読み聞かせの様子
0:37	おじいさんはかぶを植えました	（ざわつき）	
0:39	あまあいあまあいかぶになれ，大きな大きなかぶになれ	（ざわつき）	
0:40		ほんとにおおきなかぶになったよ	幼児の一人が，絵本を見ながら発言する。ほぼ全員が絵本の方を向いている。
0:47	あまあい元気のいいとてつもなく大きいかぶができました	（ざわつき）	そわそわしながらも，ほとんどの幼児が先生の方を向いている。

表 2-2-2 『おおきなかぶ』の保育者と幼児の発話（2）

時間	保育者の発話	幼児の発話	読み聞かせの様子
1:11	おばあさんがおじいさんをひっぱって，おじいさんがかぶをひっぱって		静かに絵本を見て，読み聞かせに集中している。
1:17	うんとこしょ，どっこいしょ	・・・・どっこいしょ	先生の発話に合わせて，発話の途中から合わせるという形で，「うんとこしょ，どっこいしょ」という発話がみられる。
1:21	それでもかぶはぬけません	（ざわつき）	隣の幼児らとやりとりをする幼児が多くみられる。
1:23		すこしはぬけてたけどね	幼児の一人がつぶやく。

　その後の3分付近からは全体の発声にタイミングも合い，一斉に発話を開始している（次頁図2-2-3）。そのためもあって2回目の発声（次頁図2-2-2）に比べて最後の6回目（図2-2-3）の「うんとこしょ，どっこいしょ」の発声は明瞭に，そして大きくなっている。

　このように，後半の2分以降の第3段階（本書p.177表2-2-3）になると，一斉発話のタイミングがずれたり，「うんとこしょ」の発話をまだ出してはいけないところで発話をしはじめた子は他児から制止される（2分18秒）と

音声データ	時間	保育者と幼児の発話
	1分41秒	T：おじいさんがかぶをひっぱって
	1分43秒	C：あとね＊＊＊＊
	1分44秒〜1分48秒	T：うんとこしょ，どっこいしょ C複：……とこしょ，どっこいしょ
		（様子） 保育者に合わせて，幼児が途中から発話を行う

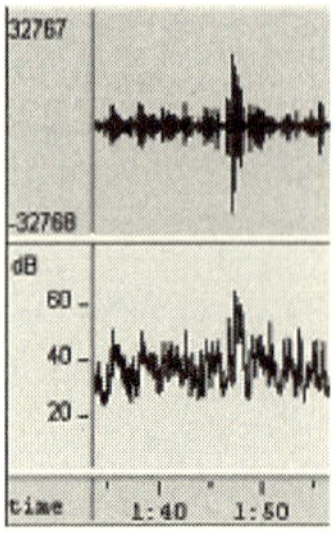

図2-2-2 『おおきなかぶ』の保育者と幼児の発話と音声データ（1）

音声データ	時間	保育者と幼児の発話
	3分11秒	T：おじいさんがかぶをひっぱって
	3分17秒〜3分22秒	T：うんとこしょ，どっこいしょ C複：うんとこしょ，どっこいしょー
		（様子） 保育者に合わせて，初めから大きな声で発話を行う

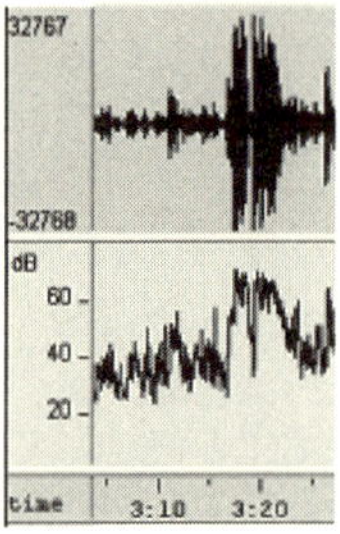

図2-2-3 『おおきなかぶ』の保育者と幼児の発話と音声データ（2）

いったこともある。しかし，全体の中では子どもたちは保育者の「うんとこしょ，どっこいしょ」とタイミングを合わせて一斉発話を行い，まさに場を共有している者の間で生じている一体感とでもいうべきものが生まれている。それを可能にしたのはまさに子どもたちがかぶを一生懸命に引き抜こうとする運動とその掛け声である。それは単なる発声ではなく，絵本の中で出てくるおじいさんの姿に重ね合わせた運動イメージから生まれ，それと重なった発声である。子どもは何度か同じ台詞を保育者から聞くとそれに共振

第2章 聞くこと，応答すること　177

表 2-2-3 『おおきなかぶ』の保育者と幼児の発話（3）

時間	保育者の発話	幼児の発話	読み聞かせの様子
2:06	おばあさんがおじいさんをひっぱって，おじいさんがかぶをひっぱって		静かに絵本を見ながら読み聞かせを聞く。
2:09		＊＊＊＊＊	隣の幼児にちょっかいを出す幼児。
2:13	うんとこしょ，どっこいしょ	うんとこしょ（しょ），どっこいしょ（うんとこしょどっこいしょ）	複数の幼児が保育者の発話に合わせて発言する。一人の幼児は，一斉発話とはタイミングがずれている。
2:18	まだまだまだまだぬけません	（ざわつき）	「うんとこしょ…」と言っている隣の幼児の口をふさいでいる幼児と，それを見て途中で発言をやめる幼児。
		（ざわつき）	身を乗り出して笑顔で発言する幼児や，まわりを見て笑う幼児。
2:20		次はもっといっぱいおっきい声でいおー	幼児の一人が，大きな声で発言する。何人かが発言した幼児の方を向く。

し，あるいは同期して次第に同じ発話を出しはじめる。この作品にはこのような子どもの活動を誘発する見事な仕掛けがある。

子どもたちはわずかの時間の中でも「うんとこしょ，どっこいしょ」の掛け声を次第に保育者ともうまくタイミングを合わせ，また声としても大きくはっきりと出すように変えていった。この変化を生んでいる背景には出来事の反復があることに注目したい。この絵本には「うんとこしょ，どっこいしょ」の発話が6回登場してくる。図2-2-4は，その6回ごとの幼児の発話データである。先の図2-2-1の下段と同じように上が音声波形，下が音圧（dB）である。それぞれ回を重ねるごとにタイミングが合い，また強い発声になっていることがわかる。後半の3回からその変化がとくに大きくなっている。反復は一つの形やリズムをつくりだすことをこの結果は示している。しかもそれはけっして単純な繰り返しでないことがわかる。音声波形や音圧はどんどん上昇しているからである。ここで起きていることは10秒以下のわずかの時間の中の出来事である。この短い時間の中の反復を通して子ども

① ②   ③   ④   ⑤   ⑥

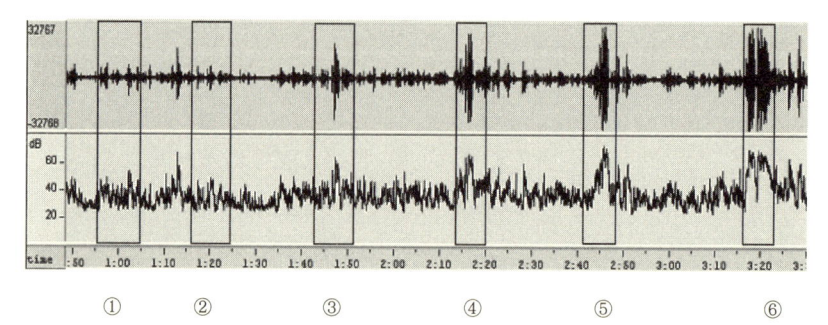

「幼児の一斉発話—前半」
　　　　①＊＊＊＊＊＊，どっこいしょ　（0分55秒〜1分05秒）
　　　　②＊＊＊＊＊＊，どっこいしょ　（1分16秒〜1分25秒）
　　　　③＊＊とこしょ，どっこいしょ　（1分43秒〜1分52秒）

「幼児の一斉発話—後半」
　　　　④うんとこしょ，どっこいしょ　（2分14秒〜2分20秒）
　　　　⑤うんとこしょ，どっこいしょ　（2分42秒〜2分49秒）
　　　　⑥うんとこしょ，どっこいしょ　（3分16秒〜3分24秒）

図2-2-4　『おおきなかぶ』一斉発話の繰り返しによって起こる音声の変化

　たちの一斉発話のタイミングを合わせ，さらにお互いの声を強く，大きくさせている。いわば共同的な響き合う活動に向かわせているのである。反復はけっして同じことの単純な繰り返しではない。反復は新しい何かを生みだす力をもっている。次の節ではこの問題を取りあげる。
　子どもの共振反応を引きだしているもう一つの重要なものに保育者の働きかけと「間」の取り方がある。次頁図2-2-5は図2-2-4に対応させて6回の「うんとこしょ，どっこいしょ」で保育者が絵本あるいは子どもたちの方のどちらに視線を向けていたかその方向と，どのようにリズムを取りながら読んでいたかを示したものである。視線の方向は，白丸（○）が絵本の方，黒丸（●）は幼児の方に向いていることを表している。この結果からわかることは，「うんとこしょ，どっこいしょ」の発話の前に必ず「間」を取って，子どもたちの発話のタイミングをうまく誘いだしていることである。さらに子どもたちを誘い込む手段として，保育者は「うんとこしょ，どっこいしょ」の発話と同時に顔を絵本から子どもたちの方に向け，顔を動かしてリズ

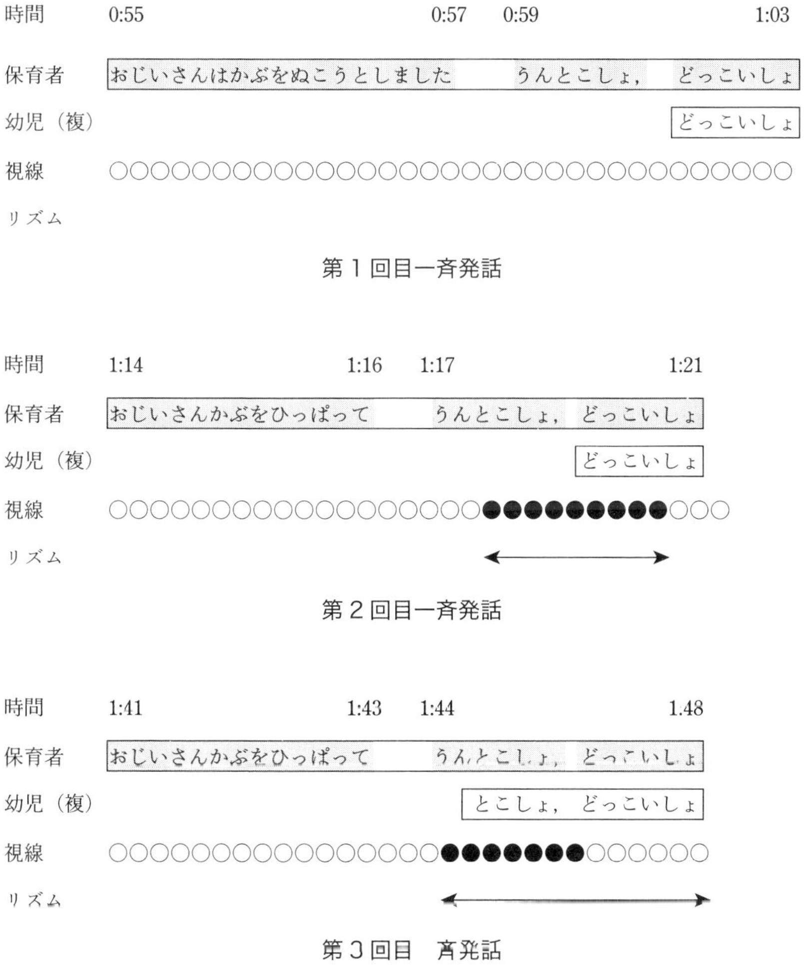

| 時間 | 0:55 | | 0:57 | 0:59 | | 1:03 |

保育者：おじいさんはかぶをぬこうとしました　　うんとこしょ，　どっこいしょ

幼児（複）：どっこいしょ

視線：○○○○○○○○○○○○○○○○○○○○○○○○○○○○○○○

リズム

第1回目一斉発話

時間　1:14　　　　　　1:16　1:17　　　　　　1:21

保育者：おじいさんかぶをひっぱって　　うんとこしょ，どっこいしょ

幼児（複）：どっこいしょ

視線：○○○○○○○○○○○○○○○●●●●●●●●○○○

リズム：←――――――→

第2回目一斉発話

時間　1:41　　　　　　1:43　1:44　　　　　　1.48

保育者：おじいさんかぶをひっぱって　　うんとこしょ，どっこいしょ

幼児（複）：とこしょ，どっこいしょ

視線：○○○○○○○○○○○○○○○●●●●●●○○○○○

リズム：←――――――→

第3回目　斉発話

図 2-2-5（a）
「うんとこしょ，どっこいしょ」の6回の保育者と幼児の発話の変化過程（前半）

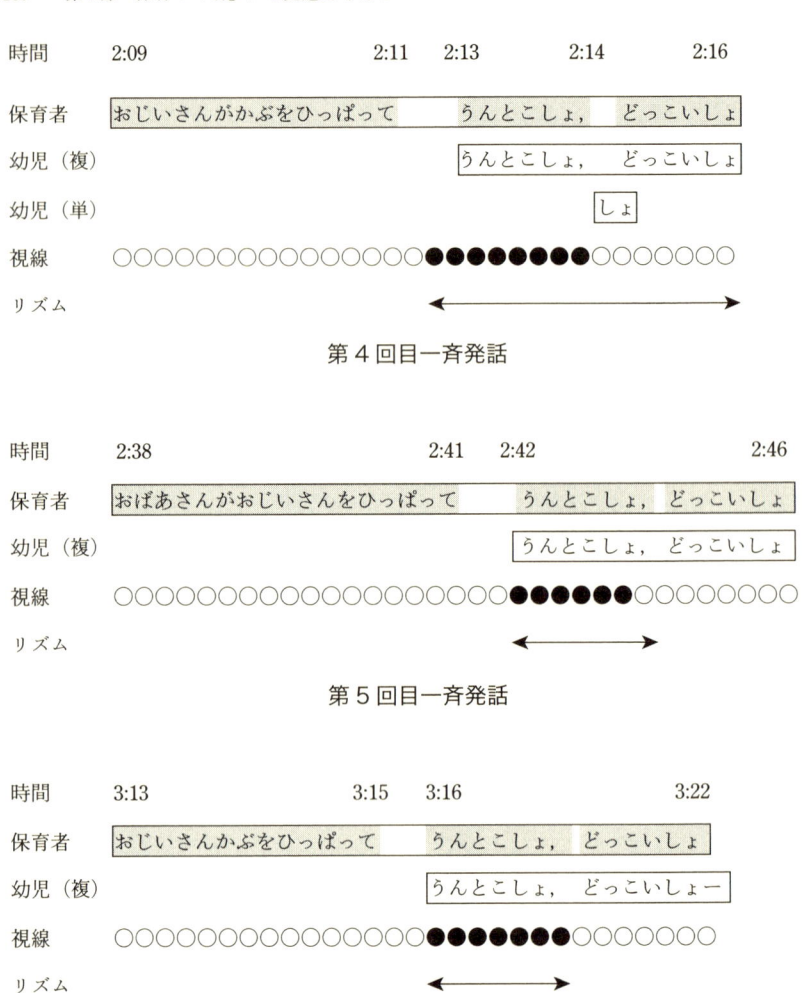

| 時間 | 2:09 | | 2:11 | 2:13 | 2:14 | | 2:16 |

時間	2:09	2:11	2:13	2:14	2:16
保育者	おじいさんがかぶをひっぱって		うんとこしょ，	どっこいしょ	
幼児（複）			うんとこしょ，	どっこいしょ	
幼児（単）				しょ	
視線	○○○○○○○○○○○○○○○○○	●●●●●●●●	○○○○○○		
リズム		←――――――――――→			

第4回目一斉発話

時間	2:38	2:41	2:42	2:46
保育者	おばあさんがおじいさんをひっぱって	うんとこしょ，	どっこいしょ	
幼児（複）		うんとこしょ，	どっこいしょ	
視線	○○○○○○○○○○○○○○○○○○○○○	●●●●●●	○○○○○○○○	
リズム		←―――――→		

第5回目一斉発話

時間	3:13	3:15	3:16	3:22
保育者	おじいさんかぶをひっぱって	うんとこしょ，	どっこいしょ	
幼児（複）		うんとこしょ，	どっこいしょー	
視線	○○○○○○○○○○○○○○	●●●●●●	○○○○○○○○	
リズム		←―――→		

第6回目一斉発話

図 2-2-5（b）
「うんとこしょ，どっこいしょ」の6回の保育者と幼児の発話の変化過程（後半）

ムを取るしぐさを一緒に行っている。これは子どもたちにとっては発話を誘い込む,またはタイミングを合わせていく重要な手掛かりになっている。そしてこの6回の「うんとこしょ,どっこいしょ」の部分の変化で気がつくもう一つの重要なことは,保育者は最初は子どもに向ける視線やリズムを子どもの方に向けなかったり,出さなかったり(1回目),出してもタイミングが遅くなっていた(2回目)。ところが次第にこのタイミングが合ってきて,後半になると子どもの反応ともぴったりと合うようになっている。これは実は保育者が子どもの反応を引きだしたということだけでなく,子どもたちも次第に保育者と同じタイミングで発話するようになり,まさに同期するようになってきたからである。保育者の方が子どもの動きに応じてうまくタイミングよく動きだすことができたともいえるのである。ここで起きていることは一種の「共時性」である。このような現象は,共振反応としてもよく知られている現象である。たとえば,佐伯(1999)や佐藤(1999),そして松田(2001)がスポーツ観戦という場で起きていることを取りあげながら,人が一つの共同の目的のために参加した場では,多くの場合,個という壁を越えて一時的ながらそこに一つの方向に波動し,共振し,共体験が生まれてくると述べている。これらの現象は「エントレインメント」ともいわれて,スポーツの場面以外の様々な場面で見せる相互行為の特徴として指摘されていることでもある。あるいは音楽や演劇などのアクチュアルな活動が生みだす臨場感からときどき一緒に身体でリズムを刻むなどということはわれわれも日常経験することであるし,人と会話をしている対面相互行為の場面では相手の身体動作に引きずられて同じ動作をすることがある。「インターラクショナル・シンクロニー(相互行為的同期)」といわれているものである。

このように,絵本の集団読み聞かせの場面で見せた子どもたちの身体反応は場を共有している者同士がつくりだしていく一体感そのものであるが,そこに参加している者同士が互いの影響を受けてことを起こしてしまうという現象である。このような現象については,かつてヴァイツゼッカー(Weizsäer, 1946)が「円環(Kreis)」的な関係とか「相即(Kohäenz)関係」

とよんでもいた。どちらが原因でも結果でもない，相互規定的な関係のことである。ヴァイツゼッカーの研究については§3で詳しく述べることになるが，絵本読み聞かせの場面で起きていることには重要な問題が内包されていることを確認しておきたい。

事例2-2-2「パパ，お月さまとって！」

　　　次にみる『パパ，お月さまとって！』（エリック゠カール　作，もりひさし訳，偕成社）の読み聞かせは，『大きなかぶ』のような子どもたちが声を揃えて出していくことで保育者の読み聞かせの活動に入り込んでいくのとはいくぶん違った形で絵本の楽しさを共有しているものである。この作品には描かれている絵そのものがいろいろと変化をする仕掛けがあって，子どもたちの絵本に対するイメージ世界の中での展開の意外性と面白さを引きだしている。そのような意味ではこの事例では子どもたちが絵本という想像の世界に入り込むことで感じる楽しさとは何なのかを教えてくれている。

　　　この作品は，物語の途中で折り込んで畳まれていた絵が広がって出てくるといった仕掛けが用意されていて，内容の展開の意外性と相まって絵そのものの視覚的効果が子どもを引きつけている。主人公モニカが父親に「お月さまが欲しい」と言いだし，父親が長いはしごをかけて月に会い，月を家に持って帰り，モニカは月と遊ぶがそのうちに月は小さくなり消えてなくなる。それからしばらくたって月を見ているとどんどん大きくなり満月になるというものである。

　　　次頁図2-2-6は，この絵本の読み聞かせの開始から終了までのおよそ4分間の子どもたちの絵本への注視の程度とその変化を1秒ごとに示したものである。算出の方法は『おおきなかぶ』と同じで，VTRに撮影された子どもたちの何人が絵本に集中しているかその人数を割合（%）として算出した。この絵本は子どもにとっては視覚効果の大きいもので絵本に注意が引きつけられているが，それでも導入部分の1分間まではいくぶん落ち着きがな

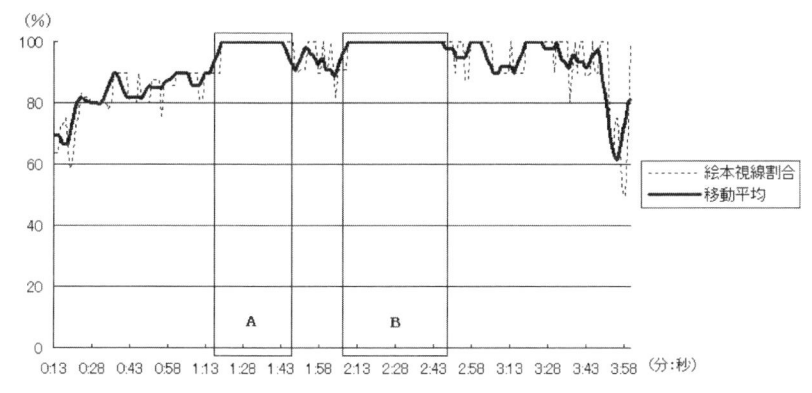

図2-2-6　『パパ、お月さまとって！』の絵本への幼児の視線の変化

い子どもがいる。ここで注目したいのは、次の段階の1分以降の図2-2-6でAとして枠で括った箇所である。ここで子どもたちは一気に注意を引きつけられ、それが次のBの段階まで持続していく。このAの場所では、畳み込まれていた絵が一気に広げられて大きな絵が子どもたちの前に展開されるという「仕掛け」が出てきたところである。そしてBのところでももう一度子どもの期待どおりにこの「仕掛け」が出てくる。このような仕掛けによって子どもたちの想像は豊かになり、また絵本への興味は盛り上がっていく。図2-2-6の3分43秒でお話しは終わって、それ以降はこの本の作者の紹介を10秒ほど行っている。子どもの中には「あ、ぼくエリックカール、知ってる」という発言があり、他の子どもたちが驚いたり、保育者が「知ってるの？」と応答する場面があるが、ここは絵本への集中から解放された時間でもあった。

　具体的に、この作品の導入部と展開部分で子どもたちが注意を集中していた1分以降の部分の保育者と子どもたちの発話をみていくことにする。表2-2-4が導入部分の発話の一部、表2-2-5が図2-2-6のAの枠で仕掛けの絵が提示されたところからの発話の一部である。導入部分は子どもたちがざわついてまだ絵本に完全に注意を集中していない段階であることがわかる

表 2-2-4 『パパ，お月さまとって！』の保育者と幼児の発話（1）

時間	保育者の発話	幼児の発話	読み聞かせの様子
0:30	パパ，おつきさまとって	＊＊＊も （ざわつき）	ざわつきはまだおさまらないが，先生は題名を読みはじめる。
0:32	よ，見てない人もいるからねー，静かに見てあげて	（ざわつき）	幼児の方を見て，先生が発言する。その後少しざわつきがおさまり，絵本の方を見る幼児が増える。
0:36	あるばんモニカがベットに行こうとすると		まわりの幼児にちょっかいを出している幼児もいるが，ほとんどの幼児は静かになり，絵本の方を向く。
0:39	まどからお月さんがとてもちかくに見えました		ちょっかいを出している幼児もいるが，他の幼児は静かにしている。
0:42	おつきさまとあそびたいなー，モニカはおつきさまのほうへ手をのばしました		ちょっかいを出している幼児もいるが，他の幼児は，静かに絵本の方を向いている。

表 2-2-5 『パパ，お月さまとって！』の保育者と幼児の発話（2）

時間	保育者の発話	幼児の発話	読み聞かせの様子
1:41		（複）うわーわー （静かになる）	先生が仕掛け絵本のページをめくる。ページいっぱいに，おつきさまの絵がかかれている。すべて開き終わったと同時に，複数の幼児が同時に歓声をあげる。
1:42	お月さまに，ついたパパは	（複）わー	全員が絵本の方を見ている中で数名の幼児が歓声をあげる。
1:45	むすめのモニカが	（静かになる）	<u>全員が絵本の方を見ている。</u>
1:47	むすめのモニカが，あんたとあそびたがってるんだ，といいました，でも，もってかえるのには，ちょっとおっきすぎるなあ		

し，表2-2-5の1分41秒からは子どもたちが歓声をあげて絵本に見入っている様子が読み聞かせの観察記録からよくわかる。

このような子どもたちの絵本への集中は，作品の「仕掛け」だけによるのではない。保育者が仕掛けの折り込まれた絵を広げながら子どもたちの興味をそこに向けるような発話を出していたことに注目しなければならない。たとえば，父親が月にはしごをかける場面の所では，折り畳まれていた横長の長いはしごの絵が一気に広げられるが，本文は「そこでパパは，長い長いはしごを持ってきました」となっている。ここを保育者は絵を広げながら，誇張して，「（左側のページを開いて）そこでパパは，なが──い，（右側のページを開いてなが──い）はしごを（幼児の方を向きながら一拍おいて）持ってきました」といった子どもの注意を誘う表現をしている。同じく，月にはしごをかける場面では，折り畳まれた絵が下の方に出てくる仕掛けになっているが，ここの本文は「お月さまがちょうどよい大きさになると，パパはお月さまを持って下へ下へと降りて行きました」となっている。ここも「下へ──下へ──下へ──と降りて行きました」といったように誇張して，また絵本よりも「下へ」の回数も多く述べている。そして広げた絵本を指しながらこの言葉を述べて，子どもの注意を促していた。

このように『パパ，お月さまとって！』は，絵本そのものの視覚的面白さも手伝って子どもたちの想像的活動をうまく引きだしている作品である。そこでは，子どもたちのイメージ活動とその広がりによる読みの楽しさを絵本が支える形で展開している。それに加えて保育者の絵本の読み聞かせが子どもたちの想像活動を方向づけていくのに大きな役割をしている。子どもたちにとっては絵本は作品を見て，同時に大人から話しを聞くという視覚と声とが一緒になった世界である。だから，子どもたちが作品からつくりだしていく想像世界は絵という視覚情報に加えて声という具体的な人の動きや身体的な振る舞いまでも連想させるようなものを話し言葉として表し，これらが統合されたものである。

3. 家庭における絵本の読み聞かせ

　幼児教育の中で絵本を考えるときには保育所あるいは幼稚園における絵本の読み聞かせの活動が中心になってくる。集団の絵本読み聞かせの場面ではそこに複数の子どもたちがいて，子どもたちは読み聞かせに様々な反応をしたり，一緒に活動することがみんなで絵本を読んでもらっているのを楽しむという独特の場面性を生んでいる。

　しかし，絵本の読み聞かせについては，これ以外に解かなければならない問題がいくつか残されている。その中でも大きな問題は，子どもが絵本の読み聞かせを通してどのような想像の世界を創りだしているのか，その想像の生成の過程ではどのようなことが起きているのかということである。もちろん，これらは絵本の集団読み聞かせの場面でも起きていることだが，幼児でも少し年齢が上がってくると，想像活動は次第に内的活動になってきて外からは観察しにくくなってくる。想像やイメージ形成の根源にあるものをみていこうとするとき，年齢を少し下げてみることも必要である。そこでここでは，家庭の中で保護者が比較的年齢が低い子どもに読み聞かせを行っている場面を取りあげながらこれらの問題を考えてみる。

(1) 家庭における親子の絵本読みについて

　はじめに家庭における絵本読み聞かせを扱った心理学の研究を概観しておく。絵本作家や絵本の読み聞かせの実践を行っている人たちも子どもが絵本を読み，聞くことについての本質を論じている。心理学の研究よりもはるかに示唆に富むものが多いが，これらについては，後の§2のところで再度取りあげる。

　心理学の研究では絵本読み聞かせという場面を使って親と子の間の相互作用やコミュニケーションを扱っているものが多い。外山 (1989) の研究では親は読み聞かせをする中で，子どもに絵本に出てくるモノの名称を自然な流れの中で伝えたり，絵本への注目を引くような問いかけなどを工夫して子ど

もに接している。この研究では，親が子どもをゆっくりと絵本の世界や言語文化に誘い込んでいく過程が示されているが，それは本書のはじめでも取りあげたNinio & Bruner（1978）の結論を確認するものになっている。石崎の一連の研究報告（1984-1987）と石崎（1996）では，親と子の対話の型に注目しているが，読み聞かせの事例を継続的に観察・分析した結果，対話の主導が親から子に変わって次第に子の方からも発話が開始されていくという変化がみられている。

　絵本の読み聞かせを子どものコミュニケーションや言語の獲得の問題としてだけでなく読み聞かせで交わされる情緒的交流に焦点を当てた研究があるが，絵本の読み聞かせを考えたときにこれらの研究は大切である。横山（1997）は，4組の母子の絵本読み聞かせを1年間にわたって継続的に記録・分析している。この研究では，子どもの理解や言葉への興味といった側面だけでなく，絵本の内容と関連して家庭における日常の出来事を話し合ったり，絵本を読んでいるときの笑いや情緒的な反応などにも注目しながら分析を行っている。親と子は絵本を材料にしながらも絵本の内容に限定しないで多様な対話が交わされていることや，親自身が言葉を発しながら感動したことを子どもと一緒に共有している姿が家庭の絵本読みであることを明らかにしている。この研究では，3，4歳の時期には絵本の内容に限定しない発話が子どもから出てくるのが多く，年齢が進んでくると絵本の内容とその理解に関連した発話が多くなってくる変化があることも指摘している。絵本の読み聞かせそれ自体を研究にしたものではないが，古屋たち（2000）の研究では絵本は主人公の情動表現がうまく表されているという特徴に注目して発達初期の子どもたちが絵本の中の情動表現をどのように捉えているかを明らかにしようした。子どもは絵本に描かれた情動表現を理解し，それらを言葉でも表現している。また，絵本の中の母親に抱かれる場面などはそれを自分も模倣して一緒に読んでいる自分の母親に抱きつくといった行動を起こしている。このように年齢が低い子どもの場合は絵本の内容を情緒的，身体的に丸ごと受け止め，またそれを自分の現実の出来事とも結びつけて捉えていくこ

とが多い。あるいは比較的年齢の低い子どもはとくに絵本の中に登場してくる主人公や登場人物の感情を自分の生活の中で経験したことと結びつけたり，自分が体験したことを絵本の中の人物と重ね合わせて絵本の世界の出来事を捉えようとする。これは実際の家庭の中の読み聞かせを記録・分析した筆者らの研究の事例でもしばしば起きていることであり，絵本の中でどのような形で登場人物が描かれているかということは子どもの絵本へのかかわり方を考えるときには大事な視点になってくる。古屋・田代（1989），古屋（1996）は登場人物の描き方や発話表現の仕方が，子どもが絵本の内容にコメントをしたり，自分の経験と結びつけて読むといった反応を生んでいることを明らかにしている。同時に，年齢によって反応の仕方も異なっていたという結果についても注意しておきたい。

　秋田（1998）は心理学の研究者という視点と同時に，母親として家庭の中で子どもと一緒に絵本を読んだ経験とそこで得られた資料に基づいて，絵本読みの中で起きていることを詳しく論じ，また子どもの成長とともに変わっていく絵本の読み聞かせの実態についてもふれている。とくに発達初期の2歳のころの読み聞かせなどでは絵本と一緒になって身体を使いながら読み聞かせに参加する様子が紹介されていて，この後でみる事例の結果とも重なる指摘である。秋田の詳しい研究についてはここではふれないでおくが次の節の絵本読みをやや理論的に考察する中で再度取りあげる。

　その他，絵本に関する研究には親の絵本に対する考え方や実際に絵本の揃え方などとの関連を調べた秋田らの研究（秋田・無藤，1996）や全国の読書運動の実践をまとめたもの（秋田ら，2005，2006）があり，絵本を考えるうえでは参考になる記述も多い。

(2) 親子の絵本読みの実際

　ここで取りあげるのは2歳半の女児と母親の絵本読みの場面である。なお，この事例の収集は城近温香によるものである（平成19年度北海道大学教育学部卒業論文「家庭での絵本読み聞かせにおける親子の関わりについて」，未刊行

なお，研究に協力いただいたA子ちゃんのご家族に感謝いたします）。この資料の収集は以下のような方法で行われた。家庭にあるビデオカメラで絵本を読んでいるときの場面を撮影してもらい，後で定期的にビデオテープを回収した。なお，カメラアングルをこちらから指定をした以外は，絵本の選択や読み聞かせの時間などや状況はすべて親に任せ，自然な状態で読み聞かせをしてもらった。収集した読み聞かせの場面は9回であるが，ここではその中の何回かの絵本の読み聞かせを取りあげる。

具体的には「ノンタンシリーズ」と称されている絵本の読み聞かせの場面である。この絵本は大伴康匠・幸子の作・絵で，内容も平易でストーリーも短く，年齢の低い子どもに人気のある絵本である。いわば入門期の絵本としては代表的なものである。この作品では子猫を擬人化した主人公のノンタンの身体動作や感情が描かれているのが特徴で，現実の子どもの世界で起きているようなことを題材にしていることもあり，主人公のノンタンとの一体感を感じる子どもが多い。以下，『ノンタンおやすみなさい』『ノンタンおよぐのだいすき』の2つの作品を読んでいる場面をみてみよう。

事例2-2-3『ノンタンおやすみなさい』

　　　この絵本は，ノンタンが夜になっても眠れなくて外に出かけて友だちと遊ぼうとするが，ウサギも小鳥もクマも眠っていて遊べない。そこでフクロウと遊び，オニごっこをするが，暗いために石につまづき，泥んこに入ってしまう。結局，家に帰って風呂で汚れた身体を洗い，夜はやっぱり寝た方がよいと納得して話が終わっている。単純な話であるが，それとなく子どもにもわかるように生活習慣として守るべきことを伝える内容になっている。もちろん，子どもにとってこの絵本の面白さの中心になるのは，夜中に外に出かけていくという小さな冒険を主人公ノンタンを通して想像の世界で展開するところにある。

A子ちゃんは後半のフクロウとオニごっこをして泥んこに入ってしまった部分では，表2-2-6のように絵本を指さしながら母親に「なあにー？」と

表2-2-6 『ノンタンおやすみなさい』：親と子の発話

時間	母親の発話・様子	子どもの発話・様子
2:35	バッシャーン うっひゃあ ん，こんどはおおきなみずたまり （言いながら子を見る） どろんこ，みずたまり	（笑顔で絵を指さしながら，とくに大きな声で） なあにー？ （また指さして）なあにー？

表2-2-7 『ノンタンおやすみなさい』：絵本と現実を結びつける

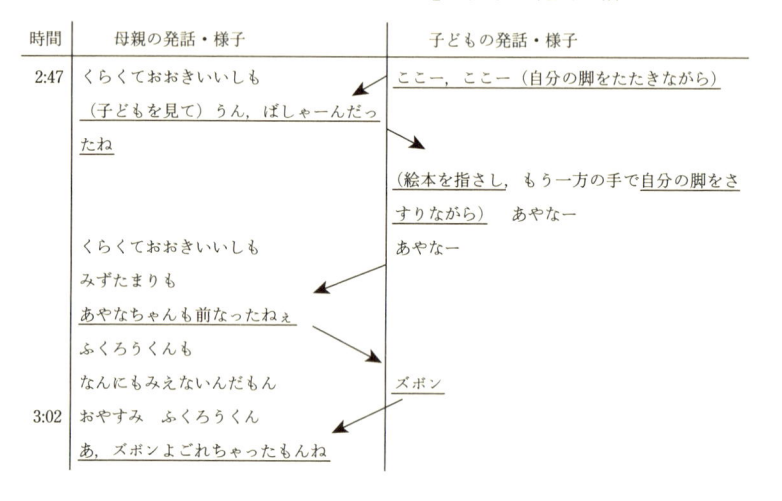

時間	母親の発話・様子	子どもの発話・様子
2:47	くらくておおきいいしも （子どもを見て）うん，ばしゃーんだったね くらくておおきいいしも みずたまりも あやなちゃんも前なったねぇ ふくろうくんも なんにもみえないんだもん	ここー，ここー（自分の脚をたたきながら） （絵本を指さし，もう一方の手で自分の脚をさすりながら）　あやなー あやなー ズボン
3:02	おやすみ　ふくろうくん あ，ズボンよごれちゃったもんね	

問いかけをしている。A子ちゃんは他の絵本のときにもこの「なあにー？」を言うことが多いが，子どものこの発話は純粋の母親への質問ではない。この子はこの絵本を何度も読んでいるので，絵本に描かれているものを尋ねているのではなく，自分が母親と一緒に絵本にかかわっていくための方法としてこのような問いかけ方を用いている。後でも詳しく議論をしなければならないが，子どもは絵本を黙って聞くことはなく，いろいろな応答をしながらその場を共有しようとする。それは次の資料でも同じようにみられる。この

表2-2-8 『ノンタンおやすみなさい』：母親の応答

時間	母親の発話・様子	子どもの発話・様子
3:06	しゃぶしゃぶ　どろんこおとしてしゃぶしゃぶしゃぶ （子を見て）うん，洗ってんの	＊＊＊（両手で自分の胸元をさする：洗うしぐさ）

　子どもにとってはまだ絵本に描かれていることを詳しく言葉で表現して親との絵本読みに参加できないが，自分も面白く感じている場面では「なあにー？」と言って一緒に面白さを共有しようとしている。
　この話に続けて，ノンタンが暗くて何も見えないと言っている場面では，Aちゃんは自分が石につまずいたりした経験とつなげ，自分の身体表現をする（絵本を指差しながら自分の脚をさする）ことで絵本の世界で語られていることと一体になろうとする。親も「あやなちゃんも前なってねえ」と言って，子どもが身体表現を通して絵本とかかわろうとすることに応答している。母親は子どもが様々な形で絵本とかかわっていくことを支え，促すようなことをタイミング良く出している。
　次の場面（表2-2-8）では，どろんこで汚れた身体をお風呂で洗っている絵本の内容を自分も身体で表現して洗うしぐさをし，母親の語りと一緒になることで絵本の世界を親と共有している。母親もA子ちゃんの方を見ながら「うん，洗ってんの」と絵本には書かれていないことを付け加えて子どもの身体反応に答えている。
　子どもが絵本の世界と一体になりながら，自分なりに絵本の世界を身体を使って表現している様子をもう少し詳しくみていくことにしよう。
　以下は，次頁表2-2-9のはじめの部分で，ふくろうとオニごっこをしようとしてじゃんけんをする場面である。この子は，ノンタンがオニごっこをしようと言っている部分ではそれに先立って自分もじゃんけんの構えをしている。そして絵本の中の「じゃんけんぽん」という部分で母親が絵本を読

表 2-2-9 『ノンタンおやすみなさい』：親子でじゃんけん

時間	母親の発話・様子	子どもの発話・様子
1:54	「ふくろうくん　おにごっこしようよ」 「うん」	(めくったページを見て，笑顔になり，両手を握って，上下して揺らし始める：じゃんけんの準備)
1:57	(子どもを見ながらじゃんけんを始める) (子どもの方にじゃんけんの手を出しながら読む) ♪じゃんけんぽん あいこでしょ にゃんころぽん	(以下，母の動き・声に合わせて手を動かす。じゃんけんを出すタイミングに合わせて両手を前に出す) ・・・けんぽん じゃんけんしょん ・・・ぽん　　　(視線はずっと前方)
2:04	あんみつぱん ホーホーでしょん ちょこぱんぽん ノンタンでしょん	あんみつぱん ほっほでしょ ・・・ぽん ノンタンでしょん

んでいるのに合わせながら「…けんぽん」と声を出している。あるいは表 2-2-9 の後半部分の発話のように A 子ちゃんは絵本のノンタンに「じゃんけんしょん」の声を掛け，また母親の語りと一緒になって声を出している。この場合，子どもは母親の声というよりは絵本の中のノンタンの心的イメージと一緒になって発話をしていると言った方が正しいだろう。ここで起きていることを図にしたのが次頁の図 2-2-7 である。

　このような母親が絵本を読んでいるのに合わせて一緒に声を出している場面は何度もみられる。たとえば，後で詳しくみる事例 2-2-4 の『ノンタンおよぐのだいすき』の絵本を読んでいるときにも同じように A 子ちゃんは母親の語りと一緒に合わせて声を出しているが，『ノンタンおよぐのだいすき』は後でみることにする。

　表 2-2-9 のように子どもは出だしの部分を一緒に合わせることができないので途中から一緒に声を合わせ，擬音の部分を一緒に出して親と一緒に絵本と絵本の楽しさを共有している。子どもが声を出している部分は擬音や擬

第2章 聞くこと，応答すること　193

〈じゃんけんを始める直前〉

| 時　間 | 1:54 | 1:56 | 1:57 |

母　親　　ふくろうくん　おにごっこしようよ　うん

子ども

リズム(子ども)　　　　←―――――→

リズム(母親)

母の視線　○○○○○○○○○○○○○○○○○○○○○○○○

〈じゃんけんの場面〉

| 時　間 | 1:58 | 2:00 | 2:02 | 2:04 |

母　親　　じゃんけーんぽん　あーいこーでしょ　にゃんこだぽん　あんみつぽん

子ども　　　けんぽん　じゃんけーんしょん　　　ぽん　あんみつぽん

リズム(子ども)　←→　←――→　　　　　　　　←→

リズム(母親)　　←―――――――――――→

母の視線　●●●●●●○○○○○○○○○○○○○○○○○○○○○○○○

| 時　間 | 2:06 | 2:09 | 2:12 |

母　親　　はっぱでしょ　ちょこぱんぱん　ノンタンでしょ

子ども　　ほっほでしょ　＊＊＊ぽん　　ノンタンでしょ

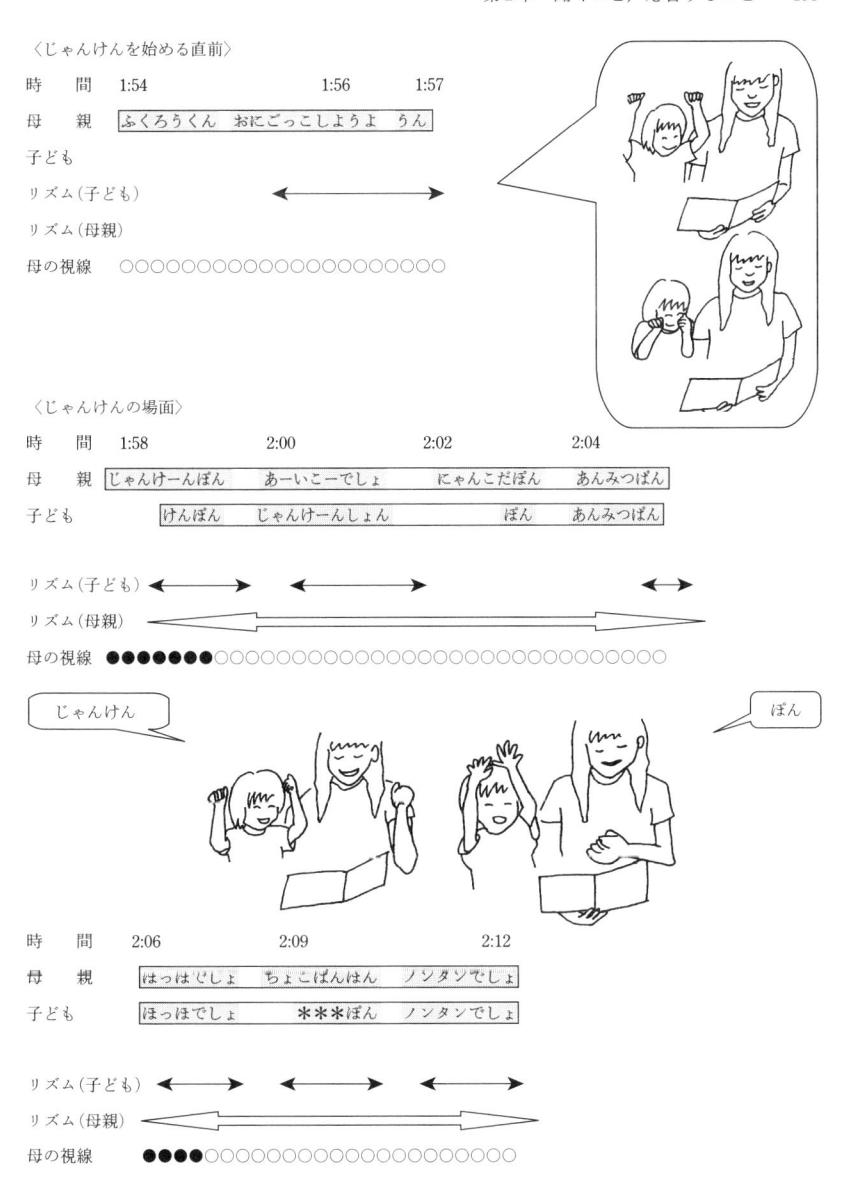

リズム(子ども)　←→　←→　←→

リズム(母親)　　←―――――→

母の視線　●●●●○○○○○○○○○○○○○○○○○○○○○○○

図2-2-7　『ノンタンおやすみなさい』：親子でじゃんけん

態の部分で声の繰り返しがあるというのが特徴である。しかもこれらの部分の多くは絵本の中でもとくに子どもが面白さを感じている部分である。

　母親は子どもがノンタンと一緒にこの子のイメージ世界で一緒に活動するようにノンタンの動作を身体で表現してあげたり，子どものじゃんけんに合わせてリズムを取っている。ここには，子どもが絵本の世界でどのようなイメージをもちながら絵本とかかわりをもっているかを知る手掛かりがある。とくに2，3歳ごろの子どもは登場人物と同じ動きや口調をまねてそれと一緒になって自分も身体を動かしたり，声を出してまさに共振的な反応をすることがある。子どもにとっては絵本から得られるイメージは動きのないイメージではなく，動きを伴ったものである。それは自分の心的世界の中でリアルな動きがあるイメージである。後の§4で詳しくみることになるが，絵本に描かれた「物的イメージ」を見て，それに母親からの語りが加わることで，登場人物の「物的イメージ」はリアルな動きをもった「心的イメージ」になっていく。ちょうど，われわれが恋人の写真という「物的イメージ」を見ながら，そこからかつての出来事やこれから起きるようなことを含めてイメージ世界を広げていき，「心的イメージ」をつくっていくのと同じである。「物的イメージ」から「心的イメージ」への移行はフッサールが問題にしたことであり，人間の想像あるいはイメージの根源にかかわる問題である。このように，子どもが絵本の中で展開するイメージ世界は人間の想像はどのようにして生まれてくるかを考えるときの大事な手掛かりを与えてくれる。そして，幼児の場合にはこの二つのイメージの移行に手を貸してくれているのが母親の語りであることも注意すべきである。話し言葉がもっている臨場性はイメージの生成に大きくかかわっている。次にみる事例は同じノンタンシリーズの一冊『ノンタンおよぐのだいすき』の読み聞かせの場面である。

事例2-2-4『ノンタンおよぐのだいすき』
　　　この絵本も分量は比較的少なく，話の展開も簡単なものである。ノンタンと友だちが海で遊んでいると亀の子どもが親からはぐれて親を探してい

表2-2-10 『ノンタンおよぐのだいすき』：笑って応答

時間	母親の発話・様子	子どもの発話・様子
9:33	ぼくまいごになっちゃったの ママがいないの うえーんうえーん（感情を込めて読む） （子の顔を見て笑う）	 （笑って母の顔を見る） （笑い合う）

　るのに出くわす。そこでみんなで親亀を探し回るが，途中で大きな魚に追いかけられてしまい食べられそうになる。魚から逃げて海に浮かんでいる島にたどり着いて難を逃れたが，その島は実は親亀の背中で，子どもの亀も親に会えてめでたしということで話は終わる。

　表2-2-10は絵本の最初の部分で，子亀が親からはぐれてしまって泣いている部分の読み聞かせである。母親の読みにA子ちゃんは笑って答え，母親も一緒に笑い顔で応答している。親と子は互いに笑い顔で答えることでこの場面の面白さ，おかしさを共有している。感情の共有は絵本読み聞かせの基本である。子どもは絵本の内容を楽しむと同時に，読み聞かせをしてくれている人と一緒に感動を共有すること，これが絵本を読む楽しさの重要な要素である。あるいは集団の場合は仲間と一緒に楽しむということも加わってくる。これは次節のテーマである。

　これに続いて，ノンタンは親亀がどこにいるかをカニやタコに尋ねる場面が出てくる。ここでは次頁表2-2-11のようなカニやタコが「かちゃん」「ちょきちょき」，あるいは「にゅらにゅら」といった動作音を交えてノンタンに答えている。この部分を聴きながらA子ちゃんは，手でカニのはさみを動かすまねをしながら母親の声に合わせて「かちゃん，かちゃん」の声を出している。あるいはタコの場面では，首をすぼめる動作を始める（表2-2-12）。そして母親は「にゅらにゅら」と絵本を読みながらA子ちゃんの腕を

表2-2-11 『ノンタンおよぐのだいすき』：カニの動作

時間	母親の発話・様子	子どもの発話・様子
9:49	(手でカニのはさみのまねをしながら) かちゃんかちゃん ちょきちょきかっちゃん しらないよ，かっちゃん	かちゃん，かちゃん，かちゃん (笑顔で，手でカニのはさみのまねをしている。母の手を挟むように動かしている)

表2-2-12 『ノンタンおよぐのだいすき』：タコの動き

時間	母親の発話・様子	子どもの発話・様子
9:57	たこさん，たこさん ちびっこかめさんのママしらない？ にゅらにゅらにゅら しらないねえ，にゅら (手でたこの足の動きをして，子をくすぐるようにさわりながら)	(両腕で首元をかくすようにする) (うれしそうに笑いながら，くすぐったそうにしている)

くすぐるようにしてさわり，子どももそれに笑いながらくすぐったそうな動作をする。先の表2-2-9の『ノンタンおやすみなさい』で絵本の場面どおりに親と子どもでじゃんけんをしたのと同じく，ここでも親子が一緒に身体を使って絵本の世界の出来事を再現し，そこで絵本の面白さをまさに肌で感じて楽しんでいる。子どもがつくりだす絵本の世界というのは具体的な身体動作や身体で感じたことをそのまま表現することでつくられていく部分があることを示している。イメージの原初的なものには身体運動や身体表現があることがはっきりと示唆される。先の事例2-2-3の場合と同じように，子どもの絵本読みの結果からイメージの根源にあるもの，あるいはイメージの生成の問題を考えていくことができるが，これらについては§4でまとめて議論をする。

§2　絵本の読み聞かせがつくりだす世界：
　　話し言葉によるやりとりがもっているもの

　この節では，絵本の読み聞かせの中で交わされている話し言葉による「話す―聴く」という活動の特質についていくつかの視点から考えていく。そして絵本という一つの児童文化の中核を担っているものが子どもの生活やそこでの活動にどのような役割を果たしているかを論じる。この問題は結局は，幼児の絵本には限定されない話し言葉という言葉のモードがもっている対話状況を考えていくことでもある。

1. 話し言葉の世界とその力

　はじめに関係の形成とその発達として読み聞かせがもっている意味を考える。前の節の前半では集団の絵本読み聞かせを取りあげた。そこでは，家庭における母と子の間の絵本読み聞かせには見られない状況が生まれていた。仮に子どもたち一人ひとりが何の反応もしないで黙って保育者が絵本を読んでくれているのを聞いているだけだとしたら，そこに集まっている子どもたちの間に何の相互作用も生まれない。しかし，子どもたち同士は相互に反応し，それが刺激になり，一つの集団としての読みの反応を生んでいる。その場に身を置いていることで絵本を聞く楽しさが倍増している。『おおきなかぶ』で，「うんとこしょ，どっこいしょ」の発声を，一人の女児が隣の子どもに「今度はもっと大きな声で言おうね」と楽しそうに誘いかけていたことはその一例である。子どもたちの共同的なかかわりがその場の雰囲気や状況性をつくりあげている。実に当たり前のことなのだが，この共同による場の生成を子どもたちが直感的に知っているということである。そして，保育者の優れた読み聞かせに触れることができる可能性があることも幼児教育機関でのメリットである。もちろん，このことは集団として絵本を聞いている場

合や，家庭で親の絵本読みを聞いている場合にも共通することで，いわば読み聞かせという話し言葉がもっている重要な働きにかかわることである。ここでは「関係性の形成」と表現しておく。絵本による「読み聞かせ」は話し言葉を用いて行われる。書き言葉との対比で言えば，話し言葉の世界は関係の世界であり，対面的な世界である。直接，人と人とがかかわる世界である。そしてリアル・タイムにことが起きている世界でもある。端的に言えば，即興の一回性の出会いの世界である。この対話にはそこに出会う人の関係が当然入り込んでくる。あるいは関係の中でしか絵本の読み聞かせは成立しないと言うべきかもしれない。

　子どもの読書について心理学の立場から取り組んできている秋田（1998）が数名の共同研究者とともに保育所，幼稚園における絵本読み聞かせについて行った研究の結論として，次のように述べている。保育者は子どもたちが一緒に聞こうという雰囲気をつくっていくために子どもに応じて興味を引きだすように働きかけを行っていること，そしてなによりも仲間と一緒に時間と空間を共有して絵本を楽しんでいるという感覚を大切にしている。それは集団でも家庭の中の親子の絵本読み聞かせでも共通する大切にしていることである。

　長く絵本の読み聞かせの問題に取り組んでいる田代（2001）は絵本の集団読み聞かせの楽しさはそれを聞いている子どもたちから出てくる笑い声や「わいわい」という歓声からつくられる場の雰囲気であり，仲間と一緒に読み，聞くから面白いのだと指摘する。「絵本の読み聞かせは臨場感あふれるものです。子どもたちが仲間とつくりだした独自の雰囲気のなかで，絵本を楽しむ。そして読み手もその仲間のひとりになって，『大好きなおとな』にしてもらって楽しみたいものだ」(p.34) と言う。

　日本を代表する昔話研究者の小澤俊夫は『昔話とは何か』(1990) の中で，東北地方の民話を採録する作業の中で出会った一人の老人のことにふれている。幕田仁さんは子どものころに祖父から聞いた多数の昔話を正確に記憶している人である。しかも，子どものころに聞いた話を今では自分の孫に話し

て聞かせるような機会もなくなって70年以上の空白があるにもかかわらず，かつて自分が祖父から何度も聞かせてもらった話を完璧なまでに再現したのである。そこには話し言葉がもっている直接性と現前性の力が見事に現れている。小澤は幕田さんは昔話を思いだすとき，「そのテキストを思い出しているのではなく，語ってくれたずんつぁまを思い出しているのだ。ずんつぁまのまるくなった背中，その声，声の調子，いろりの火，まきのもえるにおい，すりきれたたたみのへり，あたりのくらさ…そんな全部を思い出しているにちがいない」(p.251) と言う。小澤はなぜ，何十年も前に聞いたことを忘れないでいるかということについて大切な指摘をしている。まず話の内容それ自体が面白くなければならない。面白いから何度も聞こうとする。それでも彼が述べている中でもっと大事なことは，次の二つである。一つは信頼関係，親愛の関係のある者同士が一緒にその場にいること，その人から話を聞いているという場であるということ。そして第二は，声がもっている特別な力である。声はその人の人格とそれを聞く者との間の情感という独特の関係のきずなをつくりだしていく。その人の声や声の調子は関係とともに記憶の中にしまい込まれている。このことは家庭における保護者の絵本読み聞かせの場面でも共通することである。自分の母親から聞いたお話，保育者の先生から聞いた楽しい話をみなと一緒に聞いた経験は関係の形成の内実であり，それが子どもの言葉を豊かにしていくとも言える。もう一度繰り返すが言葉は人との関係の中で生きているものそのものなのである。

　長谷川宏 (1997) は「言語とは本質的に人間的な共同性の場」(p.108) を前提にしており，そのはじまりは直接的な共同関係にあると言う。そこでは，話し言葉による言語活動，間身体的関係が展開される。これが言語的な共同性の基礎をつくっていく。まさに幼児期の言語活動である。言葉による共同性と共同的な言語意識は共同の活動の中でしか生まれない。そして長谷川は，共同の言語世界を創出できるだけの言語能力と経験を身につけたとき，子どもは本を読んでもらう段階を卒業して，自分で読書を楽しむ段階に入っていけるようになるのだと言う (p.109)。

場の臨場性がもっている意味や，その場にいる者同士の中で生まれる感動や活動の共有，共振といったことについては次の節でもう一度考える。

2.「あどがたり」あるいは相槌という応答

子どもたちは集団の絵本読み聞かせの場面では頻繁に感動の声をあげる。あるいは家庭で親と一緒に絵本を読んでいたＡ子ちゃんは，絵本の中でとくに面白いところや絵本から離れた内容を母親に話してほしい部分になると頻繁に「なあにー？」の声を出していた。前の節でもみたように，これは質問の「何？」ではなく，一緒に絵本を楽しんでいるときに見せる相槌と同じものと捉えた方がよい。あるいはＡ子ちゃんは，絵本を見ながら主人公と同じしぐさをして，母親の読みに応答している。小さな子どもの場合は声だけでなく，身体で応答することが多い。それはＡ子ちゃんだけのことではない。たとえば，前の節でも少しふれておいた心理学者の秋田が自分の子どもに家庭で本の読み聞かせを行った経験をもとにして書いた『読書の発達心理学』(1998) の中で前節の家庭の中の読み聞かせの事例で用いられたのと同じ「ノンタンシリーズ」の絵本を読んでいるときの次女（2歳半）の様子が紹介されている。ここでも子どもは絵本の中でいたずらをした「ノンタン」を叱って絵本を叩く動作を加えながら「（おしりを）ぺんぺん」と言い，母親の読みと呼応した反応をしている。あるいは動作だけでなく，母親が語ってくれたことに続けて，読み聞かせとは直接関係のない絵本の他の部分に注目して，それを指摘する形で応答する様子も紹介されている（絵をみながら「あかちゃんねずみさん，ねてる。勉強している子もいるよ」）。

読み聞かせの長い実践を行ってきている吹田 (2001) も，話を聞いている途中で「なんで？」とか「それ，なに？」といった声を出したり，あるいは言葉遊び的な様子が多い絵本の場合には，途中で笑いながら「それはなんじゃー？」と叫んで，いわゆる「合いの手」を入れることが普通であって，それはけっして小さな子どもだけの反応でもないと言う。

前節で取りあげた集団の絵本読み聞かせと同じ幼稚園で絵本『14ひきの

おつきみ』（いわむらかずお 作，童心社）を保育者が読んでいたときに絵本に合わせて子どもたちが見せた身体動作がある。この絵本の内容は14匹という大家族のねずみたちが十五夜の夜にお月見に出かけるというもので，絵本にはねずみの家族の何匹かがお月様に向かって手を合わせるという場面が出てくる。この場面で，一人の子どもが絵本に出てくるようなしぐさを始める。そして，これにつられて近くにいた子どもたち数人が同じような動作を行っている。ここでは発声ではなく絵本の中の登場人物の動作をまねた数人の子どもが身体動作で絵本と保育者の語りに「合いの手」を入れている。子どもたちは面白い部分では絵本，そして語り手に呼応した反応をしている。それは年齢の低い子どもに比較的多いという傾向はあるが，年齢に限定されたものではないことは言うまでもない。

　劇作家の井上ひさしと昔話研究者の野村純一が対談で昔話を論じている中で，話し言葉の世界の特質を述べている部分がある（井上・野村，1989）。話し言葉の世界がもっている話し手と聞き手の応答性を端的に示すものに「相槌を打つ」ということがあるが，子どもたちが絵本で話を聞きながら応答する，「合いの手」を入れるのも同じものである。そして古くはこの「相槌」と類似のことを「アド」とか「あどがたり」と言っていたというのである。

　「アド」は『大鏡』の中に記載があるように古来から年寄りがしゃべることを聞く側はきちんと相槌を打って承るようにといういわば聞く側の姿勢を説いたもので，このようないわば応答的反応ないしは相手の考えを受け入れることを述べたものである。だから今日の「相槌」というものと「アド」や「あどがたり」は意味的には近いが，その意味していることは単なる身体的応答だけでなくもう少し広く，いわば対話的応答性といっても構わないようなニュアンスを含んでいる。この対談の中でも野村は次のように言っている。「語り手が独立して存在するというのは，まったくありえないわけです。聞き手がいて，そして実際には聞き手が語り手を促すわけです」（p.7）。

　もちろん今でもわれわれは相槌を義務や礼儀で打っているのではなく，「話す－聞く」という対話状況の中では，その話の面白さやその内容に共感

するときには自然と身体的に反応してしまうし、「そうそう」と声に出して「アド」を打っている。これが自然な反応であり、大人ももっている対話の中で表われる根源的なものである。だから小さな子どもはなお一層親の話を聞いて、あるいは保育者の語りに思わず身体で反応し、また声を出してしまう。あるいはこうも言えるだろう。子どもの絵本読みで見せるこの反応はわれわれ大人も含めて人間が本来的、根源的にもっているものを子どもはよりはっきりと示してくれていると。大人はどこかで人の話は黙って聞くのが礼儀で、話の合間に「相の手」などを入れるべきではないと思い込んでしまっているのかもしれない。

　この井上と野村の対談の中で絵本読みの本質を考えるうえでもう一つ大切なことを指摘している部分がある。それは話し言葉は一回限りの即興的な部分を多分にもっているということである。このことに関連して、子どもはなぜ、昔話も絵本も同じものを何度も聞きたがるのかという疑問がある。それに対して、心理学では物語スキーマの形成という観点から説明をしてきた。つまり、子どもにとって話の内容を繰り返し聞くことで話しの内容構造、つまり物語のスキーマをつくろうとする。この物語の全体構造をつくっていくことが話の内容理解につながるからである。子どもはこの物語スキーマをつくろうとして何度も話を聞こうとするというのである。そして作品の内容についての物語スキーマがある程度出来上がると、今度はこの物語スキーマを使って今度は「次はどういう話になるかな」と話の筋を予測することと、その予測がうまく当てはまっていくことによる楽しさをもつようになる。このように説明をしてきた。しかし、これはあくまでも物語の理解という観点からの説明である。

　井上と野村は落語などで聞き手は物語をすでに知っているのに、その話を何度も聞こうとするのは、同じ話でも語り手によってニュアンスが違ってくるし、それぞれの語る人のもっている言葉が面白いから何度も聞こうとするのだと言う。筋を楽しむ一方で語りを楽しむ。これが話し言葉の世界の面白さになっているというのである。子どもが何度も同じ話を聞こうとする大き

な理由がここにある。これはすべての話し言葉で表現されたものに共通するものであって、その場で行われる一回きりのパフォーマンスがもっている特質でもある。井上がここで指摘しているように、書かれたものは同じことしか書いていないから普通は1回読んでそれで終わりにしてしまう。話し言葉の世界では同じことは起きない。子どもは話の筋を楽しみながら同時にそれを表現している語りを一緒に楽しんでいる。しかも身近にいて心を通わせている人が話してくれることを。

3. 絵本の世界：共振し合う関係が生まれる場

　話し言葉の世界は話す者と聞く者が同じ場面と同じ状況に身を置いていることを前提にしている。同時にこの話し言葉は関係をつくりだす力をもっていることを述べてきた。そこでは直接的な関係や共振し合う関係が生みだされてくる。前の節でみた集団の絵本読み聞かせ、そして家庭での親子の絵本読み聞かせのいずれの場合でも、話し手と聞き手はお互いの声に呼応して、あるいは大人の語りの声に応答する形で子どもは身体動作を行っている。そこでは声と身体が互いに呼応して一つの感動が生みだされている。絵本の読み聞かせを体験することで最も大事なことは一緒に絵本を楽しむことだと言ってよいだろう。この共同の感情を生みだしているのは前に述べた話し言葉による語りとそれを聞くという二つの行為である。

　『おねいちゃん』などの作品でいくつかの児童文学賞を受賞している作家であると同時に、病院の小児病棟で生活している子どもたちや大学生、さらにはお年寄りと様々な人たちに絵本読み聞かせの実践を行っている村中李衣(2005)は、絵本はテキストではなくて生き物だと言う。「読みあう人といっしょに姿を変えて育っていく。100人いれば100とおり。100回読めば100とおりの読みの場が生まれてきて当然なのです」(p.52)と言う。そして村中は大人自身も子どもと横並びで物語の世界に出会っていることを忘れてはならないとも言う。絵本を一緒に読みながら大人も読んでいる「その瞬間のふわっと心浮き立つ思いをこどもといっしょに共有できなければ、その読み

の場が幸福の場として子どもの内面に記憶されることはないでしょう」（p.141）と，この本の最後でまとめている。この節の前の部分で小澤が昔話に関して述べていたのと同じことである。絵本を読んで聞かせることの一番大事なことは，結局，一緒に楽しみ，ともに想像的な活動を展開していくことである。そしてその原点と出発点は家庭における保護者と子どもの絵本読みの世界に求めることができるだろう。

　「兵庫文学教育の会」のメンバーとして長く読み聞かせの実践を行っている藤本がサークルの実践から得られたことをまとめている中（高山，1992）で以下の指摘をしている。「あの時，あの場所で，ああいう声で，こんなイントネーションでぼくのために読んでくれた，生きた肉声がぼくらの身体のなかに残っていくのです。十年，二十年たってもその時の声がよみがえってくることがありますが，語りかけてくれた肉声は，ぼくらの身体に根付くのです。よみきかせは結局のところ，この肉声に支えられているのです」（藤本，p.315）。これと同様のことを述べているものがある。日本の絵本作家を代表する人で，多くの優れた作品を残してくれた渡辺茂男の長男の鉄太氏が渡辺茂男『心に緑の種をまく』の文庫版（2007）のために父親に代わって書いた文章が以下のものである。「物語とは，語られるものです。その物語は，本になるために標準語に直されて活字になると，いったんは命を失うものかもしれません。でも，その本をお父さんやお母さんが手に取り，膝に座った子どもに読んでやる時，命を吹き返すのです。標準語で書かれた本でも，例えば静岡出身のお父さんが読んだら静岡弁のアクセントで読まれます。僕の父は静岡の人ですから，父が読むと，センダックだってグリムだって『遠野物語』だって静岡の話になってしまいます。でも，僕はそういう父の語った物語を今でも愛しています。子どもの頃聞いた物語は，心の中にある故郷であり，森のような場所なのです」（pp.432-433）。今，息子の鉄太さんも亡き父の意志を継ぎながら児童文学の世界で活躍をしている。話し言葉の即興性は同時に話す者と聞く者の間の関係性，共同性に強く結びついている。このことが実感できるような話しである。

日本の児童文学の中でけっして忘れてはならない人物に瀬田貞二がいる。北欧民話の『三匹のやぎのがらがらどん』の訳者や『きょうはなんのひ？』の作者と言えば一番馴染みやすいかもしれないが，『ナルニア国ものがたり』や『指輪物語』のシリーズなど実に多くの作品の翻訳を手がけて，また児童文学の研究者としても大きな足跡を残した人である。瀬田が絵本について語った大部の著書『絵本論―瀬田貞二子どもの本評論集―』(1985) がある。この中で瀬田がよい絵本の条件として共通にあるものが何かを指摘している記述がある。はっきりしたテーマをもっているもの，小さい子にもわかる親しい主人公がでてくるもの，そして，立派な絵で挿絵してあるものなどがあげられるが，一番大切な条件は次のことだと言う。「お宅のお子さんが，なんどもなんどもくり返して立ちもどっていく絵本に，お母さん方が親しまれることです。小さい子たちが体験するところを，お母さん方が追体験していけば，絵本のよしあしはすぐわかります。それは，架空の顕微鏡なしで，子どものミクロ世界を透視することなのです」(p.49)。子どもが繰り返し読むもの，つまり楽しんでいくものが良い絵本であり，それを一緒に親が楽しむことで絵本としての条件は十分だと言うのである。あるいはこれと関連して「最初の絵本は，どんなものがいいでしょう」という問いに対しては次のように述べている。「幼児の絵本には物語（文）はいらないというのは，古い考えです。字を読むずっと前から，小さな子たちは聞き耳をたてて，おもしろい筋を楽しもうと思っています。それによって成長しようとしています。単純な発展を持った筋を，筋の動きを，明確で美しい言葉で，明確で美しい絵で，みのった果実のように見事にまとまった一冊を絵本として，持ちたいと待ちかまえています。そして，お母さんなり保母さんなりが，声を出して読んでくれたら，絵本がりっぱな体験になります。読む大人がまず楽しんで，その人なりに消化してなんどでも（くり返される楽しさ！）読んでやれば，小さな人たちは，物語をそっくりおぼえて絵本を『読む』でしょう」(p.51)。

　このように，瀬田は大人自身が子どもと一緒に絵本を楽しむことがなによ

りも絵本にとっては大事なことであることを強調している。この絵本を読んで聞かせるという行為には実は言葉のやりとりの本質が含まれている。たとえば，現代音楽で著名なジョン・ケージが彼の著書『小鳥たちのために』(1976) の中で大切な指摘をしている部分がある。この本はダニエル・シャルルとの対談（正確にはシャルルの質問にケージが答えている）を活字にしたもので，会話体の文章になっている。「私は伝達（コミュニケーション）という概念より，対話とか会話という概念の方がずっと好きですね。伝達というのは，伝え合わなければならないなにかが，対象物があるということを前提にしている。私が考えている会話は対象物に基づくようなものではないんです。伝達するということは，常になにかを押しつけることです，対象物に関する談話，ある真理，ある感情を。ところで会話の中では，押しつけられるものはなにもない」（邦訳，p.145）。絵本の読み聞かせを含めてわれわれが他者と言葉でやり取りすることの本質は何なのだろうか。ケージの言うような「伝達」として絵本の場面をみてしまうと大切なものを失ってしまう。あるいは絵本読みの場面にかぎらず人と人とのやり取りの本質も失われてしまう。伝えることではなく，つながりややり取りを一緒に楽しむことだ。わかる前に感動することだ。このように考えるべきだとケージも，そして多くの絵本研究者や絵本読みの実践者も言い，そのことを強調する。このような人たちの言葉に接すると，現象学研究者で人間の生の背景に横たわっている感情を人間理解の本質に位置づけたアンリを想起しなければならない。アンリは，人間の存在や意識の基底にあるのは内在としての感情であり，観念はその運動的表現であると考える（山形，1993）。このようにアンリが述べていることは絵本の読みの世界で起きていることの本質そのものだろう。アンリはスピノザの思想に強い影響を受けた哲学者であった。アンリについては，次の節でもふれる。

　絵本を読んで聞かせることの一番大事なことは，結局は一緒に楽しみ，ともに想像的な活動を展開していくことである。応答のないところで関係性と共同性は生まれない。絵本は読んで聞かせるという伝達の世界ではなく，読

む者と聞く者によってつくられる共同的な感情の世界である。

§3　運動としての出来事と循環

　この節では，絵本の読み聞かせの中で起きている読む側と聞く側との間の相互行為について，運動とその反復に注目しながら考察する。子どもはなぜ絵本を繰り返し読みたがるかということについての一つの答えは前の節でも述べておいたが，ここでは繰り返しにはズレを伴うという視点からもう一度この問題を考える。

1．運動としての出来事

（1）運動から生まれるもの

　現実生活の中での人の行為はけっして安定した静的なものでなく，いつも動きと変化を伴っている。この章で問題にしてきた大人が子どもに絵本を読んで聞かせ，その話しに応じて子どもの方も応答をしていくという営みはいわば絵本を介した表現行為であり，そこには身体運動も伴っている。しかもそこでは行為をしている者の間で相互のかかわりが生まれている。有機体は自分が生存している場（このことをユクスキュルは環世界とよんでいた）とたえずかかわりをもちながら生活している。そしていつもそこには変化が含まれている。あらゆる生物，生きている者すべては運動という活動を止めない。有機体はたえず生きている環境とかかわりつづけており，これが有機体のありようの基本であるとしたのが神経生理学者であり神経内科学者であったヴァイツゼッカー（1940）である。彼は，生命あるものの生きる行為の本質としてたえず環世界とかかわりつづけることを強調したが，同時に彼は行為は一つのまとまった形をつくりだしていくことも指摘した。これが彼が言ったゲシュタルト的円環（Gestaltkreis）である。とくに人の場合は他者といつも

かかわりをもちながら活動している。ヴァイツゼッカーがしばしば例として用いているのは二人でダンスを踊っている場面で，お互いの運動が相互に絡まり合い一つの動きをつくっていくことである。そこでは円環的な行為の連続が展開されている。あるいは乗馬の場合もまさに人馬一体と言われるように騎手と馬の間でもダンスの場合と同じようにどちらが原因でどちらが結果であるといった因果論では捉えられない円環（Kreis）的な相互関係がつくられている。しかもこの円環的な運動から一つのまとまり，つまりダンスという動き，乗馬という一定のまとまった行動，ゲシュタルト（Gestalt）が成立してくるのである。本研究で，幼児が集団で絵本の読み聞かせを聞きながら次第にその世界の中に入り込み，最後には子どもたちと保育者とが一斉に声を出していく過程はまさに運動による相互触発であり，「ゲシュタルトクライス」の現象そのものである。

　ここからさらに進んで問題にしなければならないことはその発生の過程で起きていることであり，その微視的な時間的経過の中でどのような行為展開が行われているかということである。このことで示唆的なのはヴァイツゼッカー（1946）が彼の著『アノニュマ（Anonyma）』（一つのタイトルで言い表すことができないという意味であえて『無名の書』と名づけた）の中で「比喩としてのゲシュタルトクライス」の概念を提示していることである。この概念で彼が言いたいことを端的に述べれば運動は行為のイメージをつくりだしているということである。つまり，繰り返し起こる運動は次に起こる運動や行為として起こすべきことのイメージを与えている。いわば活動の代理や比喩としての意味が運動から生まれてくると言うのである。運動の繰り返しは行為を方向づけていくいわゆる運動イメージを生成するというのがこの概念で示していることである。幼稚園の集団絵本読み聞かせの中で『大きなかぶ』の中の掛け声を子どもたちが繰り返していくことで，始めは一斉発話の開始を揃えることができなかったが，繰り返しの発声＝運動によって一つの運動のイメージをつくりあげ，次第に発話の開始が揃うようになっていった。この現象を説明してくれるのが運動がつくりだす行為の代理であり，比喩として

の「ゲシュタルトクライス」である。

　ここから運動そのものが果たしている役割に注目する必要が出てくる。たとえば前の節でも述べたミッシェル・アンリは人間の行為の根源にあるものとして運動的側面を重視すべきであると言う。アンリはメルロ＝ポンティは身体については確かに論じたが，身体行為そのもの，あるいは身体を使った運動については十分な考察を加えていないと批判的に述べる。さらにアンリは運動を起こしている人間の内的あるいは人間精神を説明するときに内的生とでもいうべき感情を抜きにして論ずることはできないと言う。これまで人間の行為を扱ってきた人たちの多くはいわば知のための行為であって，行為そのものをまずもって内的感情の表現として捉え，運動の背景にある感情・情動とそれが目指しているものを運動とともに論じていかなければならない（山形，1993）。もとよりこの問いは本書を超える大きなものである。引きつづき考えていかなければならない。

（2）運動の反復から生まれる律動

　運動には時間という変化の過程が伴っている。そして運動や出来事はこの時間の中で一つのリズム（律動）を形成している。この繰り返しの運動がもっているリズムは人間の行為を支えている。前のところで取りあげた絵本研究の第一人者の瀬田貞二が『幼い子の文学』（1980）の中で童歌を論じて次のように述べている。「遊ぶ時はリズムがないとだめでしょう。動作がうまく遊ばない。だから，『てんてんてまり』の唄にあわせてまりをつくとか，なんか必ず節のついた唄をうたいますね。ですから，童唄（歌）の八割方は遊び唄じゃないでしょうか」（p 60）。言い換えると童唄＝遊び唄はゲシュタルトクライスである。

　子どもたちの遊びの中では自然に自分たちの身体の動きをコントロールしていくリズムのある唄や声が出ている。音楽学の泰斗でモーツアルト研究者として名高い海老沢敏（1986）が「むすんでひらいて」の源泉を求めて内外の研究を渉猟したものがあるが，子どもたちが遊びの中で身体の動きに応じ

て広く使われているのが「むすんでひらいて」であり，それは世界中に広まっている。「子供たちに必要なのは，自分たちが自然に歌え，また一緒に声を合わせることができ，そして知らず知らずのうちに，身体を動かしてしまうような，そうした形での＜自然的音楽＞である」（海老沢，1986）。そして海老沢の研究で明らかになったのは，この「むすんでひらいて」の源泉はあのジャン＝ジャック・ルソーであった。

相互行為し合う者の間では身体的な共振やさらには感動の共有化が起きることは以前からしばしば指摘されていた。たとえば，身体的コミュニケーションの様相を扱った菅原・野村（1996）編の中の多くの論考では，そのことが詳しく取りあげられている。そして身体的なコミュニケーションを含むわれわれ人間の対面的相互行為の同調や同期を起こす背景にはリズムという反復への強い反応志向があることが指摘されている（たとえば，Erickson & Shulz, 1982）。彼らは，発話をコントロールしているのは身体のリズムであると言う。リズム（律動）は人間の相互行為だけにかぎらず芸術創造の分野でも指摘されていることである。デューイ（1934）は，リズム（律動）はすべての存在の普遍的な骨組みをなすものであって，あらゆる芸術に貫いていると言う。しかし，ときどきこの律動が間違って捉えられてしまってもいる。単なる要素の繰り返しのように考えてしまう過ちである。そうではなくて，部分が互いに相互作用をして全体を構成していく「関係性の反復」（邦訳，p.223）としてそれは立ち現れ，そこでは単なる量的加算以上のことが起きる。だから律動は単なる反復ではなく新しいことが起こるための蓄積であり，進展を内包した関係性の反復である。たえず相互に作用し合う世界，つまりデューイ（1934）の言うリズム（律動）が存在している世界では，変化する運動を内包している。そういう時間の変化でもある。

もう一度確認をしておくが，第1節の事例で示した幼稚園の集団絵本読み聞かせ『大きなかぶ』でも子どもたちは6回続く「うんとこしょ，どっこいしょ」の発話を同じ音量で繰り返したのではなく，一斉発話の中で子どもたちのお互いの声のリズム（律動）の繰り返しが刺激になってどんどんと大き

な声になっていったのである。この変化は音声波形ではっきりと表れていた。

　音楽表現の技法として「パッサカリア」というのがある。J. S. バッハの曲やブラームスの「交響曲第4番」の第4楽章で用いられているのはよく知られていることである。たとえば，ブラームスではこの第4楽章の中では一見すると8小節の繰り返しのようにみえるものがそこでは少しずつ変奏が加えられ，全体としてはこの繰り返しの中から変化が生まれてくる。繰り返しといういくぶん制約が加わったものだからこそそこから新しいものが創造される。

　フッサール現象学に強く影響を受けて，人間の社会的活動を日常の生活の中で解こうとした社会学者にシュッツがいる。彼の著書『現象学的社会学の応用』(1964) の中に「音楽の共同性」という章がある。音楽を例にしながら人間の行為の中にあるリズムとこのリズムの共有・共鳴が論じられている。シュッツはこの「互いに調子を合わせ合う関係（mutual tuning-in relationship)」が音楽的コミュニケーションを含めてあらゆるコミュニケーションを可能にするものだと言う。つまり，彼はお互いが相互同調的な関係をつくっていくといういわば社会関係をもちうるからコミュニケーションも可能になるとして，当事者同士がそれぞれの内的時間の中でリズムを共有したり，チューニングが合っているという体験をもつことの必要性を強調する。

　現代思想に大きな影響を与えたドゥルーズは彼の映画論 "Cinema1・2" の中で運動と時間の問題を論じている。彼は "Cinema1"（1986）で運動イメージを論じている中で，運動の連続的な機能には必ず「変調－転調」が内包されていること，この反復とズレにこそ生成や創造性の可能性を求めることができると述べている。同様のことを日本の映画監督の吉田喜重（1998）が小津安二郎の映画を論じた中で述べている。小津の作品の主要なモチーフは一言で言えば，「反復とズレ」ということになる。小津の作品の多くは日常のありふれた出来事が淡々と進んでいるような作品が多いが，一方でこの出

来事の繰り返しの中から大きな変化が着々と進んでいくことをこの映画を見るものに予感させる。小津はなぜ「反復の中にある変化やズレ」にこだわったのか。それは，何気ないことの繰り返しが日常のわれわれの現実であり，その平凡な日常の繰り返しの中に非日常＝ズレがいつも内包されているからである。そして小津が生の中に内包されている究極の変化とズレとして込めたものは死であった。ドゥルーズ（1989）は『シネマ2：時間イメージ』の中で詳細な小津映画論を展開している。ドゥルーズは小津の作品は人間の生の凡庸さの連続の中で非日常，突出したものが生まれてくることを表現していると言う。「小津において，突出したものと普通のもの，限界的状況と凡庸な状況の区別などは決してなく，一方が他方において作用し，あるいは他方に忍び込むというようなこともない。…小津においては，すべてが普通で凡庸であり，一つの死または複数の死さえもそうであって，自然な忘却の対象なのである」（邦訳, p.19）。

2．出来事の反復がつくりだすもの

(1)「循環」から生まれるもの

発達研究でいち早く「循環」的な運動によって新しい行為が獲得されることを指摘したのはボールドウィンである。彼は"Mental development in the child and the race"（1895）の中で「循環反応（circular reaction, あるいは circular activity）」という概念を提出しているが，発達初期の子どもは一定の運動の繰り返しによって新しい行動様式を獲得していくことを述べたものであり，人間の発達を行為とその繰り返しの運動によって説明しようとした。発達は一定の運動の繰り返し，つまり習慣による新しいものを獲得することと，その獲得する活動を方向づけ，修正するところの調整の二つによって実現されるとした。ボールドウィンの循環反応と調節という二つの活動は人間の精神活動とその発達という広い現象を説明できる広い概念と意味をもっている。

その後，ボールドウィンの考えはピアジェの初期の発達を説明するための

重要な概念の「循環反応」へとつながっていく。ピアジェはボールドウィンと同じように子どもは環境の中での経験と運動の繰り返しの中で新しい行動様式と感覚運動的知能を形成していくと考えた。ピアジェが人間の知性は同化と調節の活動によってつくられると考えたのもボールドウィンが言った循環反応とその調整に対応している。このようにピアジェの『知能の誕生』(1948) では，誕生から2歳ごろまでの発達初期の知的活動と発達は感覚と運動を通して環境の中で経験することの蓄積によって起きることを中心にしながら理論化されており，環境とのかかわりの中で生まれる運動反応や主体と環境の相互依存性を重視した発想を強くもっていた。そして，谷村 (1978) が指摘しているように感覚映像と運動反応が主体の内部に形作る一つの円環的なまとまり，これがピアジェの言うシェマなのである。運動の繰り返しは一つのまとまったゲシュタルトを形成すると言ったのは前節で取りあげたヴァイツゼッカーの「ゲシュタルトクライス」の考えであった。そしてピアジェは初期の発達を考えるときにヴァイツゼッカーの理論を相当参考にしている。たとえば，ピアジェは"La formation du symbole chez l'enfant" (1946, 邦訳『模倣の心理学（幼児心理学1）』) の子どもの模倣の発達を論じている中で，他人を模倣する一連の行為の中では他人を知覚することと，それを自分で模倣して演じる運動とは相互に連関して起きており，それが他人の行動を自分が取り込むという同化と調節の活動となっていると言う。ピアジェ自身もここで起きていることはまさにヴァイツゼッカーの「ゲシュタルトクライス」と同じものであると言い，ヴァイツゼッカーの考えに賛意を示している（邦訳, p.146）。ヴァイツゼッカーが「ゲシュタルトクライス」の概念で，外部との間で起きる円環的な活動は一つの行為にまとまり「ゲシュタルト」を形成すると言ったのと同じように，ピアジェも運動の反復は行動のシェマを形成することと，このシェマの形成は人間の認識活動の一般的な姿，いわば原初的な姿であると考えた。ただし，単なる習慣だけではそれは知能にはならないのであって，習慣からシェマという構造的な諸性質を備えたものになっていかなければならないとも言う。ピアジェの発達初

期の問題を扱ったこれらの研究では、人間の知性の起源であるシェマの形成は感覚と運動による循環的活動によって行われることを重視し、反復に大きな位置づけをしていたことがわかる。しかし、ピアジェの場合はこれらの循環反応はあくまでも発達初期の感覚運動的知性を説明するために用意されたものであって、ボールドウィンやヴァイツゼッカーのように人間の精神活動やその発達一般を説明するような広い意味をもったものとは考えなかった。あるいはピアジェは循環反応をシェマの形成と一体として捉えていたことに示されるように、単なる運動だけでは知性をつくっていかないとも考えた。その意味ではピアジェは一貫して知識構造の形成を発達の根幹に置いたといえるだろう。結局、彼の視点は人間の精神の根源にある運動や身体行為それ自体にあるのではなく、それらを超えた知性としての認識活動にあった。このようなピアジェの考え方がよく表れているのが『知能の誕生』の中でメーヌ・ド・ビランの「努力」の概念を批判している部分である（邦訳、p.144）。ビランは主体の内的感情や意志・志向性から発する行為を重視した。この内的情感である主観的身体や「努力の感情」の表現されたものとして身体活動や運動がある。そうするとこの内的なもの、そしてその身体運動とはワンセットでみなければならない。しかし、ピアジェは自己が直接経験として感じるものとか、外界の直接経験などといったものはあり得ず、あくまでも解釈されたうえでの経験であり、その解釈を可能にする知性としての知識構造である。発達初期のことでいえばシェマということになる。だからビランのように直接経験することやそのもとにある内的ものは唯心論になってしまって知性を説明できるものではないと斥けてしまう。そして、ピアジェは感覚運動期に続く次の発達のステージでは概念や表象、言語といったものが人間精神の主要な活動を形成していくと考えるようになり、感覚運動期で説明したものと後の段階での説明との間にはいくぶんかの「断絶」ができてしまっている。かろうじて感覚運動期から次の段階の前概念期とを結ぶものとしてイメージ（心像）をいわばシェマの能記と捉える考えが『表象の心理学』(1946)で語られている。

(2)「反復」の復権

　第1部第1章のはじめの部分でも取りあげた長谷川宏が若い人たちのために書いた小さな本がある。『高校生のための哲学入門』(2007) と題されたもので，人間の本質とは何なのか，そこから人はどう生きるべきかをわかりやすく説いたものである。もちろん，この本の題名は「高校生…」となっているが，内容はけっして「高校生」に限定したものではないことは言うまでもない。

　この本の第4章のタイトルは「遊ぶ」である。大人の社会では遊ぶことは仕事と明確に区別され，まさに労働や作業で疲れたときの息抜きという意味しか与えられていない。たしかに遊びは生産労働のように何かをつくりだすこともないし，遊びはその性質からして合理性や効率性を欠いたものである。しかも遊びは一回限りで完結し，その中で楽しさが持続していればよい。そして，この楽しさは連続することはない。仕事や労働にみられるような連続性と区別される時間，一回限りの非日常の時間が遊びの時間である。一定時間の中でことを楽しみ，その時間の中で完結して終わるという遊びがもっている特質は子どもの遊びにも大人の遊びにも共通している。

　しかし，長谷川は大人の遊びの内容とその意味は子どものそれとは違っていると言う。大人の遊びは仕事の息抜きであり，物の生産や経済活動といったことから離れてまさに余暇としてしか位置づけられていない。あたかも仕事が人間の活動の中心であるかのような価値観に捉われているのが多くの大人である。生産第一，経済至上主義の発想であるが，それに対して子どもの遊びでは遊ぶことそれ自体，この活動に没頭すること，その活動に時間を過ごすことそのものに意味がある。

　そして，長谷川は遊ぶことの本質は反復にあると言う。彼はこんなことを言っている。「そもそも反復は子どもの遊びのきわめて大きな特徴だ。幼児に絵本を読んでやった経験のある人なら，本を読みおわって子どもが『もう一回』と同じ本の読みをなんども催促するのにうんざりした覚えがあるはずだ。また，縄跳びでも，一輪車でも独楽まわしでもメンコでも『だるまさん

がころんだ』でも，よく飽きないものだと思うほどくりかえし同じことを楽しむのが子どもの遊びだ。……おとなは，一般的に言って，子どもほど反復を楽しめない。仕事の生産性や効率性に体がなじんでしまっているということだろうか」(pp.102-103)。このように，長谷川が言うように，そもそも子どもの遊びには繰り返しが多い。むしろそれが基本だともいえる。反復を楽しむのはその遊びそのものが楽しいから同じことを繰り返したいのだ。しかも，子どもは大人のように生産性や効率化といった基準で行動していない。逆にわれわれ大人の体に染み込ませてしまった生産至上主義，同じことを一見無為に過ごすことや単純に繰り返すという行為には耐えられなくなってしまっているこの感覚こそが問われている。長谷川はこんな問題提起を私たちにしている。

　もちろん，子どもの遊びや絵本の読みでも全く同じことを繰り返しているのではない。この節で何度も指摘してきているように，一見すると同じことの繰り返しのように見える中で微妙な変化，ズレが起きている。新しいもの，創造が生まれているのである。

　遊びについて現象学的接近を試みた人に比較動物学と生理学研究を行いながら同時に人間についての現象学的接近を行ったオランダのボイテンデイクがいる。彼は往復の運動こそが遊びの最大の特徴であると言う。ここでは，彼の遊び論を日本に紹介している丸山徳次 (1993, 1994) の論考をもとにしながらボイテンデイクの遊び論の概要を述べてみよう。ボイテンデイクは『人間と動物』(1958) の著者として知られており，またメルロ＝ポンティも『行動の構造』で人間と動物の行動の比較を論じている中で，動物の行動を行動主義や条件反射学とは違った視点から論じているボイテンデイクのことを何度も言及している。ボイテンデイク自身も彼の『人間と動物』の中でメルロ＝ポンティの『行動の構造』を引用して，メルロ＝ポンティが言う環世界とのかかわりの中でつくられる秩序としてのゲシュタルト概念の重要性を指摘している。ボイテンデイクはユクスキュルやメルロ＝ポンティの思想と強いかかわりをもっている。

丸山（1993）によれば，ボイテンデイクが遊び論として強調していることは，自然発生的で自由な「ゆきつもどりつする運動」（「自在な往復運動の契機」）に遊戯の本質があるということである（ボイテンデイク，1933，『遊びの本質と意味』）。そして人間にも動物にも共通するのは，動物も相当無駄なことをしており，個体と種の保存にとって有用なことだけをしているのではないということである。これはボイテンデイクがダーウィン的な合目的性の原理で生命現象を考えてしまうことを批判したものである。遊びは遊ぶことその活動自体に意味があって，それ以外の目的や意図をもたないことが重要なのである。だから遊びそのものを楽しまなければならないのであり，この章のテーマである絵本の読みも子どもは絵本を大人と一緒に読むことそれ自体を楽しみ，大人自身も子どもと一緒に絵本を読むことを楽しまなければ楽しみは共有できないのである。

　もう一つ，ボイテンデイクが動物と違って人間の遊びの特徴としてあげていることは，人間は現実世界と連続しながらも想像の世界をもつという点である。現実ではなく仮にやってみるいわば想像の世界で考えたり，行動すること（ボイテンデイクの表現では「仮象（Bilder）」）が人間の世界では「遊び」という言葉で表現していることの一部であり，動物はこの「仮に」とか「遊びとして」ということがない。動物の場合もじゃれ合うということはあるが，それはあくまでもそれが許される状況での現実的な行動であって，「闘争のごっこ遊び」ではない。ここに子どもたちが遊びや絵本の世界で想像として活動するという人間の遊びの特質がある。

　詩人の長田弘が読書と本について語ったエッセイがある（『本という不思議』，1999）。この中の「子どもの本の秘密」で，彼は子どもたちは本に対して独自の態度をもっていると言う。子どもたちは同じ本をいくども読み返す。そしていくども聞き返す。大人の本の読み方は同じ本を二度と繰り返すことをしない。子どもは物語のなりゆきや結末をすでに知っているのに繰り返し読み，聞こうとする。それはどうしてか。われわれ大人は，同じことの繰り返しを否定的に捉えてきた。同じことが繰り返されるだけでは進歩がな

いと考えるからである。長田はこう言う。「二度三度と読めるというのは，物語をいわば台本のように読んでいるということです。しかし，大人は一度しか読めないというのは，物語を事件のように読んでいる。子どもたちは物語を，演出家として読む。対するに，大人たちは物語を，目撃者のように読んでいます」(p.155)。このように大人と子どもの大きな違いは本の読み方そのものにある。子どもは大人と違って書かれている内容よりも書かれ方や話の展開の仕方そのものに注目する。それは大人が遊ぶときにも「何を遊ぶか」と考えるが，子どもは「どのように遊ぶか」を遊びに求めるのと同じであると長田は言う (p.157)。子どもたちはこの「どのように」に注目するから繰り返しに飽きない。

「繰りかえしは，大人には単調ということです。しかし子どもには，繰りかえしは多様性なのです。一つのことに一つのやり方。それがいわゆる大人のやり方です。『何』が『どのように』を規定するというのが大人のやり方です。ですが，子どもにとっては，『どのように』こそが『何』をあらわす具体的な表現なのです。繰りかえしをとおして，繰りかえしのなかに，あるまとまりをもった全体をつくりだす。ただのボール投げにすぎないことをどんな野球よりもほんとうの野球に変えるのは，『どのように』の発見にほかならない繰りかえしです。そうした繰りかえしのもつ力というものを，子どもはじぶんに，身ぶりとして身にもっています。繰りかえしを多様性として生きる生き方が，身ぶりなのです」(pp.160-161)。このように，長田の指摘にはきわめて大切なことが含まれている。この後に続く長田の文章は次の節で引きつづき取りあげることにする。

§4 絵本の世界における身ぶりと想像：
　　　人間の想像はどこから生まれるか

1. 身体を仲立ちにした行為と運動から生まれる想像

　前の節の最後に述べた長田（1999）のエッセイの続きを引用することから始めよう。「身ぶりを通して，身ぶりのなかに，じぶんの世界を繰りかえし具体的につくってゆく。『どのように』という身ぶりを見つけて，その身ぶりを生きることによって，身ぶりのなかで，繰りかえしじぶんというものをつくってゆく。そのような身ぶりのつくる世界のなかに，子どもたちはいるわけです。つまり，子どもたちは身ぶりの世界の住人です。身ぶりの世界に自分の自由さをもった人間です」(p.161)。

　長田のこのような指摘は，この章の事例で見てきた集団の絵本読み聞かせの中の子どもたちの声による応答，そして家庭の親子の絵本読みの子どもの身ぶりを使った反応そのものである。子どもたちは明らかに身ぶりを使って自分たちの物語の世界をつくりあげていく。長田が言うところの自分の世界の創造であり，表現である。それは具体的な身ぶりによって表現され，つくられている。

　前の節でも取りあげた渡辺茂男（2007）が，子どもの絵本を読んであげたときのエピソードとして面白いことを書いている部分がある。長男は2歳半のころ『きかんしゃ　やえもん』に夢中になり，しまいには絵本を破いて自分の機関車遊びの仲間にしてしまったり，絵本を見ながら「やえもん」のはき出す蒸気の音を自分で出すといったまさに身体レベルで一体感を感じてしまっている。しまいには絵本に「やえもん」の煙突から煙が出ているのをクレヨンで描いてしまい絵本の世界を超えた自分のイメージ世界をつくりあげてしまっている。しかもここで言うイメージとは絵本を通して自分が感じ取った身体イメージに基づいたものだということを確認することができる。こ

のように子どもは絵本を見ながら自分の身体の動きと結びつけながらイメージ世界をつくりだしている。

　長田は言う。大人と子どもの本の世界は違っている。身ぶりの世界の住人である子どもにとって，どんなものも身ぶりによって語りかけるものとして存在している。大人は身ぶりを捨ててしまった人間である。「子どもは身ぶりを，言葉として生きている人間です」(p.165)。

　長田の言葉をもう少し続けよう。「本を読む。物語を読む。それはそこに身ぶりをもった世界を読むことです。繰りかえし読む。それはそこに繰りかえし身ぶりの世界を読む。野球のゲームでじぶんの打席に立つために，打者は素振りを熱心に繰りかえします。素振りを繰りかえし，繰りかえしのなかで『いい感じ』を掴む。『いい感じ』を掴んではじめて，バットを振りきれるようになる。そのように身ぶりをじぶんに掴めるようになるまで，読む。言葉を読むとは，そういう経験だろうと思います。子どもは身ぶりの世界の読者なのです」(p.174)。

　身ぶりによってつくられる物語の世界。これが子どもの読書，そして絵本の世界である。詩人の長田が見事にそのことを言い当ててくれた。私たちは想像あるいはイメージの世界とその始まりについて相当誤解をしてきた。長田の視点は子どもが絵本をどのように読んでいるのか知ることで絵本を通してつくられるイメージないしは想像の世界はどのようなものか，あるいは私たちの想像の根源にあるものはどのようなものであるかを考えていく手掛かりを与えてくれる。

2．運動イメージ，物的イメージそして心的イメージ

　想像すること，イメージすることは内的表象の活動であり，現実と対比される空想・虚構の世界で起きていることだと考えてきた。たしかに人間は現実の状況に縛られることから解放されて表象する能力を獲得した。しかし，この想像やイメージは具体的な身体による身ぶりや表現によって形作られたものが根源になっていることを忘れてはならない。そしてここに言葉という

人間独自の表現行為が加わることで現実と状況に支配されない表現世界が生まれてくる。

　子どもの想像の世界で流れている時間と空間は現実のモノや絵本で表現されている知覚的現実に刺激され，しかもそれは現実の生活の中で流れている時間なのであり，けっして頭の中ではなく現実の時間と空間の中で展開されているものである。子どもは自分の想像の世界をリアルに動かすという現実の時間の中で仮の世界に入っているだけであり，想像と現実はいつも「出入り」している。だから想像の世界でも現実的なリアル性をもちうる。

　ベルクソンの『物質と記憶』の中では運動イメージには知覚イメージ，行動イメージ，情動イメージという三つのイメージ情報が含まれていると述べている（ここで言うベルクソンのイマージュ論はドゥルーズ（1990）に基づくものであり，ベルクソンのそれとはいくぶん異なるが，わかりやすさとこの節の内容との関連を優先してドゥルーズの解釈を使うことにする）。つまり，運動しているものから受け取るわれわれのイメージ（現実の人の振る舞いや映像からつくられるイメージ）にはこのような三つのイメージが含まれている。

　そしてわれわれは現実の生活の中で人の動きやそれを記録・表現した映像を含む運動イメージをもつから，知覚イメージから行動のイメージを喚起でき，さらにはその人の情動までも関連づけることができるのである。そこで知覚イメージから逆に行動イメージを創ることもできる。子どもが絵本を読みながら行動イメージを創ることができるのも運動イメージという三つのイメージが統合されたものをもっているからである。イメージは明らかに個人の内面の活動であり，いわば唯心論的なものである。しかし，この個人のいわば自由な意識的な活動と思われているものも実は現実世界の出来事を反映したもの，つまり唯物論的なものでもあると考えなければならない。ドゥルーズ（1990）によれば，ベルクソンのイメージ論もまさにこの唯心論と唯物論が結合されたものである（邦訳，p.101）し，そもそもわれわれのイメージは主観と客観との統合の産物だということになる。ドゥルーズ（1986，1989）が「シネマ」の二分冊の中で映画を題材にして運動イメージと時間イ

メージについて論じているのもベルクソンのイメージ論への新たな展開の試みなのである。運動が時間を創るのではなく，時間イメージが運動イメージを生みだしていくという視点からドゥルーズは新たなイメージ論の構築を試みる。『シネマ』はあまりにも問題が大きいのでここで論じることはできない。

　滝浦静雄の『想像の現象学』(1972)には想像とイメージ（心像）についての大切な指摘がいくつか書かれている。この節に関連することに限定するが，とくにフッサールが指摘していた物的イメージと心的イメージについて滝浦は次のような例を使って説明をしている。恋人の写真を見て心の中に思い浮かべるとき，まずはこの写真に写っている人の顔から受ける物的イメージがある。しかしこの物的イメージとして写真に写っている恋人の顔を見ながら実在の恋人のことを想い描く。物的イメージを通してわれわれは実在の人物の姿をイメージする。これが心的イメージである。あるいはすでにこの世にいない人のことを写真という物的イメージを通して記憶としての心的イメージをもとうとする。絵画や彫刻から受け取るもの，演劇などの身体動作と表現から受けるものも物的イメージであり，われわれがつくりだす心的イメージもまずはこの物的イメージに支えられている。しかし，われわれの心的イメージは先の恋人の写真の例でみたように，物的イメージそのものではない。このように滝浦は二つのイメージの区別と両者の連関性を指摘する。この二つのイメージはどのような関係になっているのだろうか。あるいはわれわれは物的イメージから心的イメージをどのように創りだしているのだろうか。フッサール(1950)は『イデーンⅠ-Ⅱ』の中でデューラーの銅版画（「岸と死と悪魔」）を目の前にしたときにもついくつかのイメージを取りあげている。まず第一に，「一枚の銅版画」という物そのもの，あるいは画集綴じの中にある物として見ること。第二に，そこに具体的に描かれている黒色の線で描かれた，色艶のない，小さな図案である「馬上の騎士」と「死（死神）」と「悪魔」として見るわれわれの知覚的意識。そして，最後にわれわれがこの作品を美的に鑑賞したとき，そこでは銅版画として描かれている人

物たち，肉と血とを具え，骨を具えた騎士等々の実在物として見る。この模写されたものを通してそこに描かれている実在の人物を意識することによって物質的な図像は形を変えてしまう。つまり心的イメージとなる。そうなるとわれわれは物的イメージから始まりながらも常に心的イメージとしてそれらを捉えている。イメージはそのようなものである。そしてこの変換を起こしているのはわれわれの意識の志向性である。だからイメージの生成のためには「模写されている客体」がなければならないが，同時に客体として存在しているものを超えなければいけない。存在するものとしてそこにあるのでも，存在しないものとしてあるのでもない」（邦訳，p.184 一部文章改変）。これはまさに想像やイメージの本質を的確に表現している。これがわれわれのイメージである。

　想像では現実と非現実の境目が識別不可能であり，想像の世界とはこの識別不可能性のことだとも言える。現実とは，アクチュアルなものが連続的，合理的につながっている世界で，非現実とはこの連続性が一部切れて非連続的な形で意識に現れてくるだけの違いがあるだけである。

　絵本読み聞かせに話を戻そう。絵本読み聞かせはイメージと声（言葉）が結びついたものという意味では映画の原型と近いが，映画あるいはアニメ映像との大きな違いは絵本の場合は動的イメージを子ども自身が自己生成しなければならない点である。たとえば，吹田（2001）が指摘していることだが，『変身』の作者のカフカは主人公のグレゴール・ザムザの姿を連想させるような扉絵を出版社がつけようとしたのを執拗に拒否したという逸話がある。カフカが図像的なイメージのもっている効果と圧力を感じていたからである。それが一層強力な力をもって中心に居座るのが映像である。絵本は子どものイメージ生成を挿絵と大人が話してくれる声と自分自身がつくりだすイメージ世界とを結びつけてくれる。そこには，映像のように強制的にイメージの型枠を押しつけてくるものとは違った自由がある。

第 3 章

描くこと，表現すること

　この章では，幼児の描画活動を取りあげる。保育・幼児教育の場では子どもたちは教育活動の一環として絵を描くことが多い。そして子どもたちは彼らの独自の様々な表現方法で日常の中で出会ったことや体験したことを絵に表す。子どもは最初は一見して何を描いたのかわからないような絵から次第に大人にも容易にわかる形の絵を描くようになる。
　この章の前半では，人間の表現行為としての絵を描くこと，形にする活動の意味を考察する。後半では，幼児が幼稚園などの活動の中で描いた絵のいくつかを事例として取りあげ，彼らの絵画表現の特徴とその表現の営みの意味を考える。子どもたちは自分が体験したこと，楽しかった出来事をけっして既存の表現手法に拘束されないで自分なりに表現を工夫して描いている。それらの絵は時には空間表現として決められた手法からすると逸脱した絵となっていることもある。しかし，彼らは自分たちが体験した出来事をリアルに描こうとする。出来事という時間変化をどのように表現するかという空間表現の難問を彼らなりに解こうともしている。幼児の描画活動から子どもたちが表現したいことを形にしていくという表現がもつ根源的な活動をみることができる。

§1　絵画表現の根源にあるもの

　絵画表現は言葉という表現モードに依存しない活動である。メルロ＝ポンティの言葉を借りれば言葉以前の「無言のコギトー」，つまり言語記号では表現できない思考や意識を表すものである。言葉による表現の前にあるもの，それは表現の根源である。だからはるか先史時代から人は洞窟に絵を描いてきた。
　絵画表現は外の対象を見た視覚経験や自分が体験した出来事に触発されることから始まっている。これが絵画による表現の大きな特徴である。絵画表現のもとになっているのは現実の視覚対象であり，出来事の体験である。画家は外の風景を見て描く。しかし彼は風景のとおりには描かない。スケッチをもとにしながらもまったく別の風景，画家の眼を通した風景を描きだす。つまり画家が感じた客観的な視覚経験や出来事とそれを自分なりに表現し直す主観とが交錯したものが絵画表現である。外在と内在の絡まりと言ってもよい。結局，絵を描くということは自然の風景や出来事から刺激を受けた自己が自己の世界を表現することである。それは幼児が描く描画でも全く同じである。画家も幼児も自分の体験，感動を形にして表したいという欲求があるから描く。描くという行為は自己表現であるからこそ自己の意識世界をはっきりさせていく行為でもある。
　この節では，始めに幼児の描画活動を考えていく手掛かりを画家の表現行為を論じているメルロ＝ポンティの絵画論に求めてみよう。次に，人には何かを表現しようとする根源的な欲求があることを先史時代の洞窟画を例にして考える。

1. 形あるものにする行為

(1) 絵を描くこと：眼と精神の間の往復運動

　なぜ，ここで幼児の描画を問題にしようとしているのか。あるいは幼児の絵を描くという活動から何が明らかになるのだろうか。保育・幼児教育とそれに続く学校教育では造形教育として子どもの描画活動がある。しかし，教育の一環としてあるというだけでは子どもの描画活動のもっている意味は明らかにならない。人はなぜ，絵を描くのかという問いに対する答えを見つけることから始めたい。その答えをメルロ＝ポンティの絵画論，芸術論から求めてみよう。

　メルロ＝ポンティは絵画についていくつかの著書で論を展開しているが，彼が注目するのは画家の制作過程である。つまり，画家は自分の絵画制作の過程で自然の中で自分が見たり，体験したことをもう一つの自然として絵画の世界で描きだそうとする。画家は眼の前にある知覚世界を自分なりの形でもう一度捉え直し，それらを自分のスタイルとしていかに表現＝再現するか，その可能性を模索する。そこでは外の客観的世界と画家の表現世界，いわば客観と主観の二つは相互に規定し合っており，表現はこの二つのはざまで起きている。メルロ＝ポンティ（1964）は彼の「研究ノート」で次のようなことを述べている。形が定まることのない知覚的世界は「あらゆる表現の様式を呼びもとめ要求するものであり，それぞれの画家に繰り返し新たな表現の努力を促す」（『見えるものと見えないもの』邦訳，p.238）。

　ものを描くという行為では眼と精神とが行き来している。眼で見た対象をもう一度捉え直し，対象や出来事から感じたことを自分なりの形で表現していく。絵画は写真とはまったく違うものである。絵画制作は客観的な対象を写し取るという活動をはるかに超えている。見たとおりには人は描かないし，描けない。ときには時間を隔てる形で自分が風景の中で感じたこと，出来事の感動を絵画として表現する。写真は時間を停止させ，対象の動きを消して切り取る。絵画制作ではその対象を見て，描いている人の身体は固定さ

れることはない。現実の世界でもわれわれは身体を動かしながら対象を見ている。当然，対象を多様な角度から見ることになる。この日常のわれわれの視覚経験を大切にして，絵画作品にもこの多視点から見ることを一枚の絵に込めて描くことに挑戦する画家たちがいた。セザンヌやそれに続いたピカソが試みたことである。あるいは描く対象もけっして動きが止まったものばかりではない。動きをどのようにして一枚の二次元のキャンバスに封じ込めて表現するか。クレーやジェリコー，デュシャン，そしてイタリア・未来派の人たちが試みたことはまさにこの難問への挑戦であった。なぜ，このような難問に挑むのか。それはわれわれが現実の中でものを見て，そこから何ごとかを感じ，また感動することの本質の姿と形がそこにあるからである。絵は生きものである。

(2) 絵画表現：生のリアルな姿を捉える

絵画は視覚対象の単なるコピーではない。もちろん，作品と視覚対象との間には何らかの類似性，連続性はある。そして，どのような類似性がそこにあるかは画家の想像性と表現による。画家が描く世界も外的対象からインスピレーションを受けたものであっても一種の類似性があるだけである。絵画はいわば外的対象の〈外なるもの〉を画家の表現世界に〈内在〉させたものであり，同時にこの画家の想像や表現世界は外的世界と無縁な形で出てきたものではないので〈内なるものの外在〉でもある（メルロ゠ポンティ，『眼と精神』邦訳，p.261）。

セザンヌは自然という作品に触発され，自然の現実の姿を追究した画家として知られている。物のありのままの自然の姿を描くために彼は既存の遠近法や画面構成にこだわらなかった。物を前にしたときにわれわれが動き回り，それを眺め，自然が与えてくるものを描こうとした。彼の有名な静物画ではテーブルが傾き，果物が今にも転げ落ちてしまうような絵になっている。いかにも不安定な状態で静物を描いているが，われわれが現実の場面で身体を動かしながら見ることで得られる自然の姿はこのようなものだと考え

た。だからセザンヌは風景を描くときにもモノの遠近を自分で体験した遠近法で描く。それは写真や幾何学的な遠近法とは違っている。セザンヌはわれわれが現実の中で生きて活動しているその姿を捉え，描こうとした。

　セザンヌ自身が友人の息子のジョワシャン・ガスケを相手に語ったものがある（ガスケ，1921，『セザンヌ』）。たくさんの興味深い話が綴られているがその一部だけを引用してみよう。「芸術家の全意志は，沈黙であらねばならない。自分の内の，偏見の声々を黙らせなければならないし，忘れて，忘れて，沈黙にひたって，完全なるひとつのこだまになる。そうすると，彼の感光版に，景色全体が記されてゆきます。画布にそれを定着させ，外に顕在させるにあたって，メチエがのちにものを言う段になりますが，それも，命令に従い，無意識に翻訳するという敬虔なメチエです（引用者注．メチエ：ここでは表現技法といった意味）…風景は，私のなかで反射し，人間的になり，自らを思考する，私は風景を客体化し，投射し，画布に定着させる」（邦訳，pp.179-180）。あるいはこの後の部分では次のように言う。「私は自然のなかに没入したい，自然と一緒，自然のように再び生えていきたい，岩の頑固な色調，山の合理的な強情，空気の流動性，太陽の熱が自分にはほしいのだ。ひとつの緑の色のなかに，私の頭脳全体が，木の樹液の流れと一体になって流れ出すであろう」（同上，p.212）。

　なぜ，彼はこのように自然を表現すること，その表現の仕方にこだわったのだろうか。それはセザンヌが自分なりに絵筆を使い，絵で表現しているものは「生まれ出ようとしている秩序や，われわれの眼前に立ち現われ形をなしつつある対象などの印象」（メルロ＝ポンティ，1945，『セザンヌの疑惑』邦訳，p.18）を生みだそうとしたためだった。言葉が漠とした形で立ち現れていたものに名前を与えることで，その本性を捉えるのと同じように，画家はものを「対象化し」，「投射し」，「定着」させようとする。

　セザンヌは人や姿や顔を描くときにもその人の魂，思考といった観念が導きだされ，抽出されるものを描かなければならないと考えた。「他人の精神は，何らかの顔や動作と結びついた，具体化したかたちでのみ，われわれに

示される」(メルロ=ポンティ,同上,p.20)。この他者からわれわれが感じ取る根源的な経験を形にし,表現しなければならない。そんなことをセザンヌは追究しつづけたのである。

　画家は描くことで結果的には新しい視覚を発見することがある。見えないものが見えてくる。「画家の視覚は絶えざる誕生である」(『眼と精神』邦訳,p.266)。問題は外と内とをどのように類似させるかということである。それが表現の問題である。程度は違っても幼児が絵を描く場合も同じである。

　イメージの生成には類同物あるいは代理物という媒介物が存在している。しかし,物的イメージに対応する物それ自体がわれわれのイメージを直接つくりはしない。対象と視覚,あるいはイメージとの間を結びつけること,類似なものとして捉えることがなければならない。メルロ=ポンティは彫刻家のジャコメッティの次の言葉を引用している。「あらゆる絵画において私が興味をもつのは類似ということだ。言いかえれば,私にとって類似であるもの,私に外的世界を発見させてくれるものだ」(同上,p.262)。

　物的イメージには対応物が存在する。セザンヌはこの対応物である自然が与えてくるメッセージにこだわった。セザンヌは若い画家のベルナールに対してこんなことを言っている。「イマージュを実現する」とは,カンヴァス上にシンボルを構成することではない。「イマージュ」も自然の中にあり,その姿は「実現」というやり方によってしっかりと顕れてくる。「イマージュ」は,幻覚でも,夢でも,現象でもなく,実在するものである(前田,2000,pp.267-268)。もちろん,この対応物そのものが直接イメージとしての意味を与えることはない。これらのいわば類似物や代理物を媒介にしてイメージ生成が立ちあがってくるためには「実現」させなければならない。いわば自然からのメッセージを自分の形に「実現」し,両者の関係に決着をつけなければならない。これは人間が根源としてもっている表現行為であるが,セザンヌがイメージは実在するものから触発されて生まれると言ったことは重要な意味をもっている。

2. 表現の根源：洞窟画

　3万年ほど前の先史時代の人たちが洞窟の奥まった壁に描いた絵は洞窟画といわれている。洞窟画は世界の多くで発見されているが，われわれに馴染みのものはアルタミラやラスコーのものである。石川直樹（2007）はこれら以外の世界の主要な洞窟画を写真に記録している。洞窟画の存在についてはたくさんの人が注目してきた。たとえば，ルロワ＝グーラン，ギーディオン，バタイユ，リュケ，そしてメルロ＝ポンティといった人たち。あるいはわが国でも港千尋（2001）や中原佑介（2001）などである。これらの人たちが共通に抱く関心は，洞窟画から人間のイメージの起源や根源を明らかにしようということである。もちろん洞窟画といっても様々な時代による変化がある（港，2001）。それらは長い先史時代の期間の中で描かれたものであるから当然のことである。それでもこの一群の洞窟画の存在は表象能力を基にした描写能力を人間は相当昔からもっていたことを示す証拠になっている。洞窟画の多くはたとえばアルタミラの洞窟画に代表されるように洞窟の奥深いところに描かれており，洞窟の外で見た動物の動きを表象し，イメージしたものが絵として再現されているからである。

　洞窟画が美術の起源をなしていることは確かである。先史時代から人は視覚対象をシンボル化することを行ってきた。それが人間の表現，そして美術制作の始原に位置づくものである。人間は根源的経験として外的対象をシンボル化し，それ一つの形態として表現する欲求をもったとギーディオン（1962）は言う。ギーディオンは著名な建築史家で，その専門的立場から美術の歴史についてもすぐれた研究をした人である。彼は先史人のシンボル化作用は線描による抽象化の過程という形でそれは表れていると指摘している。自然の形を凝縮し，単純化することでそれらに象徴的意味をもたせる。線で形を表現するのはシンボル化と抽象化作用の典型であり，それは今日の幼児，そして大人も共通にもっている表現の始原と根源である。

　メルロ＝ポンティは先史時代の人たちが描いた絵に人間の視覚的な意味作

用の根源を求める。次は，メルロ゠ポンティ（1952）の言葉である。「洞穴の壁に描かれたあの最初のデッサンは，世界を，『描かれるべきもの』として，ないしは『デッサンされるべきもの』として示した」（『間接的言語と沈黙の声』コレクション版　邦訳，p.81）。あるいは次のようにも言う。「絵画的な意味作用の場は，ひとりの人間がこの世に立ち現れたときから繰り広げられている。洞穴の壁に描かれた最初のデッサンは，或るひとつの伝統を築きあげていたが，それはただ，このデッサンが，知覚の伝統というもうひとつの伝統を受けとっていたからのことである」（同上，p.100）。後半の文にあるように，彼はまさに人間が知覚を一つの意味としてまとまった形で捉えるという人間の意味作用の原型を洞窟画は示していること，絵画表現の起源にあるものは人間が根源としてもった知覚的なゲシュタルト化の作用であると考える。このようにメルロ゠ポンティは視覚そしてそれに呼応して生まれる絵画的な意味作用を強調する。

　これに対して，いくぶん異なった視点で洞窟画を論じているのがリュケであり，バタイユである。リュケの研究については次の節の幼児の描画のところで詳しく述べることになるが，わが国では彼の名前は『子どもの絵』の著者として知られている。しかし，彼は洞窟画を研究する先史学者でもあり，その経験から先史人と幼児の絵画を結びつけた研究を行っている。リュケは『原始美術』（1930）の中で，先史時代の人間と幼児の絵画で共通するのは，彼らは心にあるものを絵画として表現している点である。リュケはそれを「内的なイメージ」とよんでいる。眼の前にある実際の対象だけを再現するのではなく，心の中でみる対象を彼らは描くという。それは幼児に典型にみられるが，幼児のそのような絵画表現を「知的リアリズム」と言っている。その例として彼の『子どもの絵』（1913）の中にも登場してくるのがオランダの7歳の子どもがじゃがいも畑を描いた絵である。「じゃがいも畑の中の目に見えている地上の茎や葉はまったく描かれず，もっぱら，地下の球根のような見えない要素や，畑の輪郭のような客観的には存在しない抽象的なものが描かれている」（邦訳，pp.181-182）。今日のわれわれが絵画を眼による

知覚をもとに表現したり，理解するのとは違っていると言うのである。先史人の場合はこの「知的リアリズム」は透明画となって表れてきたりする。この種の絵画はレントゲン画とも称され，アフリカの人たちがときどき描く絵として，時には近代絵画としても登場してくるものでもある。なおリュケの『原始美術』(1930) については現在入手困難で，ギーディオンの著書 (1962) による。

　また，先史人の絵画と幼児が描く絵とときどき共通するものとしてギーディオン (1962) が指摘していることに，別の出来事や動物の絵が同時に出てくる「同時性」がある。先史人は過去，現在，未来の時間の流れは意味をもつものではなかったからだと言う（邦訳，p.65）。この種の時間表現は，幼児の絵には頻繁に表れるし，日本の絵巻物でも「異時同時図」といってしばしば使われる時間の表現法である。絵巻物や幼児の時間表現は西洋の近代絵画の手法では相容れないものであるが，これらはある意味ではよく工夫された時間表現の仕方になっている。だからパウル・クレーやジョアン・ミロ，カンディンスキー，そしてイタリアの未来派の画家たちも時間と運動をキャンバスや紙といった平面上に表現する可能性に挑戦したのである。時間表現については次の節の幼児の描画の事例の中でもう一度取りあげる。

　ギーディオンは先史人の絵画を理解する鍵は象徴と動物であると言う。洞窟画でしばしば抽象化されて表現されているものが自分たち人間の身体や多産の願望を象徴化したものと，動物を具体的に描いたものである。とくに，動物画については動物への愛情と特別な聖的な偶像として扱われたことによると言う。ここに，その当時の人たちの生活の中での願望をかいま見ることができる。

　バタイユ (1955) は『ラスコーの壁画』の中で，ラスコーの壁画に出てくる動物絵には，人間の食料として犠牲になったものたちへのしょく罪としての意味が込められていると言う。人間は動物を生活のための活動や作業（狩猟）の対象として人間が支配できる，利用できるものにしてしまった。同時に動物にも自分たちと同じ霊的なものがあり，聖的な存在であるとしながら

も人間はそれらを殺して食べてしまっている。そのしょく罪として人間は動物の絵を描き，霊的存在であることを回復させた。その証として動物画を生んだと言うのである。洞窟画を描いた人たちがなぜこのような絵を描こうとしたのかその背景にあるものを考えなければならなくなる。それはなぜ，人は絵を描くのか，何を目的にして絵を描くのかという根本的な問題でもあるから。

　メルロ＝ポンティは，洞窟画をあくまでも視覚的意味表現であると考える。人間がもっている絵画的な意味表現の始原が洞窟画である。『間接的言語と沈黙の声』(1952)ではこのように論を展開する。これに対して，バタイユは，その描画行為の目的と意味を問う。狩りという人間の労働と狩猟の対象としての動物であるからこそ動物という聖なるものの信仰とそれを崇めようという人間のみができうることからくる至高の感情が洞窟画には込められている。バタイユはこのように考えた。メルロ＝ポンティの『間接的言語と沈黙の声』とバタイユの『ラスコーの壁画』はほぼ同じころに書かれたものである。しかもこの二人はコジェーヴが主宰したヘーゲルの精神現象学の学習会で机を並べた間柄である。しかし，メルロ＝ポンティはバタイユの考え方を明らかに批判する意味を込めて『眼と精神』(1964)で以下のように言う。「たとえ絵画がいかなる文明のなかで生まれ，いかなる信念，いかなる動機，いかなる思想，いかなる儀式によって囲繞されていようとも，そして見たところそれが他のものへ捧げられているかに思えるときでさえ，ラスコー以来今日まで，およそ絵画は，純粋であろうと不純であろうと，具象であろうとなかろうと，〈可視性〉の謎以外のいかなる謎をも祭りはしなかったのである」(『眼と精神』コレクション版 邦訳，p.178)。

　スイシャル(1989)はメルロ＝ポンティとバタイユの二人について次のようにコメントしている。「〔間接的言語と沈黙の声〕と同じ年にバタイユがラスコーと絵画という人間的冒険を扱ったときの分析とメルロ＝ポンティの分析とを分かつものを見定めることもできる。バタイユの方は，労働という人間的組織化に（そしてそれに結びつけられた様々な禁止に）根差しているシンボ

ル化という過程の内部で絵画という営みを定義している（引用者注：ここで言う「さまざまな禁止」とは人間と同類であるはずの動物を殺害するという禁忌のこと）。それに対して，メルロ＝ポンティの分析の賭け金になっているのは，主体，しかも意味作用という人間的過程との関係における主体ではないだろうか。」（邦訳，pp.195-196）。

　絵を描くという表現活動には何があるのだろうか？　メルロ＝ポンティが言うように，たしかにそこには絵画的な意味作用の活動が根本にあることは間違いない。しかし，洞窟画や幼児の描画の場合は体験したこと，感動したことが絵となって表れてくるという側面を無視してはならない。なぜならば，絵画は人間の生活の中で生まれてくるものであり，また絵そのものも一つの生を表現するものだからである。次の節では，幼児は彼らの生活の中でどのような絵を描いているのか，絵画表現の現実から考える。

§2　子どもの体験の中から生まれる絵画表現

　この節では，幼稚園の活動の中で描かれた子どもたちの絵画の実例をもとにして，絵の生成過程にどのようなことがかかわっているのか，また子どもたちが絵で表現しようとしていることや表現方法としてどのような特徴があるのかを論じる。幼稚園の教育活動の中で子どもたちはいくつかの行事にかかわったことを題材にして絵画制作に取り組む場合がある。子どもたちは出来事や楽しかったことを絵に表現する。そこでは出来事や光景といった時間変化を伴ったものを描くことが多い。子どもたちは時間というものをどのようにして表現しているのだろうか。

　この節の全体を通して，子どもたちは自分たちが体験したり楽しんだ出来事を表現する，それが子どもたちの絵であることを確認する。幼児の描画は表現したいことのパトス，幼児の楽しさの体験から発せられたものである。

1．子どもの活動から生まれる絵画表現

　幼稚園にはじめて入園してきたころの子どもが描いた絵を見てみよう。図2-3-1は年少児が幼稚園に来てはじめて描いた絵である。この絵はネコとウサギがけんかをしているときの様子を描いたものである。これを描いた子

図2-3-1
象徴的スクリブル

はそのように説明している。この子は動物がけんかしていたときの光景を動きとして表現している。もちろんこの絵だけからは何を表現しているのかはわからない。動物の動きそのものを線で表現しているからである。しかし，この絵ではその光景やものの動きを象徴的に表現している。この絵はケロッグ（1969）の子どもの描画分類に従えば，スクリブル（なぐり描き）に分類されるかもしれないが，1，2歳の子どもの絵に典型的なスクリブルとは区別できる。初期のスクリブルの場合は自分の手や腕を動かしてその痕跡が線として残るだけで，描くという目的ではなく感覚運動的な快感を得る動きである。描画の始まりはこのような自分の運動とその痕跡である。多くの児童画の研究者がそのように指摘しているし，最近の西崎（2007）でもなぐり描きの生成の様子が細かく記述されている。しかし，このスクリブルもらせんや渦巻きの形になったり，擬音や話が加わりながら描かれるとそこに描かれているものに象徴的意味が表れてくる。エング（1931）はこのような絵を「象徴的スクリブル」とよんでいる。次の図2-3-2の年少児の絵と子どもの

図 2-3-2
歌いながらの描画

表 2-3-1　描画中の発話プロトコル

発話者	発話内容	状況
あきな	＊＊＊＊く〜もだよ〜♪	紙の左上の部分だけ空を塗り，その途中で右上に雲を描きながら歌っている。あきなの前には保育者がいて，描いている様子を見ているが，とくに保育者に向かって歌っている感じではない。
保育者	あぁ，雲。	あきなは保育者の言葉に少し顔を上げ，またすぐに描きはじめる。
あきな	さらさらさらさら，さらさらさらさら…と，まきあげて。	描いた雲の上から，さらに青で空をさらさらと塗りながら発言。
あきな	くっさが〜ぼ〜♪ぼ〜ぼ〜♪　くっさが〜のびて〜ま〜す〜よ♪	手を横に動かしたり，下から上に動かしたりして草を描きながら歌っている。
あきな	かわながれ〜，かわながれ〜♪	紙の中央辺りに引かれた2本の赤い線の間を青で塗りながら歌っている。

　発話（表2-3-1）では歌を口ずさむ動作と想像的な経験とが結びついた形で絵が描かれていく様子がよくわかる。あるいは次頁図2-3-3では，幼稚園の遠足で登った山道までの道のりや天気が良かった様子を短い言葉（次頁表2-3-2）を発しながら絵を描いている。このような話をしながら絵を描くようになることには重要な意味があるとローウエンフェルド（1947）は指摘する。つまり，なぐり描きに注釈がつくようになることは，動作と想像的経験

図2-3-3
発話を伴った描画

表2-3-2　描画中の発話プロトコル

発話者	発話内容	状況
ちひろ	ちひろ。	人の絵を描きながら発言。おそらく自分を描いている。
保育者	あぁ，ちひろちゃん。	ちひろが描いている絵を見て言う。
ちひろ	＊＊＊＊。	保育者の言葉を聞いて，また描きはじめる。描いているときに，口を尖らせている様子。ごく小さな声で，何か発話しているかもしれない。
ちひろ	ひゃ〜。	山と魔女の家をつなぐ道を描きながら言う。
ちひろ	お日さま。	太陽の日差しを表す線を描きながら。
保育者	あ，お日さま。そうだね，ピカピカ。あんなに曇っててさぁ，雨降りそうな天気だったのに，お日さまピカピカになったもんね。	保育者はちひろの言葉を聞いて反応するが，ちひろはそのまま太陽の日差しを描きつづけている。
ちひろ	おっき〜くも！	大きな雲を水色で描きながら言う。

とを結びつけるようになり，絵画を介しての想像的思考へと変化していくことを意味するからである。人間は想像的思考をいつも使っていることを考えるとこの変化はきわめて大きなものがある（邦訳，p.137）。そして，エングが述べていることだが「象徴的スクリブル」こそが次の理解可能な絵画，彼

女の言う「公式画」への移行を形成するものになっている（邦訳, p.107）。絵によって何かを象徴的に表現する。自分の手の運動そのものの痕跡ではなく，事物や出来事の代理表象を表現する。これが絵である。ケロッグはスクリブルに続く次の段階の絵は，円や矩形という閉じた線で表現された図形の表現である。これを「図形（ダイアグラム）」の絵と称している。線による形の表現は象徴的表現の基本である。ちなみに，エングの言う「公式画」は「図式画」とも言われているが，丸に縦の棒を付けて木を表現するといったものである。ケロッグの分類では円や直線という図形（ダイアグラム）の組み合わせ（「結合組み合わせ」：コンバイン）による表現である。メルロ＝ポンティ（1964）も『眼と精神』の中で，線による作画は見えるものを模倣する段階を超えて「見えるようにする」行為であり，線はモノの発生の青写真であると述べている（邦訳, p.291）。

　今，ここで問題にしている描画の中での想像的思考や象徴的活動は具体的な動作の延長として生じている。これはきわめて大切なことである。このことを別の事例で確認しておきたい。前の節で取り上げた洞窟画について，港（2001）は先史時代の洞窟画でもショーヴェの洞窟画には動物の動きをきわめてリアルに表現しているものが多いことに注目する。このような洞窟画を描いた人たちが疾駆している動物の様子をしっかりと記憶に留め，そして奥深い洞窟の壁に再現できたのは，彼ら自身が動物とかかわる中で身体で感じた運動の延長として身体化されたものによって表現が行われているのではないかと言う。港は身体の延長として記号と図像があると考える。そして，ここから港は生態心理学者のリードが遺していった「切り結び（エンカウンター）」（リード, 1996）という言葉に注目する。この「切り結び」は，情報や知識を単に経験するということではなく，積極的に運動として環境に切り込んでいく，エンカウントすることで得られるいわば環境とかかわる運動や身体とセットになったものとして捉える概念である。環境の中に積極的にかかわっていく運動を通してわれわれの想像や意味が生まれていると考えることができる。だからルロワ＝グーランも文化の発生は身ぶりとリズムにあると

言っていたと港は指摘する。事例としてみた年少児たちが幼稚園で絵を描きはじめたときに見せた絵はまさに運動を伴った身体の記憶から発する表現であり，身体化された図像ということができるだろう。

2．出来事を表現する

(1) 内的イメージと知的リアリズム

　幼稚園の子どもたちは，「象徴的スクリブル」からケロッグが分類した「図形」，そして図形を組み合わせた「結合組み合わせ」（コンバイン），「集合体」（アグリゲイト）の図形表現の段階から次第に写実的な「絵」を描くようになる。幼稚園の中で子どもたちは徐々に自分以外の人が見てもわかるように絵を描くことに自覚的になっていく。もちろん，子どもは人に自分の描いた絵を見てもらうことだけを主な目的にして描くのではない。子どもは自分の体験したこと，感動したことを表現したいから描く。そこに，子どもなりの表現方法の考え方と工夫からくる児童画の特徴が出てくる。子どもは自分が感じたことや出来事を時間経過の流れのままに表現しようとする。それが子どもにとってはリアルなことだからである。子どもはしばしば眼の前にある実際の対象だけを再現するのではなく，心の眼でみたものを描く。前の節で述べたリュケ（1913）はこれを「内的なイメージ」とよんだ。そこでは子どもは表現の枠組みとして大人のもっているものに制約されていない。

　出来事の表現の仕方として子どもは自由である。子どもが絵で表現するものの多くは実際に自分が身体を使って活動し，体験したことである。子どもにとって「リアル」な単位になっているのは自分の身体と運動を中心にした出来事である。前の節で述べたように，描くことは身体運動に基づいた身体図式からきているからである。だから子どもは自分の体験した時間的経過を入れながら出来事として描こうとする。そのときに彼らはどのようにして時間を一枚の紙という空間的な制約をもったものに描くかという表現方法の問題がある。子どもは独自の方法でその解決を試みる。幼稚園期の子どもの絵の代表的なものに多視点画法がある。自分が見たり，体験したものや出来事

図2-3-4
知的リアリズムによる
運動会の絵

図2-3-5
知的リアリズムによる
「お店屋さんごっこ」の絵

をそのまま順次一枚の絵に描いてしまうもので，いろいろな視点からみたものがまとめて描かれることになる。図2-3-4の絵では，運動会の玉入れの様子や徒競走で自分が走っているところ，母親が「大玉転がし」で走っている様子などたくさんの出来事を多視点から描いたものが一枚の紙の上に展開されている。あるいは図2-3-5の「お店屋さんごっこ」を描いた絵のように，そのときのたくさんの出来事を上から眺めて描いた「展開描画」になる場合もある。

　リュケ（1913）はこのような絵は子どもたちが自分の知っていることや体験していることに基づいて描いているという意味で「知的リアリティ」による表現と称している。別のところでリュケ（1930）は次のように述べてい

る。「子どもが描きたいと思うあらゆる要素は,すべて同時にあらわされねばならない。それらは実際には継起的に,あるいはちがった視点からのみみられるにもかかわらず」(ギーディオン,1962からの引用)。

　これと対比されるのが「視覚的リアリティ」である。この表現方法では,視覚的な形態や客観的に見えることを重視する。誰が見ても何を描いているのかわかるようにまさに客観的に描くことを心がけた表現法といってよい。そこでこの社会が共通にもっている技法を使って表現する。平面遠近法による表現であり,リュケ(1913)の言葉では「透視画法」である。固定点を設定してそこから見たときの世界を描く方法である。この見る視点を共有させることで絵を描いた者もその作品を観る者も共通の視覚経験を感じることができる。そこでは,もはや絵を描いた者が個人的に大切だと思っている出来事や様子に固執しないで描かれる。リュケ(1913)は視覚的リアリティの段階から子どもは絵に関しては大人の仲間入りをしていると言う(邦訳,p.238)。たとえば,次頁図2-3-6の視覚的リアリティから描かれたものと,図2-3-7の知的リアリティによる絵を比べてみよう。二枚の絵は遠足の山登りの様子を描いた同じクラスの子どものものである。図2-3-6の絵には途中の山道にあったお地蔵さんが加わっており,完全な平面遠近法ではないが,視点を固定してそこから見たときの頂上に立った子どもの様子と山の全体の景色が描かれている。図2-3-7は遠足の一連の様子を地下鉄に乗って出かけるところから始まって山を登っている出来事を描き込んでいる。この種の絵をリュケは「凝鳥瞰図」と称しているが,自分にとって大事な出来事や景色を描いている。リュケは子どもがこれらを全部見ていたとしても,子どもの心は,興味があり重要だと思うものしか捉えないし,描かないと言う(邦訳,p.104)。

　リュケ(1913)は,「現代文明では」と断ったうえで,子どもの絵は四つの段階を経て発達していくと言う。描く意図のないなぐり描きから,意図をもって描くが描かれた要素をまとめるという統合性が欠けた絵,そして「知的リアリズム」と「視覚的リアリズム」へと進む。子どもも大人の社会へ参

図2-3-6
視覚的リアリズムによる
「山登り」の絵

図2-3-7
知的リアリズムによる
「山登り」の絵

加していかなればならない以上は大人がもっている表現方法を無視することができなくなる。そのようにリュケは考えた。それではリュケはこのような発達のコースを固定的に考えたり，子どもが無条件に大人の視覚的リアリズムの世界に入ることが正しいことだと考えていたのだろうか。リュケはそこでは微妙なスタンスを取っている。たとえば，「知的リアリズム」から「視覚的リアリズム」へと進むという描画発達はあくまでも理論的なものにすぎなくて，実際はこの段階区分は曖昧であるし，大人でも「知的リアリズム」の痕跡を残していると言う（邦訳, pp.238-239）。あるいは次のようにも言う。「大人の判断からすると，教師が介入して促進し得る子どもの絵の進歩の中の最大のものは，第4段階の達成，つまり，視覚的写実性（リアリズ

第3章　描くこと，表現すること　243

図2-3-8
視覚的リアリズムによる
「お泊まり会」の絵

表2-3-3　描画中の発話プロトコル

いくこの発話内容	ゆかりの発話内容
ねぇ，ゆかりちゃんしちぶだったっけ？ズボン。	なに？（急に話しかけられ，聞き取れなかった）
キャンプファイヤー。	＊＊＊＊？
うん。スカートだったっけ？	ながズボン！
ながズボン？なにいろ？	（自分が履いているズボンを指して）このいろ。
ふ～ん。	

ム）」への到達ということである。しかし，これが子どもの判断からしても，実際に進歩となり得るかどうかは別問題である。…視覚的写実性（リアリズム）が大人にとって好ましいということに異を唱えるつもりはないが，私には子どもにとっては知的写実性（リアリズム）が一番ふさわしいように思われるのである」（邦訳，pp.261-263）。たしかに子どもは自己の表現も他人に理解してもらえるような表現方法でなければならないことを自覚するようになっていく。たとえば，図2-3-8は幼稚園の「お泊まり会」で夜，園庭で花火をした出来事を描いた絵であるが，典型的な「視覚的リアリズム」で描

いている。この子（いくこ）は，翌日の朝，幼稚園で仲間と一緒にこの絵を描いているときに，この絵に登場してくる仲間が着ていた服の色や形をさかんに本人に尋ねている（表2-3-3）。この子にとっては正確な絵を描くことが大事なことになっている。

「視覚的リアリズム」はあくまでも他者が理解できる表現方法であり，見る他者を意識したものである。いわば大人の社会へ子どもが足を踏み入れはじめたときには視覚的リアリティへと向かう。それは進歩のためにこの大人社会に通用する表現方法を獲得することであると同時に，もう一つの自分なりの表現方法を捨てていくことを意味する。リュケは進歩のためには個人的なものから脱してこの社会で安定したものを獲得していくことが必要だと述べている。だから彼は「知的リアリズム」から「視覚的リアリズム」へと向かうことが必然であるような描画の発達を考えた。そしてこの大人社会への始まりは幼稚園や保育所の中で自分たちの絵を見合ったり，掲示されることで次第に他者の目に気づきだすこととけっして無縁ではない。リュケは人間の発達の必然として社会の中で支配的な表現方法を獲得していくということが発達であるという考えを取りながらもどこかで子どもの自由な表現の世界を保証してあげたいというもう一つの主張が見え隠れしている。「子どもは，他人のために絵を描くわけではなく，自分自身を満足させるために描くのである」ともリュケは言う（邦訳, pp.182-183）。大場（1996）も幼稚園の経験の中で子どもたちは次第に「きちんと作品を描く」ことを意識するようになっていると指摘している。そして，それは見直しをしなければならないと言う。もちろん，これらが幼児教育の内容と方法から生まれているなどと簡単に言うことはできないし，本章で取りあげた子どもたちの描画はきわめて自由な，制約のない保育の中で描かれたものである。しかし，子どもたちは絵本をはじめとして様々なメディア文化の中に身を置いてもいるのであって，そこで支配的ないわば大人の表現方法に自ずと馴染んでしまっていくことは避けられないことである。しかしこの社会にある表現方法は安定したものであるが，それは一つのものでしかないことも忘れてはならない。発達という

現象の中に潜んでいる二つの方向の違うベクトルがここでもみられる。

(2) 時間と運動を表現する

「視覚的リアリズム」による描画表現とその具体的な表現技法である「平面遠近法」や「透視画法」は一つの表現方法である。描画の発達としてたどりつく最後の到達点が「視覚的リアリズム」としたリュケも「視覚的写実性（リアリズム）は知的写実性（リアリズム）と同様に約束にすぎない」（邦訳, p.263）と述べている。要するに, 現代文明人の中で「視覚的リアリズム」が主要な表現方法の一つになっているだけである。メルロ＝ポンティ（1952）も近代が生んだ代表的な表現方法の遠近法は一つの表現方法にすぎないと言う。「遠近法は, 人間が知覚された世界を自分の前に投射するために作り出したさまざまな方法のなかのひとつであって, この世界の転写ではないことは明らかである。つまりそれは, 自然発生的なヴィジョンの任意的な一解釈なのである」（『間接的言語と沈黙の声』邦訳, p.57）。

メルロ＝ポンティは1954年と55年のコレージュ・ドゥ・フランスで行った講義で芸術家と芸術の伝統・歴史の関係を論じている（『個人の歴史および公共の歴史における「制度化」』, 1968）。彼はこの中で, 画家の創造活動は自分の先行者たちの作品や芸術の伝統といった時間的に先行するものに支えられながらも, 同時にそれに完全に依存するのではなく, そこから新しいものを生みだしていく過程であると指摘している。芸術家の作品の一つひとつが後続の作品を予告しながらも, それらの作品が同じようなものになることはできないように仕向けているのであり, それらの作品は, すべてが互いに支え合っているのであるが, そのすべてがどこへ向かおうとしているのかは言えない。このようにメルロ＝ポンティは指摘する。この論文のタイトルの「制度化」という言葉は, 既存の制度に支えられ, 刺激を受けながらも, それらの制度を新しく組み直し, 新しいものを生みだしていくという創造活動という意味である。このことを具体的な芸術創造運動と幼児の描画活動の二つから考えてみよう。

メルロ=ポンティ（1969）に『表現と幼児のデッサン』という短い論文がある。ここでメルロ=ポンティは幼児の描画とその発達を一つの完成された世界表現の仕方と私たちが思い込みをしている方法、つまり「平面遠近法」を目標に置いて、そこに向かっていくものだと考えてはならないと言う。通常、対象や光景を表現したり、再現しようとするときに、「それを転写し、紙の上にその一種の等価物をつくり出し、原理的にはその光景のすべての要素を曖昧さなしにまた相互に蚕食し合うことなしに記号的に表わされるようにすること」（邦訳, p.196）であるという発想が支配的であったと言う。メルロ=ポンティはこのような「平面遠近法」を固定化してしまって、この表現方法を獲得していくことが絵画表現の発達の道であるとしてしまうような考え方を否定する。彼は言う。「（デッサンすることの）目標は、われわれの視線や、潜在的にはわれわれの触覚やわれわれの耳、それに偶然性や運命や自由についてのわれわれの感情をもふるわせるかぎりでのこの対象やこの光景とのわれわれの接触の痕跡を紙上に記すところにある。…われわれと世界との関係を表現すること」（同上, p.198）が目的であって、知性の眼に写ったことを正確に表現することが唯一の目的なのではない。そうなると、平面遠近法なるものが私たちの知覚している世界の唯一の表現ではないし、対象と合致するということだけに特権性を与えてはならないことになる。そしてメルロ=ポンティは、この平板化され、ありきたりの表現方法から比較的自由なのが真の芸術家であり、また幼児の絵画であると言う。
　幼児の絵を見てみよう。図2-3-9の絵は幼稚園児が遠足に出かけたときの出来事を描いたものである。これを描いた子どもは自分の体験したことを重視し、一枚の紙の空間の上に体験＝時間の流れを表現しようとしている。この絵は「平面遠近法」の伝統に従うことなく、「絵物語」として描いている。リュケ（1913）はこのような表現方法を「知的リアリズム」に分類しながらも、いくつかの出来事を連続的に描く表現方法（「継時混交型」）は時間表現としてよく工夫されたものだと述べている（邦訳, pp.262-263）。日本の絵画表現法として西欧の平面遠近法とは異なったものとして「絵巻物」があ

第3章 描くこと，表現すること　　*247*

図2-3-9
絵物語的手法を用いた
「遠足」の絵

るが，空間の中にいかにして時間を表現するかということは知覚したことを正確に表すことに重点を置いた西欧の伝統とは異なったもう一つの表現方法である。日本の絵巻物では，同じ人物が別の場所に移動して何度も描かれ，それで時間経過を表現するという「異時同図法」が用いられることがある。信貴山縁起絵巻もそうだが，「異時同図法」の最も典型的なものが17世紀の「彦火々出見尊絵巻」である。

　図2-3-9の絵を描いた子は最初はいくつかの出来事を並べて描き，しばらく自分の絵を眺めた後で，時間による経過をはっきりと表現しようとして時間の区切りの線を入れはじめる工夫をしている。うまく時間経過を表すための子どもなりの工夫である。映画では動き＝時間を表現することは容易だが，これらを平面上にどのように表現するかということは絵画の世界でも大きな挑戦である。時間を絵画でどのように表現できるかという課題に挑戦した芸術家たちが20世紀初頭にイタリアに出現した。ボッチョーニやバッラなど未来派とよばれた人たち，あるいはピカソに代表される立体派（キュビズム）の画家たちである。彼らは新しい絵画表現としていかにして動きを平面空間上で表現可能かを模索した。そして，このような新しい芸術運動の出現の前にジェリコがいたことも忘れてはならない。彼の代表作である「エプサム競馬」についてメルロ＝ポンティは『眼と精神』（1964）の中で，興味深いコメントをしている。ここで描かれている馬の疾走する様子は写真に写

された馬の脚の動きとは違っている。しかし，むしろ違っているからこそ絵画の方がはるかに現実の疾走の様子，動きを再現してくれる。ここでメルロ＝ポンティはロダンの次の言葉を使っている。「芸術家こそ真実を告げているのであって，嘘をついているのは写真の方なのです。というのは，現実において時間が止まることはないからです」(邦訳, p.217)。それではどうして絵画がものの動きの現実を捉えることが可能になっているのだろうか。写真は完全に動きを止めたものを表現している。ジェリコの絵画では走っているときに馬が見せる地面に対する身構えを表現しており，これが次に起こる馬の脚の動きをわれわれに見せてくれる。馬の画家とも称されたジェリコがこの動きを示す微妙な暗号を熟知していたからできえたのである。そこに新しい表現への挑戦があり，だから名作になっている。

　子どもにとって大事なことは視覚的に正確に表現することではなく，自分の経験の「痕跡」を表すことである。むしろこれが表現の根源としてあるものだろう。メルロ＝ポンティ(1969)は幼児が描くこのような「絵物語」的表現について以下のように述べている。「時間を一連の並列的な時点と考えている『合理的』な成人の眼には，こうした物語は隙間だらけで理解しにくいものに見えることであろう。だがわれわれは生きている時間に従うなら，現在はまだ過去にふれ，過去を手中に保持し，過去と奇妙なぐあいに共存しているのであって，絵物語の省略だけが，その未来へ向かってその現在をまたぎ越してゆく歴史のこの運動を表現しうるのである」(『表現と幼児のデッサン』邦訳, p.199)。画家が自分の表現にこだわって努力を続けることも，ありきたりの客観性にこだわってそれをメッセージとして伝えようとすることからははるかに遠ざかったところに目標を置いているからなのである。メルロ＝ポンティ(1968)が先の「制度化」概念で言いたかったことも，一つの表現方法に支配されることなく，常に新しいものを生成していくこと，「制度」をたえず改変していくことが私たちを支える「文化」となるのであり，「制度化」はその創造的営みである。

　メルロ＝ポンティ(1964)は『眼と精神』で，もう一度平面空間の上で時

間と運動をいかに表現するかという問題を取りあげている。メルロ゠ポンティが絵画の問題をしばしば取りあげているのは，視覚という活動を通してモノと身体との間で起きていること，メルロ゠ポンティが言うところの身体の「内なるもの」を明らかにすることができると考えたからである。絵画は明らかに空間の芸術であるが，自然は人間も含めてたえず運動をしている。時間の存在である。この動きをいかにして平面上に表現するかということは絵画表現の難題であり，かつ芸術家がたえず挑んできた問題である。メルロ゠ポンティはこの論文の最後の部分で，時間と運動の表現可能性にこだわったパウル・クレー (Sato, 2007) の試みを取りあげ，クレーは永遠に追い求めた存在するものをわれわれが見たり見せたりすることの間で生じている時間差を埋めるべく格闘したのだと言う。

　見えるものの発生の原理にこだわったクレー，そして画家の営みも含めて私たちが世界を捉え，表現することを生成の根源にまで立ち戻って考えようとしたメルロ゠ポンティ。彼らの問いのまなざしは幼児の表現活動へと向かっている。クレーも晩年は幼児が描くような絵を自分も描けるようになりたいと言った。根源に戻ること，根源としての幼児の表現活動から多くのことを学ぶことができる。

§3　表現する営みがもっている「意味」

　ミロやシャガールの作品には§2で見てきたような幼児の絵と見間違うようなものがいくつかある。要素が並列して描かれ，まさに「継時混交型」のような絵もある。あるいはドイツのバウハウスで新しい芸術運動と美術教育を行ったカンディンスキーとクレーも時間と運動の表現の可能性を探し求めた人たちである。彼らの絵には見る視点を固定した幾何学点遠近法の手法を捨てたものが多数ある。幼児が出来事や経験の時間的流れをそのまま描いて

しまうことで時間を表現しようとしたことと同じ意図がそこにはみられる。とくにクレーの作品はそうである。クレーは絵画の中に動きをどう表現するかということにこだわった。彼はもともと音楽家を志望していたということもあり，音楽のアナロジーとしての絵画表現の可能性を求めていたとも言われているが，彼が絵画表現で求めていたものは人間の本質を捉え，それを形に表すことであった。1914年の彼の日記（『クレーの日記』）には，「作品における本質的なものとは何か。生成である。そして，それはフォルムの動きとなってあらわれる」（邦訳，p.336）と書かれている。彼は運動，つまり時間がものごとの根源にあることだと考えていた。その根源を絵画として表現することにこだわりつづけた。彼は西欧の絵画表現の伝統として使われている視点を固定させた幾何学的遠近法では運動を表現することができないと考えた。そこで彼は繰り返しのあるリズムをもった作品で時間と運動を表現したり，さらに作品という平面の上にモノの動きそのものを表現しようとした。

　それでは，幼児の絵と芸術家の絵は同じものとして扱ってしまってよいのだろうか？　あるいは一緒に論じることができるのだろうか？　ここで参考にしたいのがグッドマン（1976）の主張である。彼は科学哲学の分野で重要な指摘をした人だが，画廊を経営したことがあるという経歴で示されているように，芸術表現についても独自の考えを展開している。彼は絵はモノをシンボル的に表現したものであり，指示物であると考える。そこでは，対象物と表現したものが類似である必要はなく，対象物を抽象的に表現するだけでいっこうに構わないし，空間配置を組み直してしまうことも自由であるべきだと言う。グッドマンは別の著書では，描写にとって必要なことはそれがどこまで現実と類似しているかどうかではないし，そもそも類似性として求められているものも時代や習慣によってたえず変動していると指摘する（Goodman & Elgin, 1987）。このようにグッドマンが述べていることからすると，描写として求められるものを固定的に考えてはならないことになる。そして，グッドマン（1976）は芸術性の条件として，描かれたものの「充満さ（repleteness：線の力強さ，厚みなど表現タッチの豊かさ）」，「表現性

(expression：いきいきとしている，楽しさ・悲しさなどの表現の豊かさ）」，そして絵画の「構成力の強さ（composition）」の三つの条件をあげている。逆に言えばこれらの条件を満たしていれば芸術性は担保されることになり，子どもの絵と芸術家の絵との明確な境界は引けないことを意味してもいる。だからガードナー（1980）は子どもの描画の中に創造的活動のたくさんの萌芽を見取ったのである。もちろん，ここで取りあげた幼児の絵画は芸術性の三つの条件を満たしているとはいえないし，誰でもこれらの3条件を容易にクリアーできるものではないことも事実であるが。

　メルロ＝ポンティ（1945）は『セザンヌの疑惑』の中で，セザンヌの仕事を次のように述べている。「セザンヌの天才は，遠近法のひずみを，作品全体で見たときには気づかせず，自然の視覚体験の場合とおなじように，それらが集まって来るという印象を与えるように，画面全体を調整しようとした点にある」（ここでは文章のわかりやすさを優先して，オーグ，2000『セザンヌ─孤高の先駆者』，高階秀爾 監修，村上尚子 訳，創元社，p.172の文章を用いる）。この文章にあるように，すぐれた芸術家は自己の芸術的表現の高まりを求める。その結果は，グッドマンの芸術性の条件を満たすものである。だから，画家と幼児が描いた絵を同列のものとして扱うことはできない。画家は自分のメチエを確立し，芸術としての価値をそこで実現している。幼児の絵画には『セザンヌの疑惑』にあるような画家が苦労してたどりついた自分なりの芸術的表現といった高みはない。しかし，画家も幼児も自分の思想，あるいは感動を形にしていこうという表現の根源にあるものは同じである。ここで大事なことは，芸術の創造ではなく，人が表現へと向かう営みである。

　この章の最後として，人が自己の経験を形として表す，表現することの意味をデューイの思想から考えてみる。デューイは『経験としての芸術 "Art as experience"』（1934）の中で，人の表現行為について重要な指摘をいくつか行っている。この中でデューイは，人間のあらゆる表現行為の原点にあるものは自己の内部から外部へ向かって運動していこうとする衝動性（impulsion）で，それが表現として形になったときには内省（reflection）とな

って自分が何を表したかったのかその内容の意識をつくり，自己を自覚することになっていくと言う。ただ，外に出すということだけでは表現にはならない。たとえば，子どもが泣くという感情の発露やくしゃみそれ自体はまとまった表現の形とはなっていかない。表現となるためには，表現する手段である媒体（medium）と，表現していこうとする際の何からの抵抗がなければ自分が表現したいことも自覚できない。表現のためには表現のための材料も表現技法も必要だし，最も必要なのは表現の過程で自分の中で生じる葛藤や逡巡するという抵抗の過程である。表現は単なる感情の発露以上のものであるから，そこには表現したい意図や目的があり，表現することでその目的や意図もはっきりしてくる。この活動は外部へと向かっていくから公共的な意味を帯びたものになっている。

　子どもがどう表現したらよいか考えあぐね逡巡する過程，画家が自分のスタイルの確立，自己の表現上の悩む過程で表現が形になり，また自己が言い表したいことや思考もはっきりしてくる。これが人が表現へと向かう根源にあるものだとデューイは考えた。描画活動を越えてあらゆる表現行為がもっている根源的な意味である。

おわりに
―本書で問いたかったこと―

　本書では，子どもたちの成長と発達の姿を幼児教育の場から探っていこうとした。子どもの現実の姿，そして成長の姿をどのように捉えればよいのかという問いに対する私なりの答えを書いてきた。私は人間の発達を心理学の立場から考えてきている。しかし，人間の発達や成長にとって何が大切なことかという問題にこれまで発達心理学ではどのような答えを出してきたのだろうか。子どもが成長していく中でこれだけは確実に子どもに身につけて欲しいもの，大人が子どもに渡しておきたいものは何なのだろうか。それは結局，人間の精神とは何なのかという大きな問いに答えることをも意味している。そうなると，発達心理学のような小さな学問分野だけにこだわってしまうとそこから答えを見いだすことはできないだろう。現に心理学では人間と人間精神の根源にあるものは何であるかという問いに答えることに必ずしも熱心でなかった。それは人間が発達として向かうべきものは何なのかという一種の価値を問わざるをえなくなるからであり，心理学は価値の問題を上手に避けてきた。しかし，人間の発達や成長のことを問題にする以上，この問いを避けて通ることはできない。

　人間精神の根源にあるもの，その始まりは幼児が他者と共同的にかかわる活動に求めることができる。それが展開されているのが保育・幼児教育の場である。人間の本質は自己意識をもちはじめた者同士が他者とかかわることを始めた時点から表れてくるからである。そこでは，子どもたちは表現行為をすることで他者とのかかわりが生まれ，社会的自己になっていく。それは他者とつながっているという自己の発見でもある。あるいは，はじめは身体を基礎に表現していたものが，遊びの中で表象と言葉を用いた表現と意味の交流へと活動を広げ，人間独自の精神活動の中心である想像的活動を展開す

る人間へとなっていく。言葉をもたない「インファント」が言葉を操る者へと変貌していく人間のみに見られる大きな変化をより強固に，確実なものにしていくのが幼児教育という集団活動の場である。人間にとって最も大事な人間としての基礎づくりの場が保育・幼児教育の場であるとも言える。

　このような視点に立ったとき，論じなければならない研究者は誰であるか，詳しく論じなければならないものはどのようなことであるかがおのずと限定されることになる。そのような意味から本書ではできるだけ人間発達にとって本質的な問題とは何であるかをはっきりさせたいという筆者の思いから出発したために，広く幼児教育や発達心理学の研究を展望するという方法は取らなかった。だからここで書かれたものは一見すると偏りの多い内容になっているかもしれない。

　本書では随所で子どもの遊びを取りあげてきた。しかし，ここでは遊びに関する心理学や教育学の先行研究について体系的に論じることはあえて行わなかった。たとえば子どもの遊びを教育学の視点から体系的に論じた山田敏（1994）の著書と同じ著者による遊び研究の文献を整理したもの（山田，1996）がすでにある。しかし，本書では，先行研究を展望するのではなく，むしろ子どもが遊びとして展開している表現や彼らなりの遊び世界の構築が人間の発達にとってどのような意味をもちうるかという「問い」を論じることを優先させてきた。

　このこととかかわって，子どもの遊びがもっている「意味」，つまり人間として成長し，発達していくうえで子どもの遊びがもっている本質的な役割とは何であるかを，一つの論文を手掛かりにして考えてみたい。それは藤田省三の「或る喪失の経験」と題された論文である。これは『精神史的考察』（藤田省三著作集・5，1997）に収められており，副題に「隠れん坊の精神史」というタイトルが付けられ，初出は1981年である。ここで藤田はまさに副題にあるとおりの子どもの「隠れん坊」という遊びを題材にしながら子どもが遊びという形で身体を使って他者とかかわることの意味とその本質にあるものを問い直している。

藤田は路地で子どもが隠れん坊遊びをする光景を見かけなくなったことからこの論を始める。藤田は「隠れん坊」という遊びは，誰もいなくなる孤独の小さな体験であるという。それは人間が人生の中で避けることができないものである。藤田は言う。「隠れん坊とは，急激な孤独の訪れ・一種の砂漠経験・社会の突然変異と凝縮された急転的時間の衝撃，といった一連の深刻な経験を，はしゃぎ廻っている陽気な活動の底でぼんやりとしかし確実に感じ取るように出来ている遊戯なのである」(pp.13-14)。隠れん坊のオニは目を閉じて何十か数えた後，今までいた子どもたちは隠れてしまって自分以外は誰もいないという突然の光景の変化に出くわすことになる。眼を開けると事態が全く変わっていたという体験，そして自分以外は誰もいないというこの孤独は人間が避けることのできない経験を単純化したものである。そのように藤田は考えた。

　もちろん，われわれの世界は孤独な世界，取り返しのつかないことだけではない。隠れん坊も必ず子どもはオニによって見つけられ，オニは今度は隠れる側に回って役割の交代をする。オニがいつまでも隠れている子どもを見つけられないままでいることや，絶対に見つからないようにするという隠れ方はこの遊びでは「禁じ手」である。だから役割交代がある。それはいわば「喪失と再生」の話である。それはわれわれ自身が青年から大人になる過程，子どもが子ども時代を卒業するときに感じるものでもある。隠れん坊がもっている役割交代や生まれ変わるという意味での「喪失と再生」は「オニごっこ」でも同じように起きている。

　そして，これらと同様のことは大人が子どもに語って聞かせる昔話やおとぎ話の世界でも扱われている。しかし，藤田は大人が話して聞かせるのではなく，隠れん坊やオニごっことして子どもたち自身が「遊び」の中で体現することの意味にこだわる。昔話やおとぎ話は共同体が民衆の知恵として，人間社会のありようを語り継いできたものである。だからおとぎ話と隠れん坊の作者は誰であるかというと，それは歴史であり，社会である（同上，p.18）。おとぎ話や昔話の内容を形を変えながらも実際に子どもたちの手に

よって演じられることでその意味は身体レベルで「感得」されていく。いわば人間の知恵が子どもの中に「心身一体の胎盤」(同上, p.17) としてつくられていく。この民衆が歴史の中でつくりだしてきたものを子どもたちが共同の中でつくりだしていく経験が縮小したとき、つまり子どもたちの遊びという相互的直接性を喪失したとき、個体と個体の水平的な絆がなくなり、上位の観念が自分たちとはあずかり知らない所から規範意識や道徳観として押しつけられてくることになる。これが藤田が危惧する「喪失」である。子どもの遊びは「喪失」してはならない経験である。民衆の知恵は失われてはならない。

　子どもの成長の中で喪ってはならないことにかかわって、小林秀雄が『様々なる意匠』(1962) の中で述べていることにもふれてみたい。ここで小林は人間に与えられた意識と言葉の武器について論を展開する。冒頭に続く中程の部分で次のように述べている。「人々は、その各自の内面論理を捨てて、言葉本来のすばらしい社会的実践性の海に投身して了った。人々はこの報酬として生き生きとした社会関係を獲得したが、又、罰として、言葉はさまざまなる意匠として、彼等の法則をもって、彼等の魔術をもって人々を支配するに至ったのである。そこで言葉の魔術を行わんとする詩人は、先ず言葉の魔術の構造を自覚する事から始めるのである」(新潮文庫版, pp.126-127)。この文に続けて小林は、子どもが次第に言葉や概念がもっている公共性の世界に向かっていく、つまり大人になっていくことで失われるものを語る。品川湾に住んでいる子どもは毎日海を見て、大人が言うような「海は青い」とは感じてはいない。しかし、親や大人から「海は青いものだ」と言われ、この概念や論理の公共性を受け入れて、「大人」になっていく。この「言葉の二重の公共性」をまずは拒絶してみることが詩人の実践の前提なのだという。大人になっていく前に子どもがもっていたもの、それは人間の自然の姿、原初的なものである。それに戻って考えること、概念の公共性を獲得していかなければならないがために失わざるをえなかったものを考えることが、言葉と格闘しつづける詩人の仕事である。同時にそれは、われわれ子

どもの成長や発達にかかわる者の仕事でもあるはずだ。

　私は2000年の冬，およそ3か月間，北欧のフィンランドで過ごしたことがある。いま，日本ではフィンランドの教育にたくさんの人が興味を抱いている。そのきっかけになったのが経済協力開発機構（OECD）が行っている学習到達度国際比較調査（OECD-PISA）で，この国の児童・生徒たちが世界トップランクの学力成績をあげてきていることによる。日本の場合は，逆に読解能力を中心にして学力が低下する傾向にある。このような日本の教育界の危機感から学校教育で優れた成果をあげているフィンランドに注目するようになったのであるが，それまでは福祉の実践モデルとして取りあげられる以外は必ずしも日本でよく知られた国ではなかった。もっとも，最近になって教育大国としてのフィンランドへの注目とともに，フィンランドの保育についても注目されるようになり，藤井・高橋（2007）によるフィンランドの保育と子育てを紹介した本も出版されている。

　私自身は短期間であるが，1997年と1998年の2回，フィンランドの幼児教育と保育園の実情を知る機会があったが，2000年には比較的長い期間の滞在が可能であったので二つの保育園における子どもたちの活動の様子をつぶさに観察することができた。フィンランドでは基本的には幼児教育の中核を担っているのは保育園である。宗教的な理由等で幼稚園に通っている子どももいるが，その数はきわめて少ない。フィンランドの中心都市のヘルシンキにはおよそ300程度の保育園があり，30以上ある図書館と同様に，いたる所に保育園があるといった感じである。この公立図書館の数字で示されているように，読書が日常の生活の中に根づき，世界でも最もたくさん本を読む国民であるといわれている。子どもたちは早くから絵本に親しんでいる。あるいは保育園もその園独自の特色を生かした保育を行っている。どのような保育を行うか，その規模や内容は各園によって様々で親は自分の住んでいる地域にある保育園の中から選択することになる。私が訪ねた二つの保育園についてその保育内容と子どもの活動について簡単に述べてみたい。

ヴィロンニエミ保育園（Vironniemi Päiväkoti）は，市内中心部のアパートが多数ある住宅地の一角にあり，保育園も大きなアパートの1階と地階を使っている。この保育園は子どもの表現活動，とくに絵画表現に力を入れており，早い時期から本格的な油絵に挑戦することも奨励されている。あるいはこの保育園では地階には劇場があり，子どもたちの演劇活動のための場として使われている。フィンランドの保育園はこのようにアパートの一部を保育園にしたり，かつては個人の大きな住宅をそのまま保育園として利用している場合がめずらしくない。この保育園も1階部分はかつては住宅として使われていたので部屋の仕切りなど家庭の様子をそのまま残している。この保育園も各年齢の子どもが10数名と小さな規模である。それだけ子どもたちは家庭の中にいるような雰囲気の中で遊んだり，自由な表現活動を行っていたのが印象的である。フィンランドの保育制度は，小学校入学前の半年間は小学校の準備教育として特別な保育をこの子どもたちに行い，ときどき近隣の小学校に行く場合もある。それ以外の子どもたちに対しては混合保育を行っているところが大部分である。筆者が訪問した二つの保育園も混合の形態で保育を行っていた。

ラステン保育園（Lasten Päiväkoti）は市の中心部から少し離れたシベリウス公園の近くにある住宅地域の中にある保育園である。この保育園は大きな一戸建ての住宅を改造して保育園として利用している。この園も各年齢が10数名と小さな規模の保育園である。この保育園と小さな公園を挟んで新しい近代的な建物で比較的大きな規模の保育園がある。この地域に住む親はそのほかまだいくつかある保育園の中からそれぞれの保育園の保育の方針や園の建物や雰囲気などをもとに選択している。ヴィロンニエミ保育園でもこのラステン保育園でも保育として重視していることや保育内容に園独自の特色が明確にある。それでは全く保育の到達目標や成果が統一されていないかというと，厚生省の研究機関（STAKES: National Research and Development Centre for Welfare and Health）の保育部門が保育効果の調査などを通して一定の基準を確保することを行っている。そのような中でさらに保育園の独自

性をだしていくことで幼児教育の質を高めていくことが計られている。

　このラステン保育園にはおよそ7，8回ほど訪ねて，子どもたちの遊びや日常の様子を観察・記録することができた。先に述べたように年長児は小学校入学前の半年間は就学準備のために別の保育を行っているので，3歳から5歳までの子どもたちが一緒に生活をしている。日本の保育園や幼稚園と簡単に比較をして一般論として結論づけることには慎重であるべきだが，子どもたちの遊びで強く印象に残っているのは彼らは実に長い時間，一つの遊びに没頭し，遊びを持続させることが多いということである。これは保育の中で子どもたちが活動する時間をたくさん保証していることが反映しているのだろうが，保育室においても子どもたちが走り回ったり，奇声を上げるといったことはきわめて少なく落ち着いた時間がゆっくりと流れ，その中で子どもたちも自分の活動に集中できる雰囲気がつくられている。子どもたちの遊びも室内遊びでは2，3人の少人数の集団で遊ぶことが多いが，少ない子どもたちの間での相互行為は相当活発に行われている。そこでは日本の保育では「常識」になっているような大きな集団サイズで遊ぶということとはいくらか違った光景が展開されている。そして，子どもたちは遊びの中で自己表現をしっかり行っている。筆者が観察したときには北欧のこの地でも子どもたちの間では「ポケモン」が人気になっており，「ポケモン」を題材にした遊びをしばしば行っていた。もちろん，いつも少人数で遊んでいるわけではなく，外遊びの場合などは身体を使った集団ゲームなどに熱中していた。

　ヘルシンキ市に多数ある保育園の中のわずか二つの園で得た経験でしかないが，ここには子どもの創造性と表現力を伸ばすヒントがたくさんある。そこには教育大国を目指している小国のフィンランドがじっくりと時間をかけながら子どもの成長のためには何が必要であるか，その実践を積みあげている現実の一端をみることができる。

　本書の執筆にあたっては，拙著『対話の中の学びと成長』(1999)で残してきた宿題を解決したいという気持ちで進めてきた。それではこの本書でど

こまでこの宿題の積み残しを解決できたかとなるといまだ道遠しの感である。しかし，私自身にとって新しい問題の発見とそこに向かっての自覚的営為のための確認となったことだけは確かである。私は，人が成長の中で到達していくべきものは何か，あるいはもっと言えば人間になっていくとはどういうことなのかという「問い」を発達という視点から考えてきた。今の時点での一つの結論として人間になるための目標として設定したいことは，想像性と表現行為を身につけ，自己を表現していくことができる人間になっていくことである。本書でもそれらに向かって進んでいこうとしている子どもの姿を描きだそうとした。今後とも，子どもたちが仲間と一緒に活動する中で生まれてくる様々な微細な活動とその過程に注目し，ディテールにこだわりながら，その意味を探ることを続けていきたい。

　本書は，本シリーズ編者の青木久子，磯部裕子両先生から刊行の機会を与えていただいたことで世に出ることが可能になった。また，厳しい出版状況の中で挑戦的な本シリーズの刊行を英断された萌文書林の服部雅生氏を始め，編集部の服部直人氏には自由に書いてよいという条件と編集の多大な援助をいただいた。これらのみなさんのお力で本書は完成することができた。記して感謝申し上げる次第です。

　2008年8月

佐藤公治

【文 献】

〈本書まえがき〉

Rosaldo, M. Z. 1984 Toward an anthropology of self and feeling. In Shweder, R. A. & Levine, R. A.（eds.）*Culture theory : Essays on mind, self and emotion.* Cambridge : Cambridge University Press.

〈第1部第1章〉

荒川幾男（1968）三木清　紀伊國屋書店（紀伊國屋新書）
長谷川宏（1997）ことばへの道（新装版）勁草書房
メルロ＝ポンティ, M.（1942 / 1964）行動の構造　滝浦静雄・木田　元（訳）みすず書房
メルロ＝ポンティ, M.（1945 / 1967）知覚の現象学 1　竹内芳郎・小木貞孝（訳）みすず書房
メルロ＝ポンティ, M.（1960 / 1970）シーニュ 2　竹内芳郎［ほか］（訳）みすず書房
三木　清（1967）構想力の論理　三木清全集 第8巻　岩波書店
三木　清（1968）哲学的人間学　三木清全集 第18巻　岩波書店
坂部　恵（2000）和辻哲郎：異文化共生の形　岩波書店（岩波現代文庫）
スピノザ, B.（1677 / 1951）エチカ（上・下）畠中尚志（訳）岩波書店（岩波文庫）
谷川俊太郎・長谷川宏（2001 / 2007）魂のみなもとへ：詩と哲学のデュオ　近代出版（再刊・朝日文庫）
ヴィゴツキー, L. S.（1934 / 2001）思考と言語（新訳版）柴田義松（訳）新読書社
和辻哲郎（1963）歌舞伎と繰り浄瑠璃　和辻哲郎全集 第16巻　岩波書店
和辻哲郎（1919 / 1979）古寺巡礼　岩波書店（岩波文庫）
和辻哲郎（1937-49 / 2007）倫理学（第1分冊-第4分冊）岩波書店（岩波文庫）
古沢伝二郎（1994 / 2006）和辻哲郎の面目　筑摩書房（再刊・平凡社フイフフリー）
ユクスキュル, J. & クリサート, G.（1934 / 2005）生物から見た世界　日高敏隆・羽田節子（訳）岩波書店（岩波文庫）

〈第1部第2章〉

ハイデガー, M.（1933 / 1994）アリストテレス，形而上学 第9巻 1－3：力の本質と現実性について　ハイデガー全集 第33巻　岩田靖夫［ほか］（訳）創文社

カミイ, C. & デクラーク, G.（1984 / 1987）子どもと新しい算数：ピアジェ理論の展開　平林一栄（監訳）北大路書房
カミイ, C. & デブリーズ, R.（1977 / 1980）ピアジェ理論と幼児教育　稲垣佳世子（訳）チャイルド本社
カミイ, C. & デブリーズ, R.（1980 / 1984）幼稚園・保育所集団あそび：集団ゲームの実践と理論　成田錠一（監訳）北大路書房
メルロ゠ポンティ, M.（1942 / 1964）行動の構造　滝浦静雄・木田　元（訳）みすず書房
ピアジェ, J.（1923 / 1954）児童の言語と思考　臨床児童心理学 1　児童の自己中心性　大伴　茂（訳）同文書院
ピアジェ, J.（1932 / 1954）児童道徳判断の発達　臨床児童心理学 3　大伴　茂（訳）同文書院
Piaget, J.（1965 / 1995）*Sociological studies*（English language translation）. Smith, L.（Ed.）London : Routledge.
ワロン, H.（1932 / 1965）児童における性格の起源　久保田正人（訳）明治図書

〈第1部第3章〉
ボイテンデイク, F. J. J.（1958 / 1970）人間と動物　浜中淑彦（訳）みすず書房
エリコニン, D. B.（1947 / 1989）幼稚園期の子どもの遊びの心理学的諸問題　ヴィゴツキー［ほか］　ごっこ遊びの世界　所収　神谷栄司（訳）法政出版
エリコニン, D. B.（1978 / 2002）遊びの心理学　天野幸子・伊集院俊隆（訳）新読書社
廣松渉（1986 / 1996）役割存在論　廣松渉著作集　第5巻　岩波書店
レオンチェフ, A.N.（1944 / 1989）幼稚園期の遊びの心理学的基礎　ヴィゴツキー［ほか］　ごっこ遊びの世界　所収　神谷栄司（訳）法政出版
レオンチェフ, A. A.（1990 / 2003）ヴィゴツキーの生涯　菅田洋一郎（監訳）広瀬信雄（訳），新読書社
神谷栄司（2000）幼児教育とヴィゴツキー，エリコニン　ヴィゴツキー学　第1巻　ヴィゴツキー学協会, 17-25.
神谷栄司（2001）ヴィゴツキーと遊び論　ヴィゴツキー学　第2巻　ヴィゴツキー学協会, 1-14.
神谷栄司（2005）ごっこ遊びのヴィゴツキー的アプローチ　ヴィゴツキー学　第6巻　ヴィゴツキー学協会, 9-15.
丸山徳次（1994）〈遊び〉と社会科学　龍谷哲学論集　第9号　龍谷哲学会, 27-44.

メルロ゠ポンティ, M.（1942 / 1964）行動の構造　滝浦静雄・木田　元（訳）みすず書房
中沢和子（1979）イメージの誕生　日本放送出版協会（NHKブックス）
ピアジェ, J.（1923 / 1954）児童の言語と思考　臨床児童心理学 1　児童の自己中心性　大伴　茂（訳）同文書院
スピノザ, B.（1656 / 1955）神，人間及び人間の幸福に關する短論文　畑中尚志（訳）岩波書店（岩波文庫）
スピノザ, B.（1677 / 1951）エチカ（上・下）畠中尚志（訳）岩波書店（岩波文庫）
Vygotsky, L. S.（1929 / 1986）Concrete human psychology. *Psikhologiya, 1,* 51-64.
Vygotsky, L. S.（1930 / 1997）On psychological systems. In R. W. Rieber & J. Wollock（eds.）, *The Collected works of L.S. Vygotsky Vol. 3,*（pp.91-108）. New York : Plenum Press.
ヴィゴツキー, L. S.（1930-31 / 1970）精神発達の理論　柴田義松（訳）明治図書
ヴィゴツキー, L. S.（1930-31 / 2005）文化的－歴史的精神発達の理論　柴田義松（監訳）学文社
Vygotsky, L. S.（1933-34 / 1997）The Problem of Consciousness. In R. W. Rieber & J. Wollock（eds.）, *The Collected works of L.S. Vygotsky Vol. 3,*（pp.129-138）. New York : Plenum Press
ヴィゴツキー, L. S.（1934 / 2001）思考と言語（新訳版）柴田義松（訳）新読書社
ヴィゴツキー, L. S.（1966 / 1989）子どもの心理発達における遊びとその役割　ヴィゴツキー［ほか］　ごっこ遊びの世界　所収　神谷栄司（訳）法政出版
ワーチ, J. V.（1998 / 2002）行為としての心　佐藤公治［ほか］（訳）北大路書房

〈第1部第4章〉
ブティエ, D.（2007 / 2007）ラグビー：進化する世界のプレースタイル　井川　浩（訳）白水社（文庫クセジュ）
大岡　信（1983）解説・川上澄生の詩と短歌　川上澄生全集　第14巻　川上澄生全詩集　中央公論社（中公文庫）
川上澄生（1982）川上澄生全集　第1巻　ゑげれすいろは詩画集　中央公論社（中公文庫）
川上澄生（1983）川上澄生全集　第14巻　川上澄生全詩集　中央公論社（中公文庫）
唐木順三（1947）三木清　筑摩書房北海道支社
メルロ゠ポンティ, M.（1945 / 1967）知覚の現象学 1　竹内芳郎・小木貞孝（訳）みすず書房
三木　清（1940）哲學入門　岩波書店（岩波新書）

三木　清（1966）唯物史観と現代の意識　三木清全集　第3巻　岩波書店
三木　清（1967）構想力の論理　三木清全集　第8巻　岩波書店
三木　清（1967）歴史哲学　三木清全集　第6巻　岩波書店
三木　清（1968）哲学的人間学　三木清全集　第18巻　岩波書店
宮川　透（1958）三木清　近代日本の思想家 10　東京大学出版会
中村雄二郎（1984）術語集：気になることば　岩波書店（岩波新書）
滝浦静雄（1972）想像の現象学　紀伊國屋書店（紀伊國屋新書）

〈第1部第5章〉
長谷川宏（1997）ことばへの道（新装版）　勁草書房
フッサール, E.（1950 / 1970）デカルト的省察　船橋　弘（訳）細谷恒夫（責任編集）世界の名著　所収，中央公論社
メルロ＝ポンティ, M.（1942 / 1964）行動の構造　滝浦静雄・木田　元（訳）みすず書房
メルロ＝ポンティ, M.（1945 / 1967）知覚の現象学 1　竹内芳郎・小木貞孝（訳）みすず書房
メルロ＝ポンティ, M.（1947 / 2002）ヒューマニズムとテロル　合田正人（訳）メルロ＝ポンティ・コレクション 6 所収　みすず書房
メルロ＝ポンティ, M.（1948 / 1999）セザンヌの疑い　中山　元（編訳）メルロ＝ポンティ・コレクション　所収　筑摩書店（ちくま学芸文庫）
メルロ＝ポンティ, M.（1949-52 / 1993）意識と言語の獲得　ソルボンヌ講義 1　木田　元・鯨岡　俊（訳）みすず書房
メルロ＝ポンティ, M.（1960 / 1969）シーニュ 1　竹内芳郎［ほか］（訳）みすず書房
メルロ＝ポンティ, M.（1964 / 1966）眼と精神　滝浦静雄・木田　元（訳）みすず書房
メルロ＝ポンティ, M.（1964 / 1989）見えるものと見えないもの　滝浦静雄・木田　元（訳）みすず書房
メルロ＝ポンティ, M.（1969 / 1979）世界の散文　滝浦静雄・木田　元（訳）みすず書房
三木　清（1967）人間学と歴史哲学　哲学諸論稿　所収　三木清全集　第5巻　岩波書店
NHK・NHKプロモーション（編）（2006）NHK日曜美術館30年展・図録　NHK・NHKプロモーション, p.188
大森荘蔵（1981）流れとよどみ　産業図書
大岡　信（1982）青き麦萌ゆ　中央公論社（中公文庫）
岡田敬司（2004）「自律」の復権　ミネルヴァ書房
坂部　恵（1986）和辻哲郎　岩波書店

佐藤公治（1999）対話の中の学びと成長　金子書房
滝浦静雄（1972）想像の現象学　紀伊國屋書店（紀伊國屋新書）
木田　元（1984）メルロ＝ポンティの思想　岩波書店
ユクスキュル, J. & クリサート, G.（1934 / 2005）生物から見た世界　日高敏隆・羽田節子（訳）岩波書店（岩波文庫）
ヴァルデンフェルス, B.（2000 / 2004）講義・身体の現象学　山口一郎・鷲田清一（監訳）知泉書館
鷲田清一（1997）メルロ＝ポンティ：可逆性　現代思想の冒険者たち・18　講談社

〈第2部第1章〉

ベイトソン, G.（1954 / 1986）遊びと空想の理論（上）　佐伯泰樹［ほか］（訳）精神の生態学　所収　思索社
半田孝司（1998）幼稚園の砂遊び場に関する考察　常葉学園短期大学紀要　第29号, 43-50.
ハイデガー, M.（1927 / 1994）存在と時間（上・下）　細谷貞雄（訳）　筑摩書房（ちくま学芸文庫）
井上ひさし（1996）ニホン語日記　文藝春秋（文春文庫）
石井光恵（2000）砂場－子どもの表現が躍動する小宇宙　子どもの文化　第32巻6号, 58-67.
ジェイムズ, W.（1904 / 2004）純粋経験の哲学　伊藤邦武（編訳）岩波書店（岩波文庫）
神谷栄司（2007）保育のためのヴィゴツキー理論　三学出版
笠間浩幸（2001）〈砂場〉と子ども　東洋館出版社
粕谷亘正（2004）保育当事者における幼児理解の偏りや限界をどのように乗り越えていくか－砂に関わる幼児の活動の特性に着目して　國學院大學幼児教育専門学校紀要　第18輯, 27-33.
粕谷亘正（2007）遊びにおける子どもの「壊す」という行動から見えるもの－砂にかかわる子どもの遊びと潜在化された砂の本質　発達　第110号, 82-88.
熊野純彦（2005）メルロ＝ポンティ（シリーズ・哲学のエッセンス）日本放送出版協会
ルロワ＝グーラン, A.（1964-65 / 1973）身ぶりと言葉　荒木　亨（訳）新潮社
丸山高司（1990）道具的世界と表現的世界　市川　浩［ほか］（編）現代哲学の冒険11・行為と美　岩波書店
丸山高司（1993）実践の場所　現象学・解釈学研究会（編）プラクシスの現象学　世界書院

メルロ＝ポンティ, M.（1945 / 1967）知覚の現象学 1　竹内芳郎・小木貞孝（訳）みすず書房
メルロ＝ポンティ, M.（1945 / 1974）知覚の現象学 2　竹内芳郎・木田　元・宮本忠雄（訳）みすず書房
メルロ＝ポンティ, M.（1999）メルロ＝ポンティ・コレクション　中山　元（編訳）筑摩書房（ちくま学芸文庫）
三木　清（1940）哲学入門　岩波書店（岩波新書）
箕輪潤子（2006）幼児同士の砂遊びの特徴：ガーヴェイのごっこ遊び理論を手がかりとして　保育学研究, 第44巻第2号, 82-92.
森田雄三（監修），朝山　実（文）（2006）イッセー尾形の人生コーチング　日経BP社
長橋　聡（2008）幼児のごっこ遊びにおける意味空間の構成に関する研究　北海道大学大学院教育学研究科平成19年度修士論文
中村雄二郎（1989）場所（トポス）　弘文堂
小川清実（2001）砂遊びの構造　小川博久（編）「遊び」の探究　生活ジャーナル
大森荘蔵（1981）流れとよどみ　産業図書
ピアス, P.（1958 / 1967）トムは真夜中の庭で　高杉一郎（訳）岩波書店
佐藤公治（1999）対話の中の学びと成長　金子書房
セルトー, M.（1980 / 1987）日常的実践のポイエティーク　山田登世子（訳）国文社
多木浩二（1984 / 2006）「もの」の詩学　岩波書店（岩波現代文庫）
多木浩二（2000）生きられた家：経験と象徴（新装版）　青土社
ヴィゴツキー, L. S.（1930-31 / 2005）文化的－歴史的精神発達の理論　柴田義松（監訳）学文社
ヴィゴツキー, L. S.（1966 / 1989）子どもの心理発達における遊びとその役割　ヴィゴツキー［ほか］　神谷栄司（訳）ごっこ遊びの世界 所収　法政出版
ヴァルデンフェルス, B.（2000 / 2004）講義・身体の現象学　山口一郎・鷲田清一（監訳）知泉書館
鷲田清一・永江　朗（2008）哲学個人授業　バジリコ

〈第2部第2章〉
秋田喜代美（1998）読書の発達心理学　国土社
秋田喜代美・無藤　隆（1996）幼児への読み聞かせに対する母親の考えと読書環境に関する行動の検討　教育心理学研究 第44巻第1号, 109-120.
秋田喜代美・庄司一幸（編）（2005）本を通して世界と出会う　北大路書房

秋田喜代美・黒木秀子（編）（2006）本を通して絆をつむぐ　北大路書房
Baldwin, J. M.（1895）*Mental development in the child and the race.* New York: Macmillan.
ボイテンデイク, F. J. J.（1958 / 1970）人間と動物　浜中淑彦（訳）みすず書房
ケージ, J.（1976 / 1982）小鳥たちのために　青山マミ（訳）青土社
Deleuze, G.（1986）. *Cinema 1: The movement-image.*（translated by Tomlinson, H., & Habberjam, B.）London: The Athlone Press.
ドゥルーズ, G.（1989 / 2006）シネマ2：時間イメージ　宇野邦一［ほか］（訳）法政大学出版局
ドゥルーズ, G.（1990 / 2007）記号と事件　宮林　寛（訳）河出書房新社（河出文庫）
デューイ, J.（1934 / 2003）経験としての芸術　河村　望（訳）人間の科学新社
海老沢敏（1986）むすんでひらいて考：ルソーの夢　岩波書店
Erickson, F. & Shulz, J. J.（1982 *The counselor as gatekeeper : Social interaction in interviews.* New York: Academic Press.
古屋喜美代・田代康子（1989）幼児の絵本受容過程における登場人物と読者のかかわり　教育心理学研究　第37巻第3号，252-258.
古屋喜美代（1996）幼児の絵本読み場面における「語り」の発達と登場人物との関係：2歳から4歳までの縦断的事例研究　発達心理学研究　第7巻第1号，12-19.
古屋喜美代・高野久美子・伊藤良子・市川奈緒子（2000）絵本読み場面における1歳児の情動の表出と理解　発達心理学研究　第11巻第1号，23-33.
波木井やよい（1994）読みきかせのすすめ：子どもと本の出会いのために　国土社
長谷川宏（1997）ことばへの道（新装版）勁草書房
長谷川宏（2007）高校生のための哲学入門　筑摩書房（ちくま新書）
フッサール, E.（1950 / 1984）イデーンⅠ-Ⅱ　渡辺二郎（訳）みすず書房
井上ひさし・野村純一（1989）昔話の批評性（対談）国文學：解釈と教材の研究　第34巻第11号　学燈社
石崎理恵（1984-1987）絵本場面における母親と子どもの対話分析（1－4）日本教育心理学会第26回－第29回総会
石崎理恵（1996）絵本場面における母親と子どもの対話分析：フォーマットの獲得と個人差　発達心理学研究　第7巻第1号，1-11.
丸山徳次（1993）ボイテンデイクの現象学的遊び論〔1〕：遊びの現象学的哲学に向けて（1）　龍谷大學論集　第444号，109-131.
丸山徳次（1994）〈遊び〉と社会科学　龍谷哲学論集　第9号，27-44.
松田恵示（2001）交叉する身体と遊び：あいまいさの文化社会学　世界思想社

村中李衣（2005）絵本の読みあいからみえてくるもの　ぶどう社

中村悦子・佐々木宏子（編）（1976）　集団保育と絵本　高文堂出版社

Ninio, A. & Bruner, J. S.（1978）The achievement and antecedents of labeling. *Journal of Child Language,* 5, 1-15.

長田　弘（1999）本という不思議　みすず書房

小澤俊夫（1990）昔ばなしとは何か　福武書店（福武文庫）

ピアジェ, J.（1946 / 1968）模倣の心理学　幼児心理学 第1巻　大伴　茂（訳）黎明書房

ピアジェ, J.（1946 / 1969）表象の心理学　幼児心理学 第3巻　大伴　茂（訳）黎明書房

ピアジェ, J.（1948 / 1978）知能の誕生　谷村　覚・浜田寿美男（訳）ミネルヴァ書房

佐伯聰夫（1999）スポーツ観戦論序説：問題の所在と観戦文化論の可能性　体育の科学 第49巻4号，268-273.

佐々木宏子（2006）絵本は赤ちゃんから：母子の読み合いがひらく世界　新曜社

佐藤公治・西山　希（2007）絵本の集団読み聞かせにおける楽しさの共有過程の微視発生的分析　北海道大学大学院教育学研究科紀要 第100号，29-49.

佐藤健生（1999）スポーツ観戦の魅力：視覚の快楽を超えて　体育の科学 第49巻第4号，274-278.

シュッツ, A.（1964 / 1980）現象学的社会学の応用　桜井　厚（訳）御茶の水書房

瀬田貞二（1980）幼い子の文学　中央公論社（中公新書）

瀬田貞二（1985）絵本論：瀬田貞二子どもの本評論集　福音館書店

城近温香（2008）家庭での絵本読み聞かせにおける親子の関わりについて　北海道大学教育学部平成19年度卒業論文

菅原和孝・野村雅一（編）（1996）コミュニケーションとしての身体　大修館書店

吹田恭子（2001）こどもの本の使いかた　ひとなる書房

高山智津子（編著）（1992）読みきかせで育つもの　神戸新聞総合出版センター

滝浦静雄（1972）想像の現象学　紀伊國屋書店（紀伊國屋新書）

谷村　覚（1978）記号としてのシェマ　ピアジェ 知能の誕生 付録2　ミネルヴァ書房

田代康子（2001）もっかい読んで！　ひとなる書房

寺田清美（2005）保育園での読み聞かせ場面における子どもの変化　ラウンドテーブル：保育実践にみる子どもの発達　日本発達心理学会第16回大会

寺田清美・無藤　隆（2000）2歳児の絵本の読み聞かせ場面における保育者の思考と行動　日本発達心理学会第11回大会

徳渕美紀・高橋　登（1996）集団での絵本読み聞かせ場面における子ども達の相互作用について　読書科学 第40巻第2号，41-50.

外山紀子（1989）絵本場面における母親の発話　教育心理学研究　第37巻第2号，151-157.
ヴァイツゼッカー, V. von（1940 / 1975）ゲシュタルトクライス：知覚と運動の人間学　木村敏・浜中淑彦（訳）みすず書房
ヴァイツゼッカー, V. von（1946 / 1995）アノニューマ　生命と主体：ゲシュタルトと時間／アノニューマ　所収　木村　敏（訳）人文書院
ヴィゴツキー, L. S.（1935 / 1975）書きコトバの前史　子どもの知的発達と教授　所収　柴田義松・森岡修一（訳）明治図書
渡辺茂男（2007）心に緑の種をまく　新潮社（新潮文庫）
横山真貴子（1997）就寝前の絵本の読み聞かせ場面における母子の対話の内容　読書科学　第41巻第3号，91-104.
横山真貴子（2003）保育における集団に対するシリーズ絵本の読み聞かせ－5歳児クラスでの『ねずみくんの絵本』の読み聞かせの事例からの分析　教育実践総合センター研究紀要（奈良教育大学）第12巻，21-30.
山形頼洋（1993）感情の自然：内面性と外在性についての情感の現象学　法政大学出版局
吉田喜重（1998）小津安二郎の反映画　岩波書店

〈第2部第3章〉
バタイユ, G.（1955 / 1975）ラスコーの壁画　ジョルジュ・バタイユ著作集　第9巻　出口裕弘（訳）二見書房
デューイ, J.（1934）Art as experience. New York : Perigee Books.
エング, H.（1931 / 1983）児童の描画心理学　深田尚彦（訳）ナカニシヤ出版
ガードナー, H.（1980 / 1996）子どもの描画：なぐり描きから芸術まで　星三和子（訳）誠信書房
ガスケ, J.（1921 / 1980）セザンヌ　與謝野文子（訳）求龍堂
ギーディオン, S.（1962 / 1968）永遠の現在：美術の起源　江上波夫・木村重信（訳）東京大学出版会
グッドマン, N（1976）Language of Art. Cambridge: Hackett Publishing Company.
グッドマン, N., エルギン, C. Z.（1987 / 2001）記号主義　菅野盾樹（訳）みすず書房
オーグ, M.（1989 / 2000）セザンヌ：孤高の先駆者　高階秀爾（監）村上尚子（訳）創元社
石川直樹（2007）NEW DIMENSION　赤々舎

ケロッグ, R.（1969 / 1998）児童画の発達過程：なぐり描きからピクチュアへ　深田尚彦（訳）黎明書房
クレー, P.（1914 / 1961）クレーの日記　南原　実（訳）新潮社
ローウエンフェルド, V.（1947 / 1963）美術による人間形成　竹内　清・堀内　敏・武井勝雄（訳）黎明書房
リュケ, G. H.（1913 / 1979）子どもの絵　須賀哲夫（監訳）吉田博子・毛塚恵美子・五十嵐佳子（訳）金子書房
リュケ, G. H.（1930）*L' Art primitif.* Paris.（ギーディオン，1962の記載による）
前田英樹（2000）セザンヌ画家のメチエ　青土社
メルロ＝ポンティ, M.（1945 / 2002）セザンヌの疑惑　粟津則雄（訳），木田　元（編）メルロ＝ポンティ・コレクション 4　みすず書房
メルロ＝ポンティ, M.（1952 / 2002）間接的言語と沈黙の声　粟津則雄（訳），木田　元（編）メルロ＝ポンティ・コレクション 4　みすず書房
メルロ＝ポンティ, M.（1964 / 1989）見えるものと見えないもの　滝浦静雄・木田　元（訳）みすず書房
メルロ＝ポンティ, M.（1964 / 2002）眼と精神　木田　元（訳），木田　元（編）メルロ＝ポンティ・コレクション 4　みすず書房
メルロ＝ポンティ, M.（1968 / 1979）個人の歴史および公共の歴史における「制度化」（コレージュ・ドゥ・フランス講義要録1954-1955年度）滝浦静雄・木田　元（訳）言語と自然 所収　みすず書房
メルロ＝ポンティ, M.（1969 / 1979）表現と幼児のデッサン　滝浦静雄・木田　元（訳）世界の散文 所収　みすず書房
港　千尋（2001）洞窟へ：心とイメージのアルケオロジー　せりか書房
中原佑介（編）（2001）ヒトはなぜ絵を描くのか　フィルムアート社
西崎美穂（2007）乳幼児における行為と「痕跡」－なぐり描きに先立つ表現以前の"表現"　質的心理学研究　第6号，41-55.
大場牧夫（1996）表現原論：幼児の「あらわし」と領域「表現」　萌文書林
リード, E.（1996 / 2000）アフォーダンスの心理学：生態心理学への道　細田直哉（訳），佐々木正人（監修）新曜社
佐藤公治（2007）Children's drawing as act of expression and its developmental meaning. *Research and Clinical Center for Child Development Annual Report*（Graduate School of Education, Hokkaido University），29, 1-9.
スイシェル, B.（1982 / 2003）メルロ＝ポンティあるいは哲学の身体　大崎　博（訳）

サイエンティスト社

〈おわりに〉
藤井ニエメラみどり・高橋睦子（2007）フィンランドの子育てと保育　明石書店
藤田省三（1997）或る喪失の経験　精神史的考察　藤田省三著作集 5 所収　みすず書房
小林秀雄（1962）様々なる意匠　Xへの手紙，私小説論　所収　新潮社（新潮文庫）
佐藤公治（1999）対話の中の学びと成長　金子書房
山田　敏（1994）遊び論研究　風間書房
山田　敏（1996）遊び研究文献目録　風間書房

【索　引】

〈ア　行〉

秋田喜代美……………169, 188, 198, 200
アド（あどがたり）……………201-202
アンリ……………………………206, 209
井上ひさし ……………122, 201-203
意味空間 …5, 60, 65, 87, 118, 123, 147,
152-154, 160
（運動）イメージ………208, 221-222
（心的）イメージ………24, 192, 194,
222-223
（物的）イメージ………93, 94, 194,
222-223, 229
ヴァイツゼッカー……………181-182,
207-208, 213-214
ヴァルデンフェルス……106, 142, 146
ヴィゴツキー ………6-8, 10-11, 27,
35-56, 95, 120, 127, 130, 131-134,
138, 170
海老沢敏……………………209-210
エリコニン………………51, 56-60
エントレインメント………………181
大岡信……………………………71, 91
大森荘蔵………………117, 144-146
岡田敬司……………………………115
長田弘 …………………………217-220
小澤俊夫 ……………………198-199, 204
オニごっこ………………30, 33, 165

〈カ　行〉

外部化………………………………74

隠れん坊………………………33, 56, 57
神谷栄司………………………51, 132
川上澄生 ………………………70-72
慣習………………………………69, 82
間身体性 …18-19, 105, 109, 111-112,
146
環世界（Umwelt）………6, 89, 95, 104,
106-107, 207
ギーディオン……………230, 232, 241
擬制（フィクション）…52, 54, 82-83
基礎経験 ……………………13, 64, 68
共同（の）遊び………54, 55, 81, 105,
113, 135, 138
グッドマン ………………………250-251
クレー ………3, 227, 232, 249-250
ケージ……………………………206
ゲシュタルト（形成）……16, 24, 49,
59, 86-92, 94, 96, 101-104, 107,
208, 213, 231
ゲシュタルト的円環（ゲシュタルト
クライス）…………207-209, 213
幻影肢………………………………17, 142
交叉配列（交叉反転）……19-20, 112
構想力 ……………63-67, 72, 78, 82-83
ごっこ遊び……58-60, 125, 165-167
コナトゥス………………………15, 50-51

〈サ　行〉

最近接発達領域 ……………………42
佐藤公治………………114, 136, 170, 249
自然的発達………………………48, 95

実在（論）（substance）……25, 43, 73
社会的空間……………………65, 120, 147
習慣（化）……17, 49, 82-84, 95-96,
　　　　　111, 122, 139, 141-143, 213, 250
習慣的身体…111, 139, 142-143, 146
シュッツ………………………………211
象徴的意味……96, 101, 123, 133-135,
　　　　　235
象徴的行動（行為，活動）……94-96,
　　　　　104, 116, 123, 130, 132, 238
自律（性）…7, 22, 26, 28-30, 70, 115
人格（人間）……………………44-47
身体性……………………………19, 63, 85
身体表現…95, 117, 121-123, 191, 196
（象徴的）スクリブル（なぐり描き）
　　　　　…………235, 237-239, 241
図形（ダイアグラム）………238-239
スピノザ………14-15, 50-51, 56, 70,
　　　　　132-133, 206
制作（ポイエーシス）……62-64, 66,
　　　　　73, 81-82, 84
精神間（内）機能…………………37
精神間機能から精神内機能への移行
　　　　　……………………37-38, 41
瀬田貞二…………………………205, 209
セルトー………………………157-158, 162

〈タ　行〉

対象行為論…………………………41
多木浩二………………………126, 160, 162
谷川俊太郎……………………………2-4, 7
他律（性）……………………26, 29-30
デューイ………………………210, 251-252

洞窟（壁）画…93-94, 225, 230-234,
　　　　　238
道具を作る動物………………………41, 81
ドゥルーズ……………………211-212, 221
ドラマ……………………………44-45

〈ナ　行〉

内化………………………………8, 37-38, 42
中沢和子…………………………58-59
中村雄二郎………………………65, 159
人間学（アントロポロギー）……13,
　　　　　67-70
野村純一………………………201-202

〈ハ　行〉

媒介-手段-を用いて-行為する-行為者
　　　　　……………………40
ハイデガー………12-13, 26, 63, 148
長谷川宏………2-4, 7-10, 88, 199,
　　　　　215-216
バタイユ………………………230-233
パトス……13-14, 64-65, 67, 69-80,
　　　　　82-84, 87, 133, 234
パロール…………43, 86-88, 116-118
ピアジェ…6-7, 22-37, 55, 212-214
表現（的）行為……13, 54, 60, 64, 66,
　　　　　73, 78, 81, 85, 87, 94, 96, 118, 120,
　　　　　128, 133, 166-167
ビラン……………………………77, 214
廣松渉………………………………58
（ニニオ＆）ブルーナー……170, 187
文化化……………………………170
文化的道具………………38-40, 122, 170

文化的発達 ……………………48
分析の単位（ユニット）…………40
ベイドソン ……………………136
ベルクソン ……………………221-222
ボイテンデイク ………49, 216-217
ボールドウィン ……………212-214

〈マ　行〉

ままごと遊び ……………97, 123
丸山高司……………………137, 166
三木清 ……11, 13-14, 16-17, 63-70,
　　72-74, 76-79, 81-85, 87-88, 120,
　　133, 143-144
無言のコギトー ……86-87, 118, 225
村中李子……………………203
メルロ＝ポンティ …16-20, 24, 49, 59,
　　79, 83, 85-90, 92-96, 98, 101-102,
　　104-113, 115-118, 120-122, 126,
　　128, 133, 137-138, 141, 143, 145,
　　147, 152, 157, 164, 209, 216, 225-
　　231, 233-234, 238, 245-249, 251

〈ヤ　行〉

役割（のある）遊び …………54, 81
ユクスキュル ………6, 89, 207, 216
様態（論）………………25, 43, 73

〈ラ　行〉

ラング（語義）……9, 43, 88, 116-117
（視覚的）リアリズム ………241-245
（知的）リアリズム…………231-232,
　　240-246
律動（リズム）…………210-211, 238
リュケ …230-232, 239-242, 244-246
ルール（のある）遊び ………54, 134
ルロワ＝グーラン…158-161, 230, 238
ロゴス ……64-65, 67-70, 72-78, 80,
　　82-84, 87, 118

〈ワ　行〉

鷲田清一……………………108, 142
渡辺茂男……………………204, 219
和辻哲郎 ………11-13, 19-20, 112
ワロン ………………………33

〈本巻著者〉　　佐 藤 公 治（さとう　きみはる）

〈出身〉北海道
〈学歴・職歴〉
　　北海道大学大学院教育学研究科博士課程（退学）・博士（教育学）
　　北海道教育大学教育学部（岩見沢分校）の専任講師，助教授を経て，1989年より北海道大学教育学部助教授。1999年ワシントン大学（セントルス）客員研究員。2001年より北海道大学大学院教育学研究科教授。現在に至る。
〈専門領域〉発達心理学，教育心理学
〈所属学会〉日本心理学会，日本教育心理学会，日本発達心理学会，日本認知科学会，子ども環境学会
〈主な著書〉
　　『心の声（ワーチ著）』（共訳，福村出版，1995）
　　『認知心理学 5・学習と発達』（共著，東京大学出版会，1996）
　　『認知心理学からみた読みの世界—対話と協同的学習をめざして』（北大路書房，1996）
　　『児童心理学の進歩1999年版 第38巻（第6章［クラスルームの中の学習］）』（日本児童研究所・編，金子書房，1999）
　　『対話の中の学びと成長』（金子書房，1999）
　　『心理学と社会 第2巻：発達・学習・教育』（共著，ブレーン出版，1999）
　　『行為としての心（ワーチ著）』（共訳，北大路書房，2002）
　　『児童心理学の進歩2007年版 第46巻（第5章［国語教育］）』（日本児童研究所・編，金子書房，2007）
　　『朝倉心理学講座 第11巻・文化心理学』（共著，朝倉書店，2008）
　　『質的心理学講座 第1巻・育ちと学びの生成』（共著，東京大学出版会，2008）
　　Problems and the direction of reform for education in Japan today. In Chi-hung Ng & Peter D. Renshaw (eds.) Reforming Learning Concepts, Issues and Practice in the Asia-Pacific Region. Pp. 235-254. Springer, 2008

| 〈シリーズ〉 | 青木久子 |
| 編　者 | |

青山学院大学大学院修士課程修了
幼稚園教諭より，東京都教育庁指導部　都立教育研究所統括指導主事，国立音楽大学教授　兼　同附属幼稚園長職等を歴任。
現在，青木幼児教育研究所主宰。

磯部裕子

聖心女子大学文学部教育学科卒業
8年間幼稚園教諭職を経，青山学院大学大学院後期博士課程満期退学。
現在，宮城学院女子大学児童教育学科教授。

〈装幀〉レフ・デザイン工房

幼児教育　知の探究 5
保育の中の発達の姿

2008年10月22日　初版発行©

検印省略	著　者	佐　藤　公　治
	発行者	服　部　雅　生
	発行所	株式会社　萌文書林

〒113-0021　東京都文京区本駒込6-15-11
TEL(03)-3943-0576　FAX(03)-3943-0567
URL:http://www.houbun.com
E-mail:info@houbun.com

落丁・乱丁本はお取替えいたします。　振替口座　00130-4-131092

印刷／製本　シナノ

ISBN978-4-89347-105-5　C3037